中国一重涅槃奋起

二〇二一年十月　邹家华

国有企业案例研究系列

中国制造业第一重地

# 中国一重

| 涅槃奋起 |

董大海 刘长韧 朱方伟 宋晓兵 等著

中国一重集团有限公司其前身第一重型机器厂，是新中国成立后的第一批重点工程项目，为我国重机行业自立自强做出了重要贡献，是"中国制造业的第一重地"，但是由于国有企业原有的体制机制制约，曾在一段时间里陷入严重的生存危机。2016年，中国一重组建了新领导班子以后，认真学习贯彻习近平新时代中国特色社会主义思想，认真学习落实习近平总书记两次视察中国一重重要指示精神。在党中央的坚强领导下，解放思想、艰苦创业、奋发有为，用很短的时间就实现了扭亏为盈，重新焕发了勃勃生机。

本书是关于中国一重的案例研究成果，展现了中国一重以党建为引领、以改革激活力、以创新生动力、以管理夯基础，实现涅槃奋起和高质量发展的实践探索和经验做法。中国一重的探索经验对广大国有企业具有很好的借鉴启示意义。

**图书在版编目（CIP）数据**

中国一重涅槃奋起／董大海等著. —北京：机械工业出版社，2021.11
ISBN 978-7-111-69507-3

Ⅰ.①中⋯ Ⅱ.①董⋯ Ⅲ.①机械制造企业-工业企业管理-黑龙江省 Ⅳ.①F426.406

中国版本图书馆 CIP 数据核字（2021）第 218815 号

机械工业出版社（北京市百万庄大街22号 邮政编码100037）
策划编辑：胡嘉兴 责任编辑：胡嘉兴 戴思杨
责任校对：李 伟 责任印制：张 博
北京联兴盛业印刷股份有限公司印刷
2022年1月第1版·第1次印刷
184mm×260mm·17.25印张·1插页·193千字
标准书号：ISBN 978-7-111-69507-3
定价：75.00元

电话服务 网络服务
客服电话：010-88361066 机 工 官 网：www.cmpbook.com
　　　　　010-88379833 机 工 官 博：weibo.com/cmp1952
　　　　　010-68326294 金 书 网：www.golden-book.com
**封底无防伪标均为盗版** 机工教育服务网：www.cmpedu.com

# 序

中国一重是"一五"期间156个重点工程项目中重型装备制造业的长子,代表着我国重型装备制造的最高水平。进入21世纪后,受内外多种因素的影响,中国一重发展曾在一段时间内陷入了低谷。刘明忠同志到任后,与领导班子成员一起,带领广大党员干部职工大力改革,一举扭转了中国一重生产经营的不利形势,在改革创新、瘦身健体、提质增效和结构调整等方面取得了显著成效。2021年9月26日是习近平总书记第二次视察中国一重三周年纪念日,中国一重不负习近平总书记的期望,闯出了一条东北老国企的浴火重生、涅槃奋起之路,成为国企改革的典型范例。在我们党走过极不平凡百年奋斗之路的今天,经济社会发展、国防建设安全、人民生活幸福、"第二个百年"奋斗目标的实现,需要像中国一重这样的中坚力量,始终心怀"国之大者",继续为国家生产制造更多的"大国重器"。

中国一重改革发展的实践探索,有几个重要启示值得我们深入思考。国有企业高质量发展,在于坚持党的领导,加强党的建设,建立中国特色现代企业制度,解决方向引领和责任落实问题;在于坚持科技自立自强,加强人才队伍建设,解决核心技术和创新驱动问题;在于坚持深化改革,强化系统管理,建立市场化体制机制,解决协调持续和活力动力问题。国有企业要在改革三年行动和"十四五"高质量发展中,真正用好改革这个"关键一招",以思想破冰引领改革突围。行百里者半九十,赓续奋斗方有成。我们相信,中国一重立足新发展阶段,贯彻新发展理念,融入新发展格局,推动高质量发展,持续用改革创新应对各种风险挑战,着力提升产业链供应链的稳定性和竞争力，着力完善治理体系和提高管理能力，一定能够做强做优做大，为全面建设社会主义现代化强国作出新的更大贡献！

国有企业是中国特色社会主义的重要物质基础和政治基础，是党执政兴国的重要支柱和依靠力量。加强国有企业理论研究不仅是实践的需要，还是发展中国特色管理学理论的必然。本书作者团队在此方面进行了有益的尝试，取得了初步的成果，其学术方向值得充分肯定。希望作者团队扎根国有企业高质量发展实践，跟踪中国一重改革创新全过程，总结鲜活实践经验，结出更多丰硕的理论成果，为加快实现国有企业治理体系和管理能力现代化出力献策。

大连理工大学校长、
中国工程院院士
2021 年 9 月 26 日

# 目录

序

## 第一章
## 使命担当：历史回望

| | |
|---|---:|
| **1.1 使命初心** | ...004 |
|     1.1.1 做民族装备工业的工业母机 | ...004 |
|     1.1.2 维护国家经济安全的工业长子 | ...005 |
|     1.1.3 代表国家参与全球竞争的重要力量 | ...005 |
| **1.2 大业开基** | ...007 |
|     1.2.1 领袖雄心 | ...007 |
|     1.2.2 举国之力 | ...007 |
|     1.2.3 "三边"创业 | ...008 |
|     1.2.4 独立自主 | ...009 |
| **1.3 大国重器** | ...010 |
|     1.3.1 自主创新 | ...010 |
|     1.3.2 进口替代 | ...011 |
| **1.4 艰难探索** | ...013 |
|     1.4.1 起起伏伏 | ...013 |

| | | |
|---|---|---|
| 1.4.2 | 一小两慢 | …014 |
| 1.4.3 | 改革困局 | …016 |
| 1.4.4 | 生存危机 | …017 |

### 1.5 浴火重生 …019
| | | |
|---|---|---|
| 1.5.1 | 解放思想大讨论 | …019 |
| 1.5.2 | 自我革命搞改革 | …020 |
| 1.5.3 | 老树发新枝 | …021 |
| 1.5.4 | 高质量发展 | …022 |

## 第二章
## 强根筑魂：以高质量党建引领高质量发展

### 2.1 "新思想引领"的长效机制 …027
| | | |
|---|---|---|
| 2.1.1 | 学习培训 | …027 |
| 2.1.2 | 实践研究 | …030 |
| 2.1.3 | 方法应用 | …033 |
| 2.1.4 | 挂表督战 | …035 |

### 2.2 "23551"党建工作总体思路 …038
| | | |
|---|---|---|
| 2.2.1 | "23551"党建工作总体思路的内涵 | …038 |
| 2.2.2 | "23551"党建工作总体思路的落实 | …040 |
| 2.2.3 | "23551"党建工作总体思路的保障 | …044 |

### 2.3 强化党建与经营的深度融合 …049
| | | |
|---|---|---|
| 2.3.1 | 强化领导作用，实现公司治理上深度融合 | …050 |
| 2.3.2 | 坚持党管干部，实现人事管理上深度融合 | …051 |
| 2.3.3 | 实施"双五"机制，实现履职尽责上深度融合 | …054 |

  2.3.4 建立共享机制，实现企业与职工发展目标上的融合 ...056

**2.4 深化治党管干治企"三从严"** ...058
  2.4.1 落实全面从严治党的责任 ...059
  2.4.2 抓住领导干部这个"关键少数" ...060
  2.4.3 形成党内监督带动其他监督的全面监督体系 ...062
  2.4.4 构建"不敢腐、不能腐、不想腐"的体制机制 ...064

## 第三章

# 关键一招：将改革进行到底

**3.1 解放思想：打开改革之门的"金钥匙"** ...070
  3.1.1 大讨论：凸显问题短板 ...070
  3.1.2 转观念：重在"变"字 ...073
  3.1.3 市场化：明确改革方向 ...076
  3.1.4 见行动：立行立改动真碰硬 ...079

**3.2 体制改革：理顺治理管控逻辑** ...081
  3.2.1 产权改革：从工厂制向公司制转变 ...081
  3.2.2 治理改革：贯彻"两个一以贯之" ...083
  3.2.3 管控改革：纵向分权的集团管控体系 ...086

**3.3 机制改革：激发内部活力动力** ...089
  3.3.1 把握方向，系统布局 ...089
  3.3.2 突破难点，激发活力 ...090
  3.3.3 "两个合同"退出机制 ...096
  3.3.4 "五个通道"晋升机制 ...097
  3.3.5 "五个倾斜"激励机制 ...099

3.4 供给侧结构性改革：重塑增长动能　　…101
   3.4.1　做好加法：加快转方式调结构步伐　　…101
   3.4.2　不吝减法：大力推进"处僵治困"，提高供给效率　　…103
   3.4.3　用活乘法：推进混合所有制改革，优化资本结构　　…104
   3.4.4　稳做除法，全面解决历史遗留问题　　…105

# 第四章

# 自立自强：重焕自主创新动力

4.1 创新战略聚焦　　…112
   4.1.1　中国一重的技术创新历程　　…112
   4.1.2　坚持"四个面向"，肩负初心使命　　…116

4.2 创新体系构建　　…122
   4.2.1　"4432"的创新体系　　…122
   4.2.2　"4451"的基层创新动力机制　　…127

4.3 创新能力重塑　　…132
   4.3.1　创新平台建设　　…132
   4.3.2　创新资源整合　　…135
   4.3.3　创新人才培养　　…139
   4.3.4　创新投入保障　　…142

4.4 创新动力再造　　…144
   4.4.1　使命驱动的创新动力　　…144
   4.4.2　市场牵引的创新动力　　…149
   4.4.3　改革推动的创新动力　　…152

4.5 创新文化共识 ...157
    4.5.1 大国重器的精神文化 ...157
    4.5.2 全员创新的行为文化 ...160

## 第五章
## 永恒主题：在管理提升中成长进步

5.1 强激励、硬约束："225"管理创新体系的探索 ...174
    5.1.1 "225"管理创新体系的由来 ...174
    5.1.2 "225"管理创新体系的逻辑基础 ...175
    5.1.3 "225"管理创新体系的重要意义 ...178

5.2 重市场、促协同："两个机制"的创新实践 ...180
    5.2.1 内部模拟法人运行机制 ...180
    5.2.2 研产供销运用快速联动反应机制 ...184
    5.2.3 "两个机制"的组织保障 ...187

5.3 立主体、划边界："两个中心"的责任落实 ...189
    5.3.1 "两个中心"建立的背景 ...189
    5.3.2 "两个中心"的建立与运行 ...190
    5.3.3 "两个中心"的成效 ...192
    5.3.4 "两个中心"与"1+10"全面预算保障体系 ...194

5.4 强规范、抓落实："五个体系"的系统实施 ...197
    5.4.1 "对标一流，持续优化"的指标体系 ...197
    5.4.2 "横向到边，纵向到底"的责任体系 ...201
    5.4.3 "动态跟踪，过程控制"的跟踪体系 ...202

5.4.4 "四步评价，九大指标"的评价体系 ...205
5.4.5 "刚性原则，严格兑现"的考核体系 ...206

# 第六章

# 创业奋进：建设世界一流产业集团

6.1 开创跨越式高质量发展新局面 ...214
    6.1.1 使命担当显著增强 ...214
    6.1.2 业务布局显著优化 ...216
    6.1.3 经济效益显著增长 ...217
    6.1.4 运营管理显著提升 ...218
    6.1.5 综合竞争力显著提高 ...219

6.2 迈入高质量发展新阶段 ...221
    6.2.1 双循环格局中抢抓机遇 ...221
    6.2.2 高质量发展中再塑优势 ...222
    6.2.3 新理念贯彻中有为担当 ...224
    6.2.4 市场化改革中激发活力 ...224

6.3 创建世界一流产业集团新目标 ...226
    6.3.1 高举"中国制造业第一重地"的旗帜 ...226
    6.3.2 坚定"做强做优做大"的思路 ...227
    6.3.3 抢占"三个竞争制高点" ...228
    6.3.4 推进"五个发展方式转变" ...229
    6.3.5 优化"六业众星拱月"的业务布局 ...231

6.4 奋进超越式高质量发展新征程 ...237
    6.4.1 牢记总书记嘱托，践行使命初心 ...237

| | | |
|---|---|---|
| | 6.4.2　坚持党的领导，加强党的建设 | ...238 |
| | 6.4.3　科学系统谋划，统筹协调发展 | ...239 |
| | 6.4.4　接续艰苦奋斗，奋进三次创业 | ...240 |

## 第七章

## 探索思考：中国一重"涅槃奋起"的启示

| | | |
|---|---|---|
| 7.1 | **党建是方向引领** | ...246 |
| | 7.1.1　强化新思想引领 | ...246 |
| | 7.1.2　强化党的领导 | ...247 |
| | 7.1.3　强化体系建设 | ...247 |
| | 7.1.4　强化党建与经营融合 | ...248 |
| | 7.1.5　强化从严治党 | ...248 |
| | 7.1.6　强化共建共享 | ...249 |
| 7.2 | **深化改革是活力之源** | ...250 |
| | 7.2.1　全面启动解放思想大讨论，增强企业生命力 | ...250 |
| | 7.2.2　全面推进现代企业制度，增强企业治理能力 | ...251 |
| | 7.2.3　全面建立市场化机制，增强企业竞争力 | ...252 |
| | 7.2.4　全面落实三项制度改革，增强企业活力 | ...252 |
| 7.3 | **自主创新是第一动力** | ...254 |
| | 7.3.1　坚持初心使命，引领重大技术装备发展方向 | ...254 |
| | 7.3.2　坚持创新战略，破解关键核心技术瓶颈 | ...254 |
| | 7.3.3　坚持开放协同，建立高效联动的科研创新体系 | ...255 |
| | 7.3.4　坚持市场导向，加强自主创新能力建设 | ...255 |
| | 7.3.5　坚持责权利对等，完善科技创新激励机制 | ...256 |

## 7.4 企业管理是永恒主题 ...257
### 7.4.1 加强管理体系建设 ...257
### 7.4.2 加强市场化管理 ...257
### 7.4.3 加强制度管理 ...258
### 7.4.4 加强风险管控 ...258

## 7.5 高质量发展是强企要务 ...259
### 7.5.1 突出国家战略,明确企业高质量发展的方向和目标 ...259
### 7.5.2 突出转型升级,调整产业产品结构 ...259
### 7.5.3 突出国际先进,建设一流产业集团 ...260

# 后 记 ...261

第一章

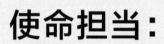

# 使命担当：
## 历史回望

中国一重集团有限公司（以下简称中国一重）成立于1954年，伴随着共和国前进的脚步，沐浴着改革开放的春风，几经跌宕起伏，从建国初期的筚路蓝缕，到改革开放后的艰难探索，直至"十八大"后的浴火重生，始终在艰苦创业的历史大潮中搏浪前行！近70年来，中国一重为国民经济建设提供机械产品500余万吨，先后研制新产品和填补技术空白896项，创造了数百项"第一"，先后结束了我国不能生产重型装备的历史，不能生产成套机器产品的历史，不能生产核电设备的历史，不能生产大型铸锻件的历史。中国一重不仅带动了我国重型装备制造水平的整体提升，而且有力地支撑了国民经济发展和国防建设，为共和国工业现代化撑起了一片蓝天！

## 1.1 使命初心

国有企业是稳定国家经济的压舱石、维护经济安全的顶梁柱、参与国际竞争的重骑兵！中国一重自成立之日起，就肩负着一个曾经积贫积弱的古老民族在工业现代化征程中谋求"民族自强、工业自立"的夙愿。作为共和国工业长子，中国一重始终肩负着"发展壮大民族装备工业，维护国家国防安全、科技安全、产业安全和经济安全，代表国家参与全球竞争"的神圣使命。回望历史，中国一重始终坚持党的领导、矢志不渝跟党走，在党中央、国务院的领导下，初心不改、使命弥坚，在新中国工业化进程中谱写了浓墨重彩的光辉篇章！

### 1.1.1 做民族装备工业的工业母机

发展壮大民族装备工业是中国一重的初心。合抱之木，生于毫末；九层之台，起于累土；树高叶茂，系于根深！装备制造业高质量发展是我国经济高质量发展的重中之重，是一个现代化大国必不可少的。一个现代化大国必须从根本上建立起可持续发展的装备制造业能力和完善的工业体系，必须努力实现关键核心技术自主可控，把创新主动权、发展主动权牢牢地掌握在自己手中。中国一重是制造工厂的工厂，是装备制造业的"母机"企业。中国一重与我国工业体系中各领域、各行业有着紧密联系，产品嵌入多个行业的生产链条。中国一重主要为冶金及金属冶炼加工、核电及能源开发、石油石化、汽车制造、矿山开采、冷链物流、农业生产、原材料生产等基础工业和国防工业提供重大技术装备、大型铸锻件和生产性服务，为下游15个行业提供装备支撑。

中国一重不是冶金企业，因为它不生产钢材，但它生产钢铁厂的"成线轧制设备"！

中国一重不是核电企业，因为它不直接进行核能转化，但它生产核电厂的"核动力装置"！

中国一重不是石化企业，因为它不提供石化最终产品，但它生产石化厂的"裂化反应器"！

中国一重不是汽车企业，因为它不制造汽车，但它生产汽车厂的"整形压力机械"！

中国一重不是军工企业，因为它以民品生产为主体，但它生产"成套武器装备"！

中国一重不是造船企业，不是矿山企业，不是航空航天企业，不是建筑企业……

但是，中国一重所提供的重大技术装备和大型铸锻件是"工业母机"，是"生产工厂"的重型装备工厂，是我国工业现代化的先决条件，是我国工业自立自强的必要条件！

### 1.1.2　维护国家经济安全的工业长子

重大技术装备是指大型、成套、技术含量高、难度系数大、综合性强、对国民经济有重大意义的成套装备。重型装备行业涉及国家安全和国民经济命脉，在国民经济中占有重要地位，对冶金、电力、石化、煤炭、建材、交通和水利等基础工业和国防工业的生产发展和技术进步都有着重大影响。作为共和国的工业长子，中国一重的生产制造能力必须满足我国装备工业体系建设的需要，不断追求高起点、高标准和高品质，不仅要带动我国机械制造水平的整体提升，而且要有力地支撑国民经济和国防建设。中国一重必须在实现重大技术装备国产化征程上啃最硬的骨头，为国家实施一系列重大工程建设提供关键成套设备和基础材料保障，挺起民族工业的脊梁。

### 1.1.3　代表国家参与全球竞争的重要力量

重大技术装备是生产力发展到一定阶段的产物，其水平高低是衡量一个国家综合经济技术实力及装备制造水平的重要标志。中国一重始终牢记"关键核心技术是要不来、买不来、讨不来的"发展理念，积极为国家解决"卡脖子"的问题，把企业的技术、装备、制造及人才优势转化为国家竞争力和全球产业话语权。

中国一重为中央直接管理、涉及国民经济命脉和国家安全的国有重要骨干企业。国家建设中国一重的目的就是为了保障国防安全和装备安全，全面提升我国重型装备制造业的发展水平，并在军工、能源、冶金、环保等重大工程建设中，彻底摆脱大型铸锻件、核心设备受制于人的被动局面，彰显大国强国的实力和地位。

## 1.2 大业开基

作为共和国工业长子,中国一重具有厚重的历史。翻开中国一重的发展史,从 1954 年建厂开始,它就是一部中国重工业从无到有、从小到大、从弱到强的艰辛探索创业史。

### 1.2.1 领袖雄心

中国一重承载着毛泽东、周恩来等老一辈无产阶级革命家追求民族工业自立的雄心,承载着一个积贫积弱的民族寻求民族自强的梦想。中华人民共和国成立初期,我国的工业基础极端落后。1949 年,全国钢产量仅为 15.8 万吨,原油产量仅为 12 万吨,原煤产量仅为 3243 万吨,纱产量仅为 32.7 万吨,布产量仅为 18.9 亿米。不仅工业产品产量低,而且工业部门残缺不全,只有采矿业、纺织业和简单的加工业,许多工业产品不能自己生产,完全依赖进口。面对一穷二白的工业基础,发展现代工业成为当务之急!而建设能"生产工厂"的重型装备工厂,是新中国工业现代化的先决条件。1950 年 2 月 19 日,毛泽东主席访问苏联期间,专程参观了苏联乌拉尔重型机械厂。在这里,毛泽东主席对周恩来总理说,"有朝一日,我们也要建立自己的'乌拉尔重型机械厂'。"中国工业化进程由此进入实质操作阶段!

### 1.2.2 举国之力

中国一重的建设饱含着全国各族各界人民对新政权、新生活的热情向往,得到了全党全国人民的支持和帮助,是党和政府举全国之力建设的。1954年,国家在建国初期极为困难的情况下,做出了集中有限的资源、投资4.5亿元建设重型机器厂的战略决策。同年,作为国家第一个五年计划苏联援建的156个项目之一,党中央及有关部门决定在黑龙江省齐齐哈尔市富拉尔基区建设富拉尔基重型机器厂(中国一重的前身),并由基建工程兵第五师(由原华东野战军99师转业组建,为中建集团中建二局的前身)承担建设任务。这些握惯了钢枪的手,拿起了各式各样的劳动工具,开始挖土、打桩。奋战了一年,在祖国最北端的北大荒平原,把上万根十多米长、横截面为350×30毫米的钢筋砸进土里,把富拉尔基的千年冻土加固成为地球上最坚实的地方之一,为75米高的烟囱、40米宽的厂房、大型水压机和连续振动的造型机、汽锤建造了最可靠的立足之地(见图1-1)。以此为始,新中国的工业化发展进入了一个新的篇章!

图1-1  20世纪50年代的中国一重

### 1.2.3 "三边"创业

创业精神是中国一重的光荣传统!没有条件创造条件也要上!在建厂初期,富拉尔基重型机器厂制定了"边基建、边准备、边生产"的"三边"方针(见图1-2)。从1957年下半年开始,冷、热加工厂分别投产,为包头钢铁公司设计和制造了1150毫米方坯初轧机,自行设计制造了我国第一台12500吨水压机,这两大产品在当时都达到世界先进技术水平。到1959年下半年,工厂基本建成时,富拉尔基重型机器厂生产的机器产品产量已经达到12078吨。对此,国家验收委员会评价说:"富拉尔基重型机器厂的提前建成和两大产品的生产,将使我国重型机器制造业走上独立制造大型轧钢、冶炼、锻压设备的新阶段。"

图1-2 中国一重早期选址与建设图

## 1.2.4 独立自主

独立自主、自力更生是中国一重的优秀基因。1960年10月，富拉尔基重型机器厂正式更名为第一重型机器厂。然而，就在这一年，中苏关系破裂，苏联政府将17名专家全部撤走，并停止供应设备和技术资料。尚在蹒跚学步的第一重型机器厂不得不走上独立自主、加速奔跑之路。1962年，周恩来总理视察第一重型机器厂，他鼓励大家说，你们这个厂可是"国宝"，为了建设它，我们拿出4亿多人民币，相当于每人投资一元钱，可是咱们的命根子啊。周总理的关怀和鼓励，为一重人注入了强大的精神动力。经过独立自主的刻苦攻关，中国一重于1960年正式全面投产。自此，第一重型机器厂走上了独立自主的大国重器之路（见图1-3）。

图1-3 我国第一台12500吨水压机

## 1.3 大国重器

自 1960 年全面投产后,在计划经济年代,中国一重在冶金设备、发电设备等领域不断开展自主创新,不断实现进口替代,逐步成长为共和国重型装备制造业领域的"大国重器"和"定海神针"。

### 1.3.1 自主创新

在中国一重全面投产后的相当长一段时间里,受当时国际政治形势的影响,西方国家对我国实施围追堵截的封锁政策,关键技术设备"要不来、买不到",只有独立自主、自力更生、自主创新一条路可以走。在这一历史时期,中国一重将自主创新作为企业崇高使命,站在打破国外技术和产品垄断的第一线,着力推进原始创新、集成创新和引进消化吸收再创新,切实解决我国重大技术装备"有无"的问题。在 1961—1978 年,中国一重实现了我国工业装备制造领域的多个"第一"(见表 1-1)。作为国内重型装备制造业的领军企业,中国一重曾研发出十多个打破国外垄断、被称为"国之重器"的产品(见图 1-4)。

图 1-4 我国第一台大型轧钢机

表1-1 中国一重1961-1978年自主创新主要成果

| 年份 | 自主创新成果 |
| --- | --- |
| 1963年 | 我国第一台12500吨自由锻造水压机研制成功 |
| 1965年 | 我国第一台1250吨垂直分模平锻机研制成功 |
| 1966年 | 浇注成功国内最大的230吨钢锭,锻造成22.5万千瓦发电机大轴 |
| 1969年 | 我国第一台45×3500mm四辊弯板机研制成功 |
| 1970年 | 38×3500mm三辊弯板机研制成功并出口巴基斯坦 |
| 1971年 | 我国第一套2800mm铝板轧机研制成功 |
| 1973年 | 我国第一套950/800辊梁轧机研制成功 |
| 1974年 | 我国第一套1700mm热连轧机研制成功 |
| 1975年 | 我国第一件60万千瓦汽轮发电机互环研制成功;我国第一台3500吨双点压力机制造完成 |
| 1977年 | 我国第一套1700mm冷连轧机研制成功 |
| 1978年 | 我国第一套1150mm方板坯初轧机制造完成 |

### 1.3.2 进口替代

作为制造工厂的"工厂",在1961—1978年期间,中国一重的产品在国内众多产业创造了多个"中国第一",打造了著名的"中国一重"品牌。这些重大的技术装备不仅提高了我国重型机械行业的制造水平,也有力地支持了国家重点工程建设,成功破解了装备制造领域的多项"卡脖子"技术难题,在多个领域实现了进口替代(见表1-2)。

表1-2 中国一重1961-1978年实现进口替代的行业和客户

| 行业名称 | 客户名称 |
| --- | --- |
| 钢铁装备 | 鞍山钢铁集团、上海宝钢集团、武汉钢铁集团、首都钢铁集团、本溪钢铁集团、攀枝花钢铁集团 |
| 石油化工 | 中国石油集团、中国石化集团 |
| 汽车制造 | 中国一汽集团、东风汽车集团 |
| 有色金属 | 中国铝业集团、金川集团 |
| 大型矿山 | 平朔煤矿、准格尔煤矿、江西铜业集团 |
| 大型电站 | 葛洲坝水电站 |

在这一时期,中国一重大国重器的地位得以不断凸显,中国一重的重型机械设备在火电、水电、航空航天、国防军工、舰船等国家战略性产业中发挥了不可替代的作用。在中国一重自主创新的支持下,我国的钢铁行业、石油化工行业、汽车制造行业、有色金属冶炼行业、大型矿山、大型电站等重要工业领域的重型机械设备不断推陈出新(见图1-5),相关产业的技术不断升级,我国逐步建立起独立自主、门类齐全的工业体系。作为大国重器,中国一重为我国的工业现代化作出了巨大贡献。

图1-5 中国一重自行研制的我国第一台15000吨水压机

## 1.4 艰难探索

1978年以后,随着改革开放的深入,特别是社会主义市场经济体制逐步确立后,诞生于计划经济体制下的中国一重,遇到了严峻挑战。中国一重的经营业绩起起伏伏,数次面临生存危机,企业在深度市场化转型中艰难探索前行。

### 1.4.1 起起伏伏

中国一重先后经历了三个周期性的亏损,企业发展起起伏伏。

**1. 第一次起伏(1978—1992年)**

改革开放伊始,百业待兴,中国经济快速发展,中国一重也迎来了发展的春天。在1978—1992年的十多年间,中国一重的销售收入总体上呈现出稳定增长的态势,企业的主营业务收入从1978年的不足1亿元(9934万元)增加到1992年的4.5亿元。在收入规模持续增长的同时,中国一重在1978—1989年期间保持了连续盈利。但随着改革开放后市场竞争的逐步加剧、企业内部包袱日渐沉重,中国一重的利润率逐年走低,直至形成1990—1992年连续三年较大幅度的亏损,企业陷入了改革开放后的第一次低谷。

**2. 第二次起伏(1993—2001年)**

1992年,党的十四大正式提出建立社会主义市场经济体制,1993年,党的十四届三中全会提出建立现代企业制度的目标。"产权清晰、权责明确、政企分开、管理科学"的现代企业制度探索，逐步将中国一重从改革开放后的第一次低谷中拉出。在1993—2001年的国企改革攻坚期，中国一重迎来了改革开放后的第二个发展阶段。

与改革开放初期的销售收入规模持续增长不同，在1993—2001年的近十年间，中国一重的销售收入总额呈现出总体下滑的态势，整个集团的销售收入从1993年的10.26亿元逐年递减到2001年的5.3亿元。这一时期的中国一重进行了一系列以管理提升为主题的国有企业改革，堵住了国有企业的管理漏洞，企业利润总额止跌回升，从1993年的22万元微利增长到2000年的734万元。然而，尽管这一时期的中国一重进行了一系列管理提升，但却无法挽回公司销售收入持续下滑的态势，最终形成了中国一重2001年的巨额亏损。

**3. 第三次起伏（2002－2016年）**

进入2002年后，特别是2003年国务院国有资产监督管理委员会（以下简称国资委）成立，中国一重成为国资委直管的中央企业后，国资委进行了一系列国有资产监督管理体制改革。与此同时，进入2002年以后，随着中国新一轮工业化和城市化进程的加快，中国一重进入了第三次起伏期。

在2000—2008年的8年间，中国一重的年均产值复合增长率高达50.24%，同期重型机械行业总产值年均复合增长率为33.13%。在这一时期，中国一重曾荣获国资委颁发的"中央企业2004－2006年绩效进步特别奖"。然而，从2009年开始，随着重型机械行业产能过剩，市场竞争异常激烈，中国一重又一次陷入订单不足、销售量下降的困境，经济效益持续下滑，企业面临又一次生存危机，直至形成了2014—2016年连续三年的亏损。

### 1.4.2　一小两慢

尽管中国一重承担着一系列国家重大装备的制造任务，战略价值十分重要，但与国际同行、其他中央企业相比，"一小两慢"（企业规模小、发展速度慢、高质量发展慢）的顽疾始终制约着它的发展。

**1. 企业规模小**

企业规模小是中国一重多年的发展顽疾。财务指标小、单件小批量共同构成了中国一重企业规模小的双重特点。中国一重的经营特点是多品种、小批量。这个特点导致中国一重的需求订单随机性高、不确定性高、先期研发投入高、生产过程组织难和规模效应差等经营劣势。按2016年的营业收入排名，中国一重在国资委管理的中央企业中排名相对靠后（排名靠后的多为体量较小的科研院所）。

**2. 发展速度慢**

发展速度慢是中国一重多年的发展痛点，企业收入规模不增反降、新产品推出速度慢等问题制约着这一时期的中国一重。一方面，2009年以后的中国一重营业收入不增反降。受外部工业化和城市化进程放缓、内部商业模式创新乏力等诸多因素的影响，中国一重最核心的装备制造业务在规模上始终没有获得较大的突破，甚至呈现逐年萎缩的态势，营业收入下降到百亿元以下。另一方面，中国一重在装备制造业的主营业务上，在2008年以后的近十年间，新产品研发进展缓慢，缺少重大技术突破，几乎没能形成规模化的支柱产品。此外，由于产品质量问题频发，产品交货屡屡延迟，合同订单持续萎缩，企业面临着严重的营销难题。

**3. 高质量发展慢**

除了企业规模小、发展速度慢以外，更严重的发展质量问题制约着中国一重的生存。"两金"占用大、价值链条短、业务结构单一等问题影响着中国一重的高质量发展。一是"两金"占用问题突出。步入2008年以后，中国一重的"两金（应收账款和存货）"占用大，由于历史等多种原因形成了高额不良资产。企业的带息负债总额高，现金流面临着断裂的巨大压力。装备制造与服务业务处于微利状态，经营性利润较少，成本费用占收入比重过大，在产业链、价值链中高附加值产品少。2019年，公司总资产报酬率仅为3.03%，净资产收益率仅为1.92%，全员劳动生产率仅为21.96万元/人。二是价值链条短。这一时期的中国一重价值链节点布局较为单一，价值链条短，工程总承包能力、售后服务能力较弱，无法扩大产品的收入规模。三是业务结构单一。这一时期的中国一重主要布局在重型机械装备制造领域，而重型机械装备制造行业受宏观经济波动影响极大，因此很难避免主营业务与宏观经济周期的同频共振，因此存在着产业结构不合理的突出问题，还没有完全形成多点支撑、相对多元的产业发展格局，企业规模小，抗风险能力弱，没有形成有效的"养厂产品"。

总之，尽管中国一重在这一时期布局了一些装备制造业之外的新兴种子业务，但新兴业务尚处于艰难起步阶段，部分新兴业务的拓展未能达到预期。传统核心业务不振、新兴业务未能接续增长，整个中国一重进入了又一轮业务萎缩的怪圈。总体上看，在改革开放后的相当长一段时期内，中国一重尽管作为共和国工业长子承担了一系列关系国计民生的重大项目和重点工程，但与国内外同类企业对标相比，企业规模小、人均劳动生产率低、经济运行质量不高、处于产业链和价值链中低端、国际化程度低、创新能力不够等劣势十分突出，行业恶性竞争更是雪上加霜。

在从计划经济体制向社会主义市场经济体制转型的过程中，中国一重也进行了艰难的改革探索，积极从计划经济时期的"工厂制"向社会主义市场经济体制下的"公司制"转型。在1993－2016年期间，中国一重虽然称为"公司"，但一直是根据《中华人民共和国全民所有制工业法》设立的全民所有制企业，不存在股东，只有主管机构。2003年，国资委成立后，中国第一重型机械集团公司划归国资委管理，由国资委代表出资人履行职责，对中国一重进行管理。在此期间，2008年12月中国一重发起设立中国第一重型机械股份公司，于2010年2月成功实现了整体上市。2010年7月23日，国资委公布了中国一重荣获"科技创新特别奖"和"管理进步特别奖"两个奖项，中国一重成为重型装备制造行业唯一获得这两项殊荣的企业。

### 1.4.3 改革困局

作为一家几乎与共和国同龄的老国有企业，中国一重在社会主义市场经济的探索中，始终面临着市场观念差、历史包袱重、管理僵化等改革困局。

（1）市场观念差。中国一重因为长期受计划经济体制机制的影响，一些干部早已习惯于计划经济思维，长久以来形成的落后观念一直在左右着他们的行动，存在着习惯走传统发展路径、吃老本、唯条件论的惯性思维，不思求变、不求突破、自高自大的"一重就是重，谁也拱不动"的封闭保守心理，不拼不闯、得过且过的"溜溜达达，两千七八"的消极被动心态等。一些员工骨子里的计划经济思维根深蒂固，市场观念弱，"等靠要"等消极保守思想严重，其结果就是忽略市场、怠慢客户，以至于贻误了商机，在激烈的市场竞争中丢合同、失信誉、立不稳、站不住，企业市场逐步丢失。

（2）历史包袱重。中国一重地处北国边陲小镇，是一个典型的"制造业孤岛"，压在企业身上有三座"大山"，形象地说就是三个"一万"：在岗职工 1.2 万余人，厂办大集体职工 1.24 万人，离退休人员将近 1 万人（企业一直承担着离退休人员的服务管理职能）。在岗职工中，管理人员占三分之一，生产辅助人员占三分之一，一线人员占不足三分之一，企业冗员较多。中国一重厂办大集体拥有 40 年历史，最多时拥有上百家企业和近 2 万名厂办大集体职工。

（3）管理僵化。中国一重作为一家存续多年的老国有企业，企业组织结构特别是业务部门的组织架构多年未有调整，职能部门多、业务流程烦琐冗长，干部能上不能下，人员能进不能出，收入能增不能减。"生是一重的人、死是一重的鬼"的国有身份与干部身份意识浓、行政管理色彩重、平均主义和"大锅饭"等问题突出。特别是随着企业经营效益的持续恶化，一时间企业内部人心涣散，从工人到干部，都感到没有希望。

## 1.4.4　生存危机

在起起伏伏的艰难探索中，"一小两慢"的弊端和诸多改革困局，最终造成中国一重在 2014—2016 年更大的生存危机。

（1）营业收入连续三年下滑。从 2008 年开始，重型机械行业的市场竞争日趋激烈，中国一重也陷入订单不足、销量下降的困境，经济效益持续下滑。同时，由于内部管理不善，企业质量成本居高不下，2015 年，中国一重炼钢厂废品率超过 10%，仅此带来的损失就超过 8000 万元。由于产品质量问题频发，产品交货屡屡延迟，合同订单持续萎缩。特别是进入 2014 年以后，中国一重的营业收入急剧萎缩，从 2009 年的 92.73 亿元下滑到 2015 年的 50.12 亿元，2016 年公司营业收入更是进一步下滑到 32.04 亿元，同比下降 36.07%。

（2）亏损口径逐年增大。与营业收入断崖式下滑相伴的是中国一重的亏损口径逐年增大。2015年中国一重净利润亏损17.95亿元。进入2016年后，中国一重的亏损额度、亏损面进一步扩大。2016年公司净利润巨亏57.34亿元，是当年亏损额度最大、困难程度最高的中央企业之一。

（3）上市公司面临退市风险。一重股份是中国一重旗下唯一的上市公司，由于公司在2015年度、2016年度连续两个会计年度经审计的净利润为亏损，2017年4月21日，一重股份被"披星戴帽"。如果一重股份在2017年无法扭亏脱困，将面临被资本市场强制退市的风险。

总之，在这一期间，在营业收入断崖式下滑、亏损口径创历史新高、上市公司被退市预警的情况下，中国一重又一次到了生死存亡的关键时刻。

## 1.5 浴火重生

2016年5月9日，党中央决定任命刘明忠同志担任中国一重董事长、党委书记。中国一重领导班子坚持以习近平新时代中国特色社会主义思想为指导，坚决贯彻落实党中央、国务院决策部署，解放思想、自我革命、管理创新，以思想之"变"引领行动之"变"，以行动之"变"撬动发展之"变"，变不可能为可能、变可能为现实，经过广大党员干部职工的艰苦奋战，一举扭转了连续三年亏损的不利局面，开始了中国一重历史上的第三次创业，闯出了一条"涅槃奋起"之路，形成了新时代国有企业改革的"一重现象""一重速度""一重经验"，中国一重进入了全面振兴和高质量发展新阶段。

### 1.5.1 解放思想大讨论

东北发展，无论析困境之因，还是求振兴之道，都要从思想思路层面破题。中国一重的人才可行、技术可行、干部也很好，但唯独精神思想格局有待提升。中国一重从解放思想入手，以解放思想大讨论为突破口，转变观念、改变作风，实现了浴火重生。

面对生存危机，中国一重领导班子发起了"解放思想大讨论"。领导班子分头召集管理层、劳模、营销、技术、离退休代表召开座谈会。集团党委以"一重到底怎么了""一重究竟该怎么办"为中心议题，围绕体制机制改革、产品产业调整、管理方式变革、思想观念转变"四个滞后"，围绕不认真、不较真、不负责、不担当"四不"作风问题等主题，在职能部门、各子公司、事业部、中心及制造厂、班组，开展解放思想大讨论，查找出 11 个方面的主要短板和 226 个问题。

领导班子从解放思想大讨论中发现，要彻底改变职工存在的"一重就是重，谁也拱不动"的传统观念，就要在干部职工中灌输"只有想不到，没有办不到"和"努力到无能为力，奋斗到感动自己"的工作理念和工作作风，引导大家坚持从不会干中找出路、从不能干中找对策、从不想干中找担当，使得看似有困难的事情变得不困难，看似完不成的任务最后得以完成。通过解放思想大讨论，中国一重的干部职工开始正视企业面临的困境，在从自身找原因、找差距的同时，主动为企业摆脱困境思对策想出路。

### 1.5.2　自我革命搞改革

国企要搞好就一定要改革，抱残守缺不行，改革能成功，就能变成现代企业。中国一重虽经三十多年改革探索，但诸多改革困局始终未能得到根本性解决。而要解决这些突出问题，必须冲破利益藩篱，以"杀出一条血路"的自我革命方式，实施下猛药、动真格的举措，让制度内化于心、外化于行；紧紧抓住三项制度改革这个"牛鼻子"，让机制的激励与约束对等，强激励硬约束，释放经营活力，管出纪律威严。

（1）在"竞争"中上岗。中国一重推行全员"全体起立"，重新竞聘上岗。高管率先示范，市场化选聘 3 名股份公司副总裁。中层岗位带头，通过公开竞聘，中层以上干部由 320 人减至 106 人。业务岗位自上而下竞聘上岗，淘汰率达 37%；技能岗位同步实施，全面铺开。

（2）在"碰硬"上求真。中国一重打破了几十年的"工厂制"管理模式，确立了以营销为龙头的经营新机制，实行每天 7：30 早间运营调度会制度，做到"小事不过班，大事不过天"。"不换思想就换人"，果断调整了连年亏损的天津重工和产品质量持久得不到改善的炼钢厂领导班子，打破了多年干部不犯错就很难下得来的局面。

（3）在"担当"中作为。中国一重印尼镍铁产品项目曾一度陷入僵局，集团通过签订"军令状"，在国资委领导和有关厅局的大力帮助下，创新合作模式，有效管控风险，稳妥推进债转股，目前该项目已成为中国一重参与"一带一路"建设、拓宽国际化经营业务的重要平台，成为重要的利润增长点。

中国一重坚持"市场化选聘、契约化管理、差异化薪酬、市场化退出"原则，全员签订《劳动合同》和《岗位合同》，全面建立起职业经理人、职业技能人和党务人才队伍这三支人才队伍，打通了业务管理人员、营销人员、技术研发人员、党务人员、技能人员五个晋升通道，坚持薪酬分配向营销、高科技研发、苦险脏累差、高级管理、高技能五类人员倾斜，保障职工民主管理、生产生活、文体活动三个需求，打造企业与职工利益命运共同体，通过自我革命，重新激发了企业活力。

### 1.5.3 老树发新枝

中国一重革除了体制机制的顽疾，释放了改革创新的活力，形成了风清气正、昂扬向上的新环境新氛围，实现了凤凰涅槃浴火重生的历史性跨越，成为新时代东北振兴的高质量发展先行者。进入 2017 年以后，中国一重逐步形成了装备制造与服务、新材料、军民融合、"一带一路"、地企融合、产融结合的业务布局，"一小两慢"的发展顽疾得到了初步解决。

中国一重始终将装备制造作为自身的核心主营业务，全力开展核电、火电、水电、轧辊等大型铸锻件制造技术专项攻关，努力实现关键核心技术突破，抢占行业技术制高点和市场制高点，一批科研项目取得重要进展。近年来，中国一重加大投入，不断强化核心竞争力，提高企业的创新能力和研发效率，切实为国家解决重大技术装备"卡脖子"的问题，把企业的技术、装备、制造及人才优势转化为大国竞争力和全球产业话语权。

在新材料业务领域，中国一重建成了世界一流的大型铸锻钢基地，拥有世界领先的制造资源和工艺技术，努力发展以大型铸锻件为代表的新材料，大力开展新材料、新工艺等开发，在舰船、超超临界火电机组与大型水电铸锻件、大型锻钢支承辊与工作辊、大型镍基锻件等关键铸锻件工艺新材料以及以镍基合金细晶棒料锻件为代表的航空航天等关键部件制造工艺及高温合金材料等方面进行深入研究，成为世界品牌。

在"一带一路"业务中，中国一重大力拓展印尼镍铁等有色金属冶炼加工业务，不断地向"一带一路"沿线国家辐射。推动贸易高质量发展，巩固已有产品市场，推进发展新兴业务市场。加快推进企业国际化步伐，从冶金成套装备及备件产品、新材料为主向石化容器、环保装备等多产品领域扩展。推进开展"一带一路"沿线国家能源资源开发、国际产能和装备制造合作等方面的国际工程项目。

在地企融合业务中，中国一重抓住国家推动东北地区全面振兴的契机，充分挖掘和利用地方资源，调整业务结构，延长产业链条，发展新技术、新业态、新模式，紧紧围绕东北地区的自然资源禀赋，积极与地方协同发展、融合发展。不断发展风电全产业链业务、绿色冷链装备及物流、非管网天然气，打造农机综合服务平台，开展农业机械制造、销售和秸秆综合利用等新兴业务。

### 1.5.4 高质量发展

短短五年时间，中国一重坚持解放思想、转变观念、改变作风，以自我革命的政治勇气深化改革，围绕国家重大科技专项强化自主创新，积极探索党的建设与中心工作深度融合，全心全意依靠工人阶级办好国有企业，杀出了一条改革创新的"血路"。2017 年，公司实现了扭亏为盈。2018 年，实现营业收入 139.3 亿元，创历史最好水平；利润总额 3.08 亿元，同比增长 184.1%。2019 年，实现营业收入 267.48 亿元，同比增长 92%；利润总额 8.01 亿元，同比增长 159.88%。2020 年，统筹抓好疫情防控和生产经营，实现营业收入 372.9 亿元，同比增长 39.4%；利润总额 13.39 亿元，同比增长 67.2%。

目前，中国一重认真贯彻落实习近平总书记视察中国一重的重要指示精神，切实肩负起历史重任，制订好发展路线图，加强党的领导，加强班子建设，改革创新，自主创新，提高管理水平，调动各类人才创新创业的积极性，立足新发展阶段、贯彻新发展理念、融入新发展格局，按照高质量发展要求，以供给侧结构性改革为主线，加快推动传统产品优化升级，积极拓展新业务，形成了装备制造与服务、新材料、军民融合、"一带一路"、地企融合、产融结合"六大业务"的产业发展布局。中国一重正努力建设成为产业结构合理、质量效益领先、高端制造突出、地企协同发展、"一带一路"共享的国际竞争力强的世界一流产业集团，在建设制造强国、实现中华民族伟大复兴的道路上奋力奔跑。

第二章

# 强根筑魂：
## 以高质量党建引领高质量发展

坚持党的领导、加强党的建设是我国国有企业的光荣传统，是国有企业的"根"和"魂"，是我国国有企业的独特优势。2016年下半年，中国一重党委对照习近平总书记重要讲话精神，在认真总结企业党的建设和改革发展取得成就的同时，也清醒地认识到党建工作中存在的突出问题，归结起来就是不同程度地存在党的领导、党的建设弱化、虚化、淡化、边缘化的问题。针对这些问题，中国一重党委勇于面对、敢于正视，上下贯通"学"、科学理论"悟"、长效机制"建"、复兴路上"行"，走出了一条以高质量党建引领高质量发展的国有企业强根筑魂之路。见图2-1。

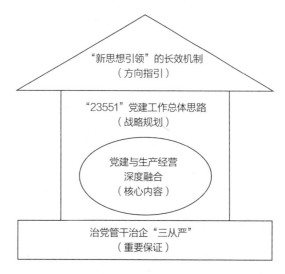

图2-1 中国一重的党建工作体系

首先,"新思想引领"的长效机制是中国一重党建工作的方向指引。中国一重党委组织广大党员干部职工深入学习习近平新时代中国特色社会主义思想,不断增强"四个意识",坚定"四个自信",做到"两个维护",通过学习培训、实践研究、方法应用、挂表督战等措施,形成了"新思想引领"的长效机制。见图2-2。

图2-2 中国一重庆祝中国共产党成立100周年暨"两优一先"表彰大会

其次,"23551"党建工作总体思路是中国一重党建工作的战略规划。中国一重党委根据企业实际情况,提出了"发挥两个作用、坚持三个保证、开展五创工程、建立五大体系、实现一个目标"的"23551"党建工作总体思路,强化"十三五"党建工作规划落地执行,通过党建管理体系和党建保障体系提供有效保证。

再次,推进企业党建与生产经营深度融合是中国一重党建工作的核心内容。中国一重党委逐步建立与公司战略目标相一致、与企业发展模式相适应的党建经营融合工作机制,持续深化"双五体系"融合运行,从公司治理、干部管理、考核激励、职工发展四个方面推动企业党建与企业改革发展的全面融合。

最后,治党管干治企"三从严"是中国一重党建工作的重要保证。中国一重党委始终做到从严治党、从严管干、从严治企,紧紧抓住领导干部这个"关键少数",在从严管理中强化教育、选优干部、改变作风、严惩腐败,全面提升各级党组织和党员干部的先进性、纯洁性,营造良好政治生态,有效保障企业稳定发展。

## 2.1 "新思想引领"的长效机制

习近平总书记于 2013 年 8 月和 2018 年 9 月五年内两次视察中国一重。中国一重全体党员干部职工坚持以习近平新时代中国特色社会主义思想为指导,深入学习贯彻习近平总书记两次视察中国一重的重要指示精神,通过学习培训、实践研究、方法应用与挂表督战等措施,构建了"新思想引领"的长效机制(见图 2-3),开创了企业改革发展的新局面。

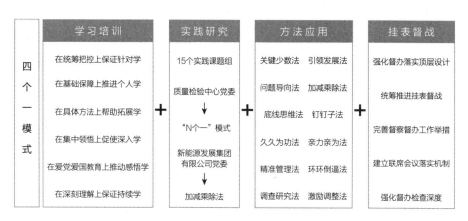

图 2-3 "新思想引领"的长效机制

### 2.1.1 学习培训

加强理论学习是贯彻习近平新时代中国特色社会主义思想的有力保证,能够使广大党员干部更加自觉地在思想上、政治上、行动上同党中央保持高度一致。中国一重党委每年围绕学习贯彻习近平总书记重要指示精神举办专题研讨班,提升党员干部政治素质和能力。在学习培训的实践中，中国一重党委主要通过以下措施及时快速、原原本本地学习习近平新时代中国特色社会主义思想，推动各级党员干部职工深刻领会理论学习的重要意义，努力为企业改革与发展夯实思想基础。

（1）在统筹把控上保证针对学。中国一重党委紧紧围绕学习贯彻习近平新时代中国特色社会主义思想这条主线，建立原原本本学、自觉主动学、及时跟进学、联系实际学、笃信笃行学"五学模式"，坚持定期推送关于习近平总书记最新重要讲话、党史和新中国史重要事件等主题教育"微知识"，每天晨间广播播放一段《习近平新时代中国特色社会主义思想学习纲要》。2018年，习近平总书记视察中国一重后，中国一重党委举办了学习习近平总书记视察东北三省重要讲话及视察中国一重重要指示精神的专题研讨班，组织开展研讨141次、讲党课229场，打印制作职工应知应会口袋书8200余册。同时，为保证基层抓得准，分两批对84名基层党支部书记进行轮训，专项提升素质能力；举办先进典型事迹报告会，持续发挥典型事迹和榜样人物的引领作用，凝聚推动改革发展的精神力量。

（2）在基础保障上推进个人学。按照中央要求及时配发《习近平关于"不忘初心、牢记使命"重要论述选编》《习近平新时代中国特色社会主义思想学习纲要》和党史学习教育规定及参考书目等六类学习读本20000余册。各级党员干部积极统筹协调生产经营工作，充分利用班前、班后、出差途中等碎片化时间，保证每周自学不少于10个小时，同时要求党员干部主动认真地做好学习笔记、撰写学习心得。公司党委领导、巡回指导组成员运用内容提问、情况交流等方式，随机抽查党员干部自学情况，防止自学变不学。

（3）在具体方法上帮助拓展学。围绕"领会习近平新时代中国特色社会主义思想""重温党史、新中国史"等主题，邀请中央党校教授、国务院国资委专家、学雷锋标兵等，精心组织专题学习会，互动式深入学习交流、感悟体会习近平新时代中国特色社会主义思想的重大意义；充分考虑基层党组织尤其是生产一线党支部职工倒班的实际情况，建立"早晚半小时、每天一小时"的学习机制，组织基层党支部建立"一次一专题、一月一主题"的学习模式，推动以作业班次划分学习小组，有效利用班前上岗会，轮流由党员、职工骨干宣讲重要讲话精神等学习内容。通过针对式、简短式等方法抓学习教育，少数党员消除了"不愿意看、不愿意学"的惰性抵触想法，党员干部学习主动性进一步增强。

（4）在集中领悟上促使深入学。中国一重党委领导班子成员坚持深入学习习近平总书记重要讲话精神，围绕"加强党的政治建设，始终做到坚持党的全面领导不动摇"等专题开展重点研讨交流；二、三级单位党组织立足"提高服务国家重型成套装备需要""破解热加工极限制造难题""稳步优化新一代核电制造"等工作实际，各有侧重地集中学习习近平总书记关于"不忘初心、牢记使命"论述87篇次、开展研讨197次。为丰富学习形式，中国一重党委组织"1个读书班+5个教育（警示教育、革命传统教育、先进模范典型教育、攻坚克难典型教育、形势政策教育）+1个工作实践分享会+1个导读+2个中心组学习会"10项具体活动，多途径促使领导干部在对标对表中进一步深化对习近平新时代中国特色社会主义思想的理解和认识。

（5）在爱党爱国教育上推动感悟学。中国一重党委统一举行"忆峥嵘岁月、守初心使命"庆祝中华人民共和国成立70周年纪念活动（见图2-4），组织7000余人集体

图2-4　中国一重庆祝中华人民共和国成立70周年纪念活动

观看升国旗仪式、合唱红色歌曲，推动基层党组织结合实际开展"伟大历程　辉煌成就——庆祝中华人民共和国成立70周年大型成就展"参观活动74次、利用业余时间集中观看《我和我的祖国》爱国主义影片21场，各单位还围绕"庆祝中华人民共和国成立70周年"主题，积极开展"我和我的祖国"诵读会、职工书画摄影艺术展、文艺

汇演、演讲比赛等10余项文化活动。在党史学习教育期间，将学习党史纳入理论学习中心组年度计划，围绕"回顾百年党史、提升精神思想格局、推动企业高质量发展"主题，集团党委领导班子成员先后开展9次集中宣讲。各级领导干部主动深入基层一线宣讲176次。同时，组织富区、大连、天津三地三场"永远跟党走，奋进新征程""十三五"特级劳模先进事迹报告会，在庆祝中国共产党成立100周年暨"两优一先"表彰大会上，8名分别于20世纪20年代到90年代出生的党员、干部作交流发言，召开"五一"先进表彰大会，对"十三五"期间作出突出贡献的8名特级劳模进行专项奖励，每人奖励一台红旗HS5汽车，示范带领作用凸显。通过运用不同方式、不同途径，引导党员干部进一步把爱国热情转化为企业改革发展的使命与动力。

（6）在深刻理解上保证持续学。始终绷紧"学习贯彻习近平新时代中国特色社会主义思想"这根政治之弦，组织党员干部持续完善个人自学计划，利用业余时间坚持静下心、坐下来，继续深入研学习近平总书记在中央政治局第十五次集体学习、在听取中央第三轮巡视综合情况汇报等重要讲话精神。二级单位党委不断丰富学习形式，积极开展"我最喜爱的习总书记的一句话""我说党章这一段""我与十九大报告中的一个关键词"等深化式学习活动，组织党员干部在反复研读过程中，找到与自身紧密联系的学习内容，推动学习贯彻习近平新时代中国特色社会主义思想。

### 2.1.2 实践研究

中国一重党委高度重视习近平新时代中国特色社会主义思想和党的十九大精神宣传贯彻工作，在直属党组织组建了15个习近平新时代中国特色社会主义思想实践课题组（见表2-1），每年组织各课题组坚持问题导向，针对本单位存在的短板与不足，从习总书记重要论述中找寻破题之法。15个实践课题组所获得的18项研究成果，有效地破解了各单位贯彻新发展理念、推动优化升级、加强党的建设等方面的问题（见图2-5）。各级党组织深入基层调研418次，妥善解决冷加工洗浴条件缺失、解暑降温饮品和劳保用品质量等职工群众最关心的现实问题227个，党员职工满意率超过97%。中国一重连续三年在国资委中央企业年度党建工作考核中获得优秀。

表2-1 习近平新时代中国特色社会主义思想实践课题组

| 序号 | 研究课题 | 承担单位 |
| --- | --- | --- |
| 1 | 在深化改革中加强党的建设,打造核电石化产业名片的实践研究 | 大连核电石化公司党委 |
| 2 | 关于新形势下加强国有企业基层党支部书记队伍建设的研究与探索 | 设备能源管控中心党委 |
| 3 | 发挥党建引领作用,激发青年群体创新活力的实践探索 | 大连工程技术有限公司党委 |
| 4 | 人力资源管理问题及对策分析 | 重型装备事业部党委 |
| 5 | 创建"1+N+1"服务型党建体系应用信息技术,提高企业管理水平的研究 | 信息中心党委 |
| 6 | 党建"N个一"模式引领基层技术、科研、管理创新的实践探索 | 质量检验中心党委 |
| 7 | 深入推进体制机制改革,有效调动各方面人才积极性的研究 | 天津重型装备研究有限公司党委 |
| 8 | 坚持以"三个作用"为引领,切实促进中心工作高质量发展的研究 | 铸锻钢事业部党委 |
| 9 | 深入贯彻习近平总书记视察中国一重重要指示精神,加快由专项制造向制造服务转变的探索与实践 | 军工事业部党委 |
| 10 | 基层党建工作中运用加减乘除法的思考 | 新能源发展集团公司党委 |
| 11 | 聚焦中心党建工作"薄弱点",探索新时代退休干部党建工作新思路 | 社会服务中心党工委 |
| 12 | 新形势下基层党组织如何围绕中心服务大局,提升组织力、打造过硬保卫队伍的研究 | 保卫部党总支 |
| 13 | 关于中国一重"两金"压降的思考 | 营销部(销售总公司)党委 |
| 14 | 贯彻新思想,制定路线图,关于天津重工"15351"战略规划的实践研究 | 天津重工有限公司党委 |
| 15 | 采购人员廉洁自律意识培养的实践探索 | 采购中心党委 |

图2-5 中国一重2020年习近平新时代中国特色社会主义思想实践课题研究结题评审会

中国一重的各直属党组织根据本单位的现实问题，积极开展有针对性的实践课题研究。比如，质量检验中心党委贯彻落实习近平总书记视察中国一重的重要指示精神，以党建"N个一"创新模式引领改革创新、自主创新，考核管理创新工作。"N个一"创新模式，指的是落实一项要求，由一名党委委员牵头，一个党支部为依托，一个党小组为载体，确立一项创新课题，解决一个技术质量难题，取得一定创新成果，形成自下而上、自上而下、目标明确、责任清晰的基层技术、科研、管理创新模式。质量检验中心由主管理化实验业务的党委委员牵头，以理化党支部为依托，由齐齐哈尔劳模创新标兵化学创新工作室发挥引领作用，围绕"独生子"设备检验技术替代、核电专项产品重点化学元素大幅缩短检测周期、确保合金原材料入厂化验精准性等为创新方向，确立技术创新课题6项。创新过程中党委委员牵头协调，党支部督导检查，课题组统一策划，党员带头研究，解决了"独生子"设备检验技术无法替代的问题，每年可节省成本30万元，解决了核电产品重点化学元素检测周期长的问题，由原来的3天缩短至1天。钢中"酸不溶铝检测的快速化学消解技术"和"流动注射-氢化物发生法检测痕微量元素的洗气净化技术"分别获得黑龙江省机械工业技术学会一等奖和二等奖；"铸造用呋喃树脂中痕微量氨氮的检测技术"荣获中国质量协会颁发的中央企业QC小组成果发表赛三等奖。

### 2.1.3 方法应用

中国一重党委系统领悟提炼了"学习贯彻习近平总书记重要讲话和重要指示批示精神12个工作方法论",并将其深度融入企业管理和生产经营中,运用唯物辩证法,努力做到学思用贯通、知信行统一。

(1)关键少数法。中国一重党委明确提出必须坚持党管干部的原则,按照国有企业领导人员20字标准严格要求党员领导干部。各级党员领导干部必须自觉在思想上、政治上、行动上同以习近平同志为核心的党中央保持高度一致,增强"四个意识",坚定"四个自信",做到"两个维护",以身作则、当好表率,带头旗帜鲜明讲政治、带头强化党性修养、带头锤炼过硬作风,带领全体党员干部职工推动企业全面振兴和高质量发展。

(2)问题导向法。中国一重党委认真贯彻落实习近平总书记的要求,提出要切实增强发现问题的敏锐、正视问题的清醒、解决问题的自觉,把各项工作着眼于破解难题、攻克难关,聚焦到着力解决影响公司全面振兴和高质量发展的"四个矛盾"和"一小两慢"发展短板上来,聚焦到各单位影响公司全面振兴和高质量发展的具体问题上来,坚持精准施策,坚持落地见效,不断开创事业发展新局面。

(3)底线思维法。中国一重党委教育引导一重广大党员领导干部,深刻认识和准确把握内外部环境的深刻变化以及公司全面振兴和高质量发展面临的新情况新问题新挑战,坚持底线思维,增强忧患意识,树立危机感和紧迫感,提高防控能力,着力防范化解重大风险,保持公司改革和发展稳定。

(4)久久为功法。中国一重党委强调干事需要干劲,更需要韧劲;需要动力,更需要定力,不能"新官上任三把火",心浮气躁、急功近利。要按照事物发展的规律开展工作,持续推进,持久去做,咬定青山不放松,一张蓝图绘到底,把问题最终解决好。

(5)精准管理法。中国一重党委提出必须始终保持严谨细致、一丝不苟、精益求精的态度,有强烈的到位意识,从大处着眼,从小处着手,落细落小,在每一个细节处严格标准、严格程序,在精准施策上出实招,在精准推进上下实功,在精准落地上见实效,认认真真把工作做细做实做到位。

（6）调查研究法。中国一重党委教育引导广大党员领导干部进一步加强和改进作风，经常深入基层一线开展深入细致的调查研究，探察企业改革发展中遇到的重点难点问题，同时积极倾听职工群众诉求、感知职工群众冷暖。通过调查研究，虚心听取各方面意见建议，把真正的问题捞上来，把真实的原因找出来，提出有效解决问题的办法。

（7）引领发展法。中国一重党委认真学习贯彻习近平总书记视察中国一重的重要指示精神，坚持新发展理念，按照高质量发展的要求，以供给侧结构性改革为主线，加快推动传统产品优化升级，在做强做优装备制造及服务板块基础上，积极探索发展"一带一路"、地企融合、产融结合等新业务板块，努力形成优势突出、结构合理、创新驱动、开放协同的发展新格局，努力把中国一重建设成为主业突出、多元赋能、具有国际竞争力的世界一流产业集团。

（8）加减乘除法。中国一重党委在具体工作中，做好加法，着力发展优势产业和新兴产业，提高利润增长点；做好"减法"，推进供给侧结构性改革，围绕"三去一降一补"精准发力，逐步压降"两金"占用；做好乘法，全心全意依靠工人阶级办企业，为职工群众办实事做好事，提高获得感和幸福感，充分激发职工群众干事创业的激情；做好除法，着力破除影响企业全面振兴和高质量发展的体制机制障碍，建立长效机制。

（9）钉钉子法。中国一重党委提出，要真正做到一张好的蓝图一干到底，切实干出成效来，必须坚持战略导向，紧紧围绕发展规划和"两个阶段""三步走"发展战略，保持一抓到底的执著精神，树立不达目的决不罢休的勇气和决心，不折腾、不懈怠、不反复，善始善终，务求实效。

（10）亲力亲为法。中国一重党委要求各级领导干部把落实党中央决策部署作为政治责任，党中央制定的方针政策必须执行，党中央确定的改革方案必须落实，对于公司改革发展党建工作要亲自抓、亲自管、亲自上手，决不能当"甩手掌柜"，确保党中央、国务院各项决策部署贯彻落实不走偏、不走样。

（11）环环倒逼法。中国一重党委教育引导广大党员领导干部切实做到"五个过硬"，着力增强"八大本领"，下好先手棋、把握主动权，完成各项目标任务；要时刻逼问和反思自己"四个有没有",即有没有追求一流的境界、有没有迎难而上的担当、有没有一抓到底的激情、有没有常抓不懈的执著,从而不忘初心,把使命和职责履行好。

(12)激励调整法。中国一重党委持续深化三项制度改革,在党管干部的原则下,探索建立适应现代企业制度要求和市场竞争需要的选人用人机制,把"市场化选聘、契约化管理、差异化薪酬、市场化退出"贯彻到底,健全完善激励约束机制,建立"岗位能上能下、人员能进能出、收入能增能减"和"岗位靠竞争、收入凭贡献"的市场化选人用人机制。

### 2.1.4 挂表督战

习近平总书记视察中国一重以后,中国一重党委第一时间贯彻落实习近平总书记重要讲话和指示精神,专门召开十三届二次全会,审议通过《关于贯彻落实习近平总书记视察东北三省重要讲话及视察中国一重重要指示精神 加快推进全面振兴和高质量发展的决定》。同时,中国一重党委将贯彻落实习近平总书记视察重要指示精神、公司高质量发展、全面深化改革、公司重大专项四个挂表督战图"四位一体"推进,实行周检查落实、月总结回头看、季度评比表彰,确保挂表督战图到期节点完成率100%,奋力推进企业高质量发展。

(1)贯彻落实习近平总书记视察东北三省重要讲话精神及视察中国一重重要指示精神的挂表督战图。将具体举措分解成10个方面重点任务、80条具体措施、456个具体节点,确保具体任务、责任单位、责任人、时间节点"四明确"。为推动挂表督战落实落地,构建形成了集团公司、二级单位、三级企业、生产制造厂"四级挂表督战"体系。例如,2020年度的挂表督战图主要从"坚持党的领导,加强党的建设,为企业全面振兴和高质量发展提供坚强保证""继续解放思想,冲破观念束缚,为企业全面振兴和高质量发展提供精神动力"等10个方面推动来抓好具体落实。

(2)公司高质量发展的挂表督战图。为推动实现高质量发展,构建形成集团、三大业务板块、子公司(事业部、中心)"三级挂表督战"体系。例如,2020年度的高质量发展挂表督战图从"深化体制机制改革,激发高质量发展活力""调整产业结构,优化高质量发展布局""推进国际化经营，拓展高质量发展空间""强化创新驱动，增强高质量发展动力""加强企业管理，筑牢高质量发展基础""防范重大风险，严守高质量发展底线""加强党的建设，提供高质量发展保障"7个方面驱动落地。

（3）全面深化改革的挂表督战图。为推动公司深化改革，构建形成了集团公司、二级单位、三级企业"三级挂表督战"体系。例如，2020年度的全面深化改革挂表督战图从"健全法人治理体系""深化供给侧结构性改革""推进混合所有制改革""深化三项制度改革""构建中长期激励机制""完善市场化制度体系""实施创新驱动战略""深化产融结合""解决历史遗留问题""坚持全面从严治党"10个方面驱动落地。

（4）公司重大项目的挂表督战图。为认真贯彻落实党中央、国务院重大决策部署，履行公司党委主体责任、纪委监督责任及重大项目实施具体工作责任，确保示范项目和可靠性提升项目按计划实施并按要求时间交付，中国一重党委对重大项目实施挂表督战，明确了任务书、时间表、优先序，压实工作责任。项目领导小组每周召开一次项目推进会，公司党委每月进行一次专题部署和研究。集团公司党委常委、纪委书记、监察专员白晓光组织成立了监督工作领导小组，加强对示范项目执行情况的监督，节点推进到哪里，监督就跟进到哪里。

在上述四类挂表督战图持续推进的过程中，中国一重党委主要依靠以下措施督查督办，保证各项重点任务落地执行。

一是强化督办落实顶层设计。明确将公司各项挂表督战图的落实情况由公司重点工作监督检查小组、党委办公室牵头负责督查督办，持续跟踪问效，形成任务有人盯、进度有人管、完成情况有人查的督查督办氛围，严格督查督办相关责任人，不断提高各项工作责任人对督办工作的重视程度，同时实行统计台账制度，对挂表督战的完成情况进行专卷登记，动态管理督查内容、牵头单位、完成时限，对已完成的工作及时销号。

二是统筹推进挂表督战。将贯彻落实习近平总书记重要指示精神、公司高质量发展、全面深化改革、公司重大项目四个挂表督战图"四位一体"推进。公司重点工作监督检查小组坚持周检查落实、月总结"回头看"，公司党委每季度对贯彻落实情况进行一次全覆盖检查，全面听取各二级子公司、事业部、中心落实各项挂表督战图的情况汇报，每周一对当周应完成的工作节点进行重点跟踪检查，时刻掌握进展情况。每月对进展情况进行汇总，形成《"挂表督战图"工作落实情况说明》，持续跟踪问效，确保各项任务落实落地。

三是完善督查督办工作举措。做到"三个结合"，即综合采用定期督查与随机抽查相结合、书面检查与现场核查相结合、专项督查与集中督查相结合等方式，多角度、多途径地对各单位工作完成情况进行全面督查督办，对承办单位不能按期完成或未落实到位的，查清拖期原因，并视情况采取下达预警通知、督办通知及早会通报等方式，责令其对未完成事项重新制定时间节点，限期进行整改。

四是建立联席会议落实机制。公司重点工作监督检查小组定期组织召开由各责任单位参与的联席会议和落实工作汇报会，共同研究推进落实重点工作。例如，有序推进混改"双百行动"企业股权多元化工作，积极引入战略投资者、在新业务领域推行混合所有制改革，将农机公司和新能源公司调整为第四批混改试点企业等重点事项，与各相关责任单位进行深入交流探讨，做到协调联动、共同推进。

五是强化督办检查深度。在各基层单位中确定督办工作联系点，共建立了覆盖富区及天津、大连、北京地区的工作联系点 22 个，明确了督办工作联系点主管领导和具体负责人，采用"已经落实的查结果，正在落实的查进度，没有落实的查原因"的方式，对基层单位落实情况进行摸底排查，掌握更多第一手资料，确保件件督办到点、事事跟踪到位。

在"新思想引领"的长效机制的指引下，中国一重党委通过学习培训、实践研究、方法应用与挂表督战等方法的合理运用，突出质量与速度并重、规模与效益并举，积极应对复杂严峻形势，勇于战胜各种风险挑战，中国一重取得了一年扭亏、两年翻番、三年跨越的显著成效，呈现出"量"上持续增长、"质"上显著提升的良好态势，企业竞争力、创新力、控制力、影响力和抗风险能力大幅提升。截至十三五末，中国一重资产总额达到 506.7 亿元，比十二五末增长 26.1%。十三五期间，中国一重营业收入年均增长为 50.74%，扭亏为盈后净利润、利润总额年均增长分别为 123.66%、127.75%；2020 年全员劳动生产率较 2015 年增加 30.11 万元。中国一重的利润增速在中央企业中名列前茅，营业收入在重机行业中从排名倒数到挺进行业前三，实现了历史性跨越。

## 2.2 "23551"党建工作总体思路

随着"新思想引领"长效机制的逐步建立,中国一重党委还创新性地提出了"发挥两个作用、坚持三个保证、开展五创工程、建立五大体系、实现一个目标"的"23551"党建工作总体思路(见图2-6),强化"十三五"党建工作规划落地执行,通过党建管理体系和党建保障体系提供有效保证。

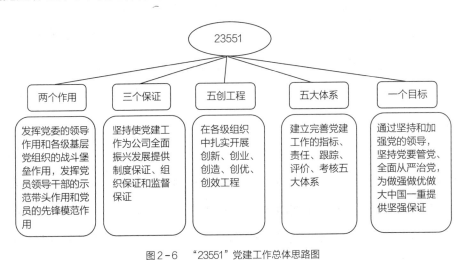

图2-6 "23551"党建工作总体思路图

### 2.2.1 "23551"党建工作总体思路的内涵

"23551"党建工作总体思路由中国一重党委在2017年党建工作会议上首次系统性提出,先后历经两次丰富完善并最终形成,主要内容包括"发挥两个作用、坚持三个保证、开展五创工程、建立五大体系、实现一个目标",即坚持以习近平新时代中国特色社会主义思想为指导，深刻把握新时代党建工作的总要求，发挥中国一重党委的领导作用和各级基层党组织的战斗堡垒作用，发挥党员领导干部的示范带头作用和党员的先锋模范作用；坚持使党建工作为中国一重全面振兴发展提供制度保证、组织保证和监督保证；在各级组织中扎实开展创新、创业、创造、创优、创效工程；建立完善党建工作的指标、责任、跟踪、评价、考核五大体系；通过坚持和加强党的全面领导，坚持党要管党、全面从严治党，为做强做优做大中国一重提供坚强保证。可以从以下三个方面来系统理解"23551"党建工作总体思路：

（1）把握科学内涵、内在联系。"23551"党建工作总体思路是中国一重党委认真贯彻落实习近平新时代中国特色社会主义思想和党的十九大精神，对党建工作目标、原则、方针等作出的科学性、系统性概括。其中，"发挥两个作用"是根本遵循，确保了党的领导始终融入企业治理的各个环节；"坚持三个保证"是工作方针，确保了党建工作根基不断夯实；"开展五创工程"是重要载体，确保了党建与生产经营融合并进；"建立五大体系"是基本原则，确保了党建工作实现闭环管理；"实现一个目标"是前进方向，确保了战略规划目标的实现。五方面内容既相互独立、又互为一体，是具有内在联系的集合体。

（2）坚持统筹协调、一体推进。"23551"党建工作总体思路是一个理论与实践有机结合的整体。在具体的贯彻落实中绝不能把五个方面割裂开来，必须坚持协调推进、统筹推进、一体推进。要充分认识加强中国一重党的建设工作，最根本的就是要实现五个方面的有机结合和辩证统一，让"一个目标"来引领党建工作实践，并用实践来检验成效。同时，让"两个作用""三个保证""五创工程""五大体系"贯穿党建工作的各个方面和全过程，并在此基础上布局党建工作的重点任务，最终实现企业的高质量发展。

（3）紧密联系实际、创新载体。有效的载体是实现目标的重要手段。在认真贯彻落实"23551"党建工作总体思路的过程中，中国一重各级党组织高度重视载体创新，把"发挥两个作用""坚持三个保证""开展五创工程""建立五大体系""实现一个目标"的内容、方式和任务，融入具体载体之中，化无形为有形，变抽象为具体，使基层党组织战斗堡垒更坚固、领导干部示范带动更突出、党员面貌更凸显、工作保障更到位，实现以高质量党建引领企业高质量发展。

### 2.2.2 "23551"党建工作总体思路的落实

为深入贯彻党的十八届六中全会和全国国有企业党的建设工作会议精神，全面落实习近平总书记系列重要讲话精神，始终坚持党的领导，不断加强党的建设，提升公司基层党建工作科学化水平，为顺利实现公司战略规划目标提供坚强支撑，中国一重党委于2017年9月正式提出十三五党建工作规划。十三五党建工作规划是"23551"党建工作总体思路落地执行的具体措施，规划的主要任务要点如下：

（1）坚持党的领导不动摇，着力抓好核心建设。一是全面落实"四同步、四对接"工作要求。在公司深化改革的过程中，要坚持党的建设同步谋划、党的组织及工作机构同步设置、党组织负责人及党务工作人员同步配备、党建工作同步开展，实现体制对接、机制对接、制度对接和工作对接，确保党的领导、党的建设在公司改革中得到体现和加强。二是扎实做好党建工作要求进章程。着力把党组织内嵌到公司治理结构中，按照党中央关于党的建设的新要求新部署，进一步健全完善集团、股份公司章程中党建工作相关内容，推进所属法人单位将党组织的职责权限、机构设置、运行机制、基础保障写入企业章程，促进党组织发挥作用组织化、制度化、具体化。三是不断健全党组织议事决策机制。明确党委参与重大问题决策的内容和流程，指导、推动各二级单位党委完善"三重一大"集体决策事项清单，进一步厘清党委和董事会、经理层、监事会等其他治理主体的权责边界，从制度流程上明确党组织研究讨论作为董事会、经理层决策重大问题的前置程序，切实保证党组织在公司治理结构中的工作空间和话语权。四是坚持和完善"双向进入、交叉任职"的领导体制。全面推行董事长、党委书记"一肩挑"，总经理兼任党委副书记，实现经营层成员与党组织领导班子成员适度交叉任职。对党员人数较多的二级法人单位逐步配齐专职副书记，保证党建工作有专人抓、专人管。

（2）加强思想政治引领，牢固树立"四个意识"。一是深入学习贯彻习近平总书记系列重要讲话精神。提高政治站位，强化政治能力，持续开展习近平总书记系列重要讲话精神专题培训，坚持领导干部带头学，充分发挥党委理论学习中心组的示范引领作用，推动党员干部牢固树立"四个意识"，不断增强维护核心的思想自觉和行动自觉。二是进一步抓严抓牢理想信念教育。认真学习、坚决贯彻十九大精神，坚持把马克思主义作为必修课，深入开展中国特色社会主义理论体系教育，将公司的"装备中国、走向世界"愿景与党的"两个一百年"目标相结合，不断坚定党员干部的道路自信、理论自信、制度自信、文化自信。三是着力强化党性党风党纪教育。坚持思想理论教育从严，深入推进"两学一做"学习教育常态化制度化，扎实开展领导干部"六个一"活动，注重在"学""做"上深化拓展，引导各级党组织和广大党员干部牢固树立党章党规意识，在思想上政治上行动上始终与以习近平同志为核心的党中央保持高度一致。四是认真落实意识形态工作责任制。强化政治定力，把意识形态工作作为党的思想政治建设的重要内容，摆在公司全局工作的重要位置，纳入重要议事日程，纳入党建工作责任制，围绕重点内容、重大舆情，坚持每月党建工作例会专题研究讨论一次，认真贯彻落实《公司党委意识形态工作责任制实施细则》。

（3）提高选人用人水平，锻造"忠诚、干净、担当"的干部队伍。一是始终坚持正确的选人用人导向。认真贯彻落实习近平总书记提出的国企好干部标准，把坚持党管干部原则和发挥市场机制作用结合起来，在董事会选聘经理层工作中，党组织要在确定标准、规范程序、参与考察、推荐人选等方面把好关，保障党对干部人事工作的领导权和对重要干部的管理权。二是着力强化领导班子的整体建设。加大年轻干部的选拔力度，逐步降低班子的整体年龄，实现干部队伍结构的合理化，注重领导干部的素质教育，充分利用"一校五院"的高端优势，有计划地选调干部参加学习，统筹内外教育资源，全方位、多角度地提升领导干部的政治素质和业务能力。三是加强后备干部队伍培养。实施"继任者计划"，将政治素质好、业绩表现突出的优秀年轻干部纳入后备干部人才库，严格执行后备干部考核动态管理机制，着力推进跨单位、跨地区、跨岗位的人才交流，不断完善"双向"挂职培养机制。四是从严抓好干部管理监督。完善考核评价机制，制定《领导班子和领导干部考核评价办法》，做好领导班子和领导人员年度和任期综合考评，注重日常性经常性监督，建立每月党组织书记例会问题通报机制，定期开展干部人事档案自查自纠，严格落实领导干部报告个人事项工作制度，坚持做到"凡提必核"。

（4）创新人才发展体制机制，激发干事创业活力。一是拓宽人才引进途径。大力引进站在行业科技前沿、具有国际视野和核心技术的领军型人才以及服务公司战略发展的急需人才，探索柔性引才措施，着力实施"智力合作"工程，积极与高校、职业学校建立战略伙伴关系，深入开展定向委托培养紧缺专业和岗位的本地实用人才新渠道。二是创新人才培养方式。制定《关于建立人才成长通道的实施意见》，建立职务与职级并行的"双路径"晋升机制，切实打通营销、技术、管理、党务、技能"五个通道"，实施"优秀人才计划"，通过前沿理论集中培训、创新经验互动交流、先进企业现场教学等方式，着力建设一支适应公司改革发展需要的人才队伍。三是强化人才激励保障。树立正确的薪酬分配导向，着力向营销、高科技研发、苦险脏累差、高级管理、高级技能五类人员倾斜，完善人才奖励制度，严格落实"两个合同"，用"契约化管理"倒逼人才积极性和创造性的有效发挥，探索建立科技人员技术入股、股权期权激励、分红奖励等激励政策。

（5）注重固本强基，筑牢夯实支部战斗堡垒。一是加强基层组织整体建设。结合公司改革和机构调整以及二级单位党员数量，及时设立、调整组织规模，加大组织调配和"政治辅导员"选配力度，逐步减少"无党员空白班组"数量，实现关键、艰苦岗位有党员，加快中国一重"党建云"应用步伐，促进党组织"线上""线下"并行管理。二是规范党员发展、管理工作。严格落实《公司党委发展党员工作实施细则》，坚持开展"双培"工程，及时将技术能手、青年骨干等优秀人才吸纳到党员队伍中，不断完善党员组织关系管理等相关制度，实现党员网格化管理、动态式管控，探索党内激励关怀帮扶新途径，切实增强党组织凝聚力和党员归属感。三是健全党建工作制度体系。紧跟党中央新形势、新要求，修订完善思想建设、组织建设、党员队伍建设等配套规定办法，指导所属党组织不断健全落实细则，逐步形成完备、实用的中国一重"1+N+N"制度体系。严格党的组织生活，推动"两学一做"学习教育常态化制度化。四是完善党建工作基本保障。落实党建工作经费，保证党务工作者岗位编制，坚持把政治素质好、熟悉经营管理、作风正派、群众基础好的同志选拔到党务工作岗位，实施党务干部与经营管理干部同级同酬，建立党务工作人员和经营管理人员双向交流机制，拓宽党务干部发展路径。五是压紧压实党建工作责任。突出目标导向，层层签订责任书,清晰责任主体,细化党建工作责任清单,不断加大基层党组织负责人的教育力度,扎实开展党组织书记抓党建工作述职评议考核,提升抓好党建工作的责任意识,全面落实逐级逐层报告的党建工作制度,实现"指标、责任、跟踪、评价、考核"的闭环式管理。

(6)坚持服务生产经营不偏离,凝聚深化改革合力。一是深入推进"双创"工作。依托劳模创新工作室、党员创新工作室,以解决实际问题为导向,以项目化的方式,引导广大党员、职工积极确立研究课题,组建"双创"团队,推动大众创业万众创新持续向纵深发展。二是丰富党建活动载体。以提高经济技术指标或生产作业效率为目标,扎实推进班组建设,围绕急、难、险、重生产任务,深入开展"百万一重杯"劳动竞赛(见图2-7)、"创新创业创造创优创效"等主题实践活动,着力开展"提质增效,我先行"岗位比拼、"爱岗位、献良策"合理化建议征集等形式多样的主题活动。三是发挥统一战线优势。整合党外资源力量,建立健全公司党外代表人士数据库,定期召开民主党派、无党派人士工作座谈会,探索建立党外知识分子联谊工作机制,引导统一战线成员围绕服务企业发展积极建言献策。

图2-7 "百万一重杯"劳动竞赛颁奖现场

(7)强化党风廉政建设,营造风清气正好氛围。一是形成"不敢腐"的体制机制。着力构建执纪审查机制,加强与监事会、地方纪检监察和公检法机构的联系,建立发现问题线索的沟通交流机制、协同办案机制。坚持及时发布禁令、发送廉洁短信等方式,不断修订完善落实中央八项规定精神的相关制度,持之以恒地落实中央八项规定精神。二是形成"不能腐"的体制机制。建立健全反腐倡廉责任体系,严格把好领导干部"党风廉政意见回复"关,坚持分事行权、分岗设权、分级授权,形成严密有效、科学合理的制度体系,围绕重点领域和关键环节健全防控措施,着力构建责任追究机制,执行《关于建立健全党员干部干事创业容错纠错机制的暂行办法》。三是形成"不想腐"的体制机制。坚持以自律和他律相结合,引导党员干部增强党章党规党纪意识。积极利用现代信息技术和传统媒介开展日常警示教育,推进教育常态化。健全、完善对二级纪检机构的考核制度,不断提升纪检监察人员的政治素质和业务能力。

(8) 扎实推进群团工作,全面发挥纽带助手作用。一是不断健全民主管理制度。进一步夯实三级民主管理体系,不断完善职工代表大会议事内容,探索建立职工代表监督岗,加大职工代表大会提案落实力度,依法分类指导和推动建立董事会单位配齐职工董事、职工监事,强化日常监督,着力打造"阳光信访""法制信访",维护职工群众的合法权益。二是注重激发青年攻坚原动力。实施以"青春领航、青年建功、青春育人、青春强基"为主要内容的"四大行动",定期选树"青年先锋""青年工匠"等先进典型,适时开展"青年双创"训练营、举办"创造的青春更美丽"经验交流会,促进青年围绕公司重点项目、前沿领域进行创新创造,着力强化后备军的能力和素质。三是持续推进企业文化建设。始终以社会主义核心价值观作为引领,积极开展"书香一重""品味传统文化"等企业文化建设活动,不断健全与公司发展战略相适应的文化体系,坚持周期性的大型综合文体活动与日常形式多样的职工文化活动相结合,不断丰富职工的精神文化需求。四是坚持全心全意依靠职工办企业。大力实施"惠民工程",持续推进职工食堂、职工体育场、职工电影院等场所建设,加大职工劳动安全卫生条件和作业环境的改善力度,广泛建立困难职工帮扶站,积极开展"双联双帮"活动,不断健全困难职工档案和困难职工帮扶资金,全方位提升职工群众的满意度和获得感。

### 2.2.3 "23551"党建工作总体思路的保障

为了贯彻执行"23551"党建工作总体思路,中国一重党委构建了"指标、责任、跟踪、评价、考核"的党建管理体系和"三基石、四支柱、一横梁、一顶层"的党建保障体系，其中党建管理体系为党建工作提出明确的质量标准，而党建保障体系则为党建工作提供制度保障。

（1）"指标、责任、跟踪、评价、考核"的党建管理体系。中国一重党委按照公司"23551"党建工作总体思路的要求，通过建立党建工作的"指标、责任、跟踪、评价、考核"体系，使党建工作的目标由宏观变量化，责任由抽象变具体，任务由"务虚"变"务实"，管理由敞口变闭环，考核由柔性变刚性。党建管理体系主要包括以下五个方面：

指标体系。公司党委、二级单位党组织、三级单位党组织及所属党总支、党支部、党小组都建立相应的党建指标体系。党建工作指标体系做到具体化，每项指标都要有依据、有支撑，并进行最大限度的深化和细化。党建工作指标体系的设计坚持全面性，不漏重要项；坚持融合性，融入生产经营，而不成为负担；坚持服务性，支撑保证中心任务。原则上所有指标都要确立量化标准，效果不能量化的，量化措施指标；效果、措施都不能量化的，则通过明确时间节点来量化。

责任体系。由各级党组织负责人亲自负责，按照党群组织架构，建立起横向到边、纵向到底、定向到人的责任体系。以负责人为主线，即"公司党委负责人——二级单位党组织负责人——三级单位党组织负责人——党支部（党总支）负责人——党小组组长"，各项指标逐级分解，落实到基层党小组、党员。各级党组织书记是第一责任人，并签订责任书予以落实。责任书的内容包括承担的指标以及指标权重、重点工作、计分标准、奖惩办法等。

跟踪体系。跟踪既要体现在上级的跟踪督导、同级的提醒提示、下级的评议监督上，也要体现在自我执行跟进上。中国一重各级党组织采取自查、督查、巡回检查和随机抽样检查等方式，定期或不定期地针对党建工作责任指标对基层党建工作进行督促检查，发现问题及时整改解决。建立二级单位党组织每半年向集团党委报告的制度，定期跟踪各二级单位党组织党建指标的完成情况，完善年度各级党组织层层向上报告的工作制度。

评价体系。建立健全各层级党建工作执行评价体系，对党建工作指标的完成情况进行分析评价。评价主要依据既定的党建指标体系和本单位生产经营目标的完成情况。所属各级党组织根据党建指标体系的内容，进一步细化各项内容的评价标准，科学合理地设计子评价项和对应权重。定期对照党建指标评价完成的进度和质量，对于党建指标完成有差距的单位，上级党组织及时提醒，并限期提出整改措施。根据时间进度，做到"时间过半任务过半，全年超额完成指标"。

考核体系。中国一重党委成立党建工作考核领导小组，下设办公室，具体实施对二级单位党组织的考核管理；各二级单位也成立党建工作考核领导小组，按照一级抓一级的原则，由上至下对所属党组织的党建工作进行考核管理。考核采取实地检查、民主测评、工作报告等方式进行。在各单位自查的基础上，考核领导小组通过听取汇报、查资料、看现场、访谈调查、民主测评等形式开展考核工作。根据考核的得分情况，由考核领导小组确定考核结果，考核结果分为"优秀""合格""基本合格"、"不合格"4个等次。考核结果运用的对象为被考核单位领导班子成员，考核结果与薪酬水平、干部任免、班子评价、日常监督等方面相结合，并作为"四好领导班子""四强党组织""先进基层党组织"等的评选依据。

（2）"三基石、四支柱、一横梁、一顶层"的党建保障体系。中国一重党委以"23551"党建工作总体思路为主线，借鉴现代管理理念，构建了"三基石、四支柱、一横梁、一顶层"的党建保障体系，主要包括如下几方面的内容：

"三基石"。一是思想基石，组织广大党员干部认真学习贯彻党的十九大精神，深刻领会习近平新时代中国特色社会主义思想的精神实质和丰富内涵，进一步增强"四个意识"，坚定"四个自信"，实现党的十九大精神进支部、进班组、进头脑，为打赢公司脱困振兴、转型升级、融合发展三大"攻坚战"提供坚强的思想保障。二是组织基石，认真落实"四同步、四对接"，及时合理地调整基层党组织设置，不断壮大党员队伍，强化党员日常管理，加快"智慧党建"的应用步伐，切实发挥出党组织的战斗堡垒作用、党员领导干部的示范表率作用和党员的先锋模范作用（见图2-8），为公司振兴发展提供坚实的组织保障。三是廉洁基石，不断巩固拓展落实中央八项规定精神和公司九条措施成果，继续整治"四风"问题，运用监督执纪"四种形态"，抓早抓小、防微杜渐，不断加强纪律教育，强化纪律执行，让党员、干部知敬畏、存戒惧、守底线，真正构建"不敢腐、不能腐、不想腐"的廉洁保障。

图2-8　中国一重党员先锋队抢修15000吨水压机

"四支柱"。一是干部支柱，坚持党管干部原则，坚持正确的选人用人导向，构筑"市场化选聘、契约化管理、差异化薪酬、市场化退出"的长效机制，加大储备优秀年轻干部的力度，积极建立运行有效的激励机制和容错纠错机制，着力建设一支高素质专业化的干部队伍，为激活企业内生活力提供干部保障。二是人才支柱，坚持党管人才原则，不断创新人才发展的体制机制，实行更加积极、开放、有效的人才政策，把技术顶尖、管理一流的优秀人才集聚到公司改革发展中来，全面打通研发、营销、管理、党务、技能五个通道，畅通人才发展路径，努力形成"人人皆可成才、人人尽展其才"的良好局面，为公司占领市场、技术、服务制高点提供人才保障。三是创新支柱，坚持党建工作服务生产经营不偏离，大力开展党员、劳模、职工的"双创"工作，不断激发干部职工的创造力，积极搭建形式多样的活动载体，扎实建设好创新创业阵地，不断整合党外资源力量，为公司实现有质量、有效益的发展提供创新保障。四是纽带支柱，增强群众工作的本领，创新群众工作的体制机制和方式方法，提高民主管理的水平，形成"自我管理、自我约束、自我发展、共同进步"的创新型民主管理模式,不断强化后备军的能力和素质,积极开展有活力、有凝聚力的文化活动,夯实工会、共青团联系群众的纽带保障。

"一横梁、一顶层"。"一横梁"是指制度横梁。制度建设贯穿于公司党建的各项工作中,紧跟党中央安排部署,不断健全完善基层政治建设、思想建设、组织建设、作风建设、纪律建设等方面涉及的规章制度,实现责任落实有抓手、监督考核有标准,切实筑牢、筑高、筑实助推公司深化改革的制度保障。"一顶层"是指政治顶层。充分发挥政治建设的统领作用,进一步坚持和加强党的全面领导,夯实党在公司法人治理中的重要地位,引导各级党组织和广大党员尊崇党章,严格执行《关于新形势下党内政治生活的若干准则》,不断完善和落实民主集中制,始终在思想上政治上行动上同以习近平同志为核心的党中央保持高度一致,为做强做优做大中国一重提供强大的政治保障。

在"23551"党建工作总体思路的指引下,中国一重以高质量党建引领解放思想、转变观念、改变作风,杀出了一条改革创新的"血路",实现了"一年扭亏、两年翻番、三年跨越"的工作成效,实现了凤凰涅槃浴火重生的历史性跨越,成为新时代东北国有企业振兴和高质量发展的先行者。2019年,中国一重荣获"全国五一劳动奖状",并在2019年、2020年度中央企业党建考核评级中连续2年获得优秀。2021年,在

图2-9 中国一重获得"全国先进基层党组织"称号

建党100周年之际,中国一重党委在全国"两优一先"表彰大会上,荣膺"全国先进基层党组织"称号(见图2-9),取得历史性突破。

## 2.3 强化党建与经营的深度融合

中国一重党委坚持以习近平新时代中国特色社会主义思想为指导,紧紧围绕新时代党的建设的总要求,以高质量党建为目标,以提质增效升级为路径,以"目标相融、过程相融、结果相融"为基本要求,坚持目标导向、问题导向、结果导向,针对装备制造型企业的特点,重点从公司治理、干部管理、考核激励、职工发展等方面探索建立党建经营融合体系(见图2-10),构筑"抓大党建"和"大抓党建"的工作新格局,

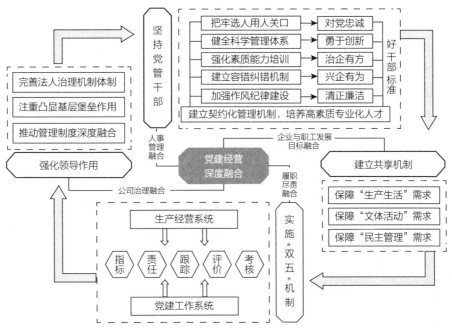

图2-10 强化党建与经营的深度融合

使党建和生产经营融为一体、相互促进。

### 2.3.1 强化领导作用，实现公司治理上的深度融合

中国一重党委严格落实两个"一以贯之"的要求，进一步厘清党组织、董事会、监事会和经理层等不同治理主体的权责边界，把党的领导融入公司治理各环节，把党组织内嵌到公司治理结构之中，确保党和国家方针政策的落地执行，为公司的发展把好政治、改革、发展、创新、风控"五个方向"，管好经济、政治、社会责任"三个大局"，保证党中央决策部署、上级党组织要求以及公司党委具体工作"三个落实"。主要做法如下：

（1）在职责定位和工作程序上，构建了党组织强能量、董事会谋增量、经理层盘存量、监事会监总量、职代会聚力量"五位一体"的权责格局，保证公司党委在管大事上不缺位、在日常事务上不越位。通过制定《集分权手册》，明确集团公司各管理层级的权限范围和责任边界，对25项职能进行了划分，落实党委常委会35项前置讨论事项和15项决定事项、董事会51项决策权和经营层83项管理权，实现责、权、利统一对等，规范管理秩序，共享信息资源，形成了战略型集团管控模式，逐步实现分层、分级管理，保证公司整体有序规范运作。

（2）在改善公司治理结构上，积极推进混合所有制改革工作，坚持"两个一以贯之"，推进中国特色现代企业制度建设。坚决避免以往混改工作中存在的"一混就灵""一混了之""重混轻改"的错误认识和做法，坚持"三因三宜三不"原则，强化混合所有制企业党的领导，通过"混资本"推动"改机制"，注重"以混促改、改求实效"，打造"引战、改制、激活、提效"的混改链条。对于混合所有制企业的职业经理人，实行三年任期制，完不成年度利润、收入指标的自动解职。同时，探索骨干人员跟投、风险共担的机制，激发混合所有制企业员工干事创业的动力。

（3）始终注重基层组织凸显堡垒作用不放松。中国一重党委严格按照新时代党的组织路线，把公司各级基层党组织建设成为宣传党的主张、贯彻党的决定、领导基层治理、团结动员群众、推动改革发展的坚强战斗堡垒。实施"堡垒工程"，认真落实"四同步、四对接"，确保每一名党员都纳入党组织的有效管理；将基层党组织党建责任细化为62项工作职责，组织二级单位党委、党总支、党支部签订党建工作责任书，

结合实际建立"1+6"基层党支部达标建设统一标准,推动支部红旗插满每个生产经营现场。实施"先锋工程",建立"基层书记年轮训、党务专员季教育、普通党员月学习"的素质提升机制,年集中培训党员干部500人次以上;开展党员责任区网格化管理,建立了"纵向到底、横向到边、纵横交错、全面覆盖"的基层组织网络体系,将效率多提高5%、任务多承担5%、质量多提升5%作为党员合格基本标准,引导党员先锋在各自岗位充分发挥模范作用。实施"保障工程",按照业务流程化搭建"1+N"党建制度体系,建设53个党员活动室、97个党员(劳模)创新工作室,积极打造"创新创业创造创优创效""两学一做+N"等一系列党建品牌活动,做到一支部一特色、一支部一品牌,着力搭建"党建+"等丰富多样、灵活务实的载体平台,推动基层党组织活动从"偏于形式"向"突出作用"转变。党员带领职工围绕生产经营难题,创新立项520个,优秀的立项成果使每吨炼钢成本降低近2000元,累计创效6亿多元。坚持把提高企业效益作为党建工作的出发点和落脚点,将党建工作融入市场开拓、技术研发、预算编制等工作,保证党建工作服务生产经营不偏离。例如,营销部党组织把支部建在"连"上,在经营一线设立流动党小组,16名一线党员业务经理虽然只占所在单位总人数的26%,但却共承担起单位订货总指标的63%、回款总指标的48%。

(4)始终着力推动管理制度融合完善不懈怠。中国一重党委以制度抓党建、制度促党建的原则,把党建工作制度纳入企业管理制度体系,做到同步设计、同步制定、同步实施,实现无缝对接、有机融合。中国一重党委制定了《关于不断提高党的建设质量,推动党建工作与改革发展生产经营深度融合的指导意见》,从融合的目标和方向、机制和载体、方法和路径进行明确,对基层党组织党建与生产经营融合进行有效指导。同时,中国一重党委坚持服务生产经营不偏离,把生产经营任务纳入党建制度要求,持续完善"五创"工程、基层党建联系点、职能部门与二级单位"1+1"党建经营融合运行机制,建立健全了具有一重特色的党员突击队(见图2-11)、党员责任区、党员示范岗、党员积分制等管理办法,以制度机制保障党建工作与生产经营从"平行线"到"同心圆"。

图 2-11 中国一重的党员突击队

## 2.3.2 坚持党管干部，实现人事管理上的深度融合

中国一重党委认真贯彻"对党忠诚、勇于创新、治企有方、兴企有为、清正廉洁"的好干部标准，着力落实全国组织工作会议精神，坚持正确选人用人导向，突出专业能力培养锻炼，注重公道正派选人用人，切实把各方面优秀人才聚集到实现企业高质量发展的奋斗目标中来。具体做法如下：

（1）把牢选人用人关口，确保选聘出的领导干部"对党忠诚"。中国一重党委始终坚持党对干部人事工作的领导权和对重要干部的管理权，在选任领导干部的工作中，突出政治标准，在保证人选政治合格、作风过硬、廉洁不出问题的基础上，充分将坚持党管干部原则和发挥市场机制作用结合起来，建立了符合一重的"市场化选聘、契约化管理、差异化薪酬、市场化退出"的用人新机制。在实施过程中，中国一重党委坚持在确定标准、规范程序、参与考察、推荐人选等方面把好关，充分考察选任人员是否坚决贯彻习近平新时代中国特色社会主义思想，是否坚决做到"两个维护"，是否牢固树立"四个意识"，是否坚决贯彻党中央重大决策部署，多方位开展"政治体检"，确保选聘出的领导干部"对党忠诚"。

（2）健全科学管理体系，推动领导干部"勇于创新"。中国一重党委为打破"铁饭碗""体制内"的传统思想，对选人用人机制进行创新，通过市场化选聘了3名股份公司副总经理，打破了公司重要领导岗位一直由推荐选聘的惯例；在削减干部职数基础上全面开展市场化选聘,中层岗位管理人员由改革前的320人缩减至106人,广大干部在作风上实现了从"要我干"向"我要干"的转变,树立了公平公正的竞争上岗"风向标";畅通市场化退出渠道,通过"两书两办法"构建干部能上能下的"契约化"管理机制,明确责权利,干得好就奖励、干不好就调整,领导干部完不成目标收入60%、目标利润70%的自动解除职务。

(3)强化素质能力培养,促进担当干部"治企有方"。坚持将"把握市场经济规律和企业发展规律,懂经营会管理善决策,有国际视野、战略思维、专业能力"作为干部培养的重要内容,突出理论培养和实践培养相结合,每年参加"一校五院"等红色基地培训的领导干部达100余人次,促进各级领导干部发现问题、分析问题、解决问题能力的显著提升。制定《干部挂职交流管理暂行规定》,把干部挂职作为实践锻炼的重要途径,着力提升领导干部掌握宏观经济形势和国家政策法规的实践能力,打造具有专业思维、专业素养、专业方法的干部队伍。

(4)建立容错纠错机制,保证实干干部"兴企有为"。制定了公司《关于建立健全党员干部干事创业容错纠错机制的暂行办法》,对在公司生产经营过程中大胆探索、先行先试,出于担当尽责,没有为个人、他人或单位谋取私利等11种行为,界定为容错免责行为,构建容错纠错机制,打消苦干、实干的领导干部的后顾之忧。各级党员干部勇担当、善作为、真抓实干,助推企业2016年超额完成订货、回款"双80亿"的指标,2017年完成"212119"年度力争指标(订货120亿元、回款120亿元、营业收入100亿元、利润总额1亿元、职工人均年收入增长9%),一举扭转了连续三年亏损的不利局面,实现了扭亏为盈的目标。

(5)加强作风纪律建设,保证领导干部清正廉洁。持续围绕企业改革发展党建突出问题、职工群众关心关注的焦点问题以及"吃拿卡要"等基层"微腐败"问题,精准运用"四种形态",严格执纪审查,不断加大惩治惩戒力度,并突出构建机制、完善制度、纪法教育、道德教育,切实做到一体推进不敢腐、不能腐、不想腐。同时,坚持"业务谁主管、监督谁负责"的原则,对不作为、慢作为、乱作为的行为及时予以警示提醒,进一步增强了各级领导干部的清正廉洁与责任意识。

(6)建立契约化管理机制,大力培养高素质专业化人才队伍。建立以劳动合同为身份管理基础、以岗位合同为契约管理核心的"两个合同"管理模式,"明确责权利,干得好就奖励,干不好就调整",畅通市场化退出渠道。积极拓宽职业发展通道,根据研发、营销、管理、党务、技能不同人才的发展规律,制定《大国工匠、首席技能大师评聘管理暂行办法》《大国英才、首席技术专家评聘管理暂行办法》《技术、研发人员职级晋升暂行办法》《营销人员职级晋升暂行办法》《职能部门业务管理人员职级晋升管理办法》等一系列办法,建立"纵向可进退、横向可交流"的四层六职级的晋升路径,形成多通道晋升育才、多专业储备成才的人才培养机制。大力实施继任者计划,组织在二、三级单位领导班子中分别配备35岁、30岁左右的班子成员1~2人,已有20多名35周岁以下人员走上二、三级单位领导岗位,选派200多名政治素质高、专业能力强、作风纪律好的80后年轻干部,分四期委托北京科技大学进行脱产培训,推动后备人才提升素质能力。

### 2.3.3 实施"双五"机制,实现履职尽责上的深度融合

为了从体制机制上彻底解决党建与生产经营"两张皮"的问题,把党的政治优势转化为企业的发展优势、竞争优势,中国一重党委构建了"双五"党建经营融合体系,在生产经营系统全面建立指标、责任、跟踪、评价、考核体系的同时,同步建立党建工作的指标、责任、跟踪、评价、考核体系,以闭环管理推动党建工作与生产经营工作的"一体化"融合。具体做法如下:

(1)坚持落实指标体系,在指标制定上同向量化。按照党中央和国务院国资委的年度工作部署,每年同步召开党建工作会议与职工代表大会,同步规划全年企业党建工作与改革发展的任务,确定《年度党建工作要点》,做好工作任务分解,按照全面性、融合性、服务性、先进性、可操作性的原则,设计量化工作指标,构建起各有侧重、紧密联系、相互融合促进的指标体系。

(2)坚持落实责任体系,在责任落实上分解细化。按照《直属党组织党建工作责任制实施细则》《基层党支部党建工作责任制实施细则》以及年度党建工作会议确定的重点任务,制订《党建工作责任书》《党风廉政建设责任书》和《经营业绩责任书》,组织各层级单位层层签订。按照集团的组织架构,根据职责分工,逐层细化党建和生

产经营层面的每一项责任,压实责任链条,实现"双向到位"的责任分解,并从层级、职能和个人"三个维度",分别建立责任契约,层层签订责任书、级级落实责任人、季季召开讲评会、年年组织述职会,形成"纵向到底、横向到边、多层级、全贯通"的责任体系。

(3)坚持落实跟踪体系,在跟踪督导上多维深化。按照《年度党建工作要点》,"点面结合,多管齐下",充分发挥上级督促检查、同级交叉检查、下级评议监督以及自检自查等立体式跟踪方式的作用。特别要注重通过严格落实公司《党建工作报告制度》,定期开展"1+6"基层党支部达标对标检查,召开党组织书记工作例会、基层党员干部座谈会等方式,了解掌握基层党组织的党建工作情况,确保做到跟踪及时有效。通过深化以营销为龙头的生产经营新机制,召开早间生产运营调度会,第一时间把市场信息反馈到公司生产、质量、财务等系统中,做到快速反应、及时处理。通过"挂表督战",有力保证重大决策部署的贯彻落实。

(4)坚持落实评价体系,在工作评价上对标优化。按照年终考评与日常考评相结合的要求,分层分类对各级党组织和广大党员进行综合评价。对各级党组织要依托党组织党建工作责任制落实情况进行考核,并按"优秀、良好、一般、较差"给出综合评价;对广大党员要依托民主评议党员制度和党员积分制量化管理进行考核。结合各单位生产经营情况,坚持聚焦"23551"党建工作总体思路,主要依托季度工作会议、年度工作会议、生产经营业务工作会议等,并根据业绩指标完成情况,开展先进基层党组织、红旗示范党支部和优秀共产党员等评选工作。

(5)坚持落实考核体系,在考核奖惩上协同强化。按照"硬约束、强激励"的原则,通过开展党组织书记抓基层党建述职考核评议,党组织党建工作责任制考核,公司经营层、子公司负责人和职能部门负责人经营业绩考核,强化结果运用,推动考核结果与被考核单位领导班子及成员的薪酬挂钩,与领导班子评优评先挂钩(年度考核"优秀",薪酬兑现直接增幅10%;年度考核"较差",薪酬兑现立即扣减20%),实现党建考核与生产经营考核一体化推进实施,做到了"既有交叉、又有侧重",确保企业的党建工作和业务工作同频共振。

### 2.3.4　建立共享机制，实现企业与职工发展目标上的融合

中国一重党委认真贯彻落实以人民为中心的发展思想，坚持发展依靠职工、发展为了职工、发展成果与职工共享，将职工收入增长指标写入年度计划及中长期战略发展规划，建立了与企业确保、力争、创优工作目标相适应的7%、9%、11%三个层级薪酬指标增长机制。切实保障职工合法权益，积极解决职工最关心最直接最现实的困难和问题，不断增强广大职工的获得感和幸福感，打造企业与职工事业共同体、利益共同体、命运共同体。主要做法如下：

（1）保障好职工的"生产生活"需求。重视职工群众的日常保障，将工作中的生产生活需求、困难帮扶等作为首要任务，帮助职工群众解决工作层面以及生活层面的困难，使职工群众能够感受到企业对于自己的关怀以及温暖。近年来，先后利用旧厂房改建占地6800平方米的职工食堂，为全体职工提供就餐补助，修建职工浴池，建设集医药、超市、洗衣、休闲、书屋等为一体的"惠民之家"。关心职工职业健康，对除尘等安全环保设施进行改造，自2017年起每年为全体职工办理免费体检和补充医疗保险，解除职工后顾之忧。

（2）保障好职工的"文体活动"需求。修缮了文化宫、电影院、体育场、乒乓球馆"四大活动场馆"（见图2-12），建设了中国一重"展览馆"红色教育基地，与惠民之家、青年之家构成"三大文化基地"，总建筑面积19000平方米，开展"美丽一重"建设，实施"花园式"工厂五年规划，完成厂前绿地改造10万平方米，铺设厂前广场塑胶跑道1800延米，被评为"国家工业旅游示范基地"，一系列举措紧紧地把企业与职工建设成为共同体。

（3）保障好职工的"民主管理"需求。建立每年为职工群众办1~2件好事实事的常态机制，在"四帮扶、五清楚、六必谈"党群联系机制的基础上，完善以职工代表大会为主要载体的民主管理，明确厂务公开"五个规范""四级公开体系"。每年初召开两级职工代表大会，并围绕代表提案进行有效落实，进行3次以上职工代表巡视检查，受检单位覆盖面达到95%以上。设立了326个"职工代表监督岗"，立足本岗强化民主监督，职工的主人翁意识不断增强。

图2-12 中国一重举办第二十四届职工田径运动会

一流企业需要一流党建,一流党建成就一流企业。中国一重党委通过实施公司治理、人事管理、考核激励、职工发展等方面的党建与经营深度融合体系,有效地推动了管党治党由"被动抓"向"主动抓"的转变,做到政治统领、思想同心,达成目标同向、行动同步,推动基层党组织与行政组织从联合走向融合、从融合走向共赢。中国一重党委坚持围绕中心抓党建、抓好党建促业务,实现党建做实了就是生产力、做强了就是竞争力、做细了就是凝聚力的良好效果,企业在党的建设、生产运营、科技创新、基础管理等诸多方面都取得了显著成效,助推公司一举扭转了连续亏损的不利局面,不断地在改革中振兴、在开放中成长、在创新中发展。

## 2.4 深化治党管干治企"三从严"

中国一重党委以习近平新时代中国特色社会主义思想为指导,认真贯彻落实党的十八大、十九大精神,扎实推进全国国有企业党的建设工作会议精神落实落地,始终做到从严治党、从严管干、从严治企,在从严管理中强化教育、选优干部、改变作风、严惩腐败,着力搭建思想、平台、阵地、载体、机制"五位一体"的工作体系,全面提升各级党组织和党员干部的先进性、纯洁性,营造良好的政治生态,有效在保障企业

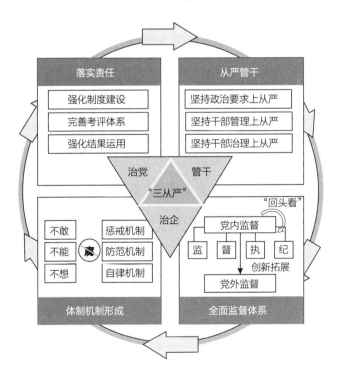

图 2-13 深化治党管干治企"三从严"

的稳定发展(见图 2-13)。

## 2.4.1 落实全面从严治党的责任

中国一重党委从严抓好党建工作责任制的落实，坚持从"细"界定责任主体、从"全"明确责任内容、从"实"确立责任清单、从"严"兑现责任结果的原则，认真贯彻落实党建主体责任，各级党组织书记认真落实党建第一责任人职责、专职副书记认真落实直接责任人职责、班子成员认真落实"一岗双责"，通过不断构建责任体系、健全工作机制、强化督查考评等手段，打出了落实全面从严治党责任的"组合拳"。

（1）强化制度建设，促使党建责任由"虚"向"实"。中国一重党委按照《中央企业党建工作责任制实施办法》《中央企业党建工作责任制考核评价暂行办法》，先后制定了《党组织党建工作责任制实施细则》《党组织党建工作责任制考核暂行办法》和《党组织书记抓党建工作述职评议考核办法（试行）》，进一步明确了党委主体责任、党委书记第一责任人责任、专职党委副书记直接责任和领导班子成员"一岗双责"，形成了党组织抓总、书记负责、各部门齐抓共管，一级抓一级、层层抓落实的党建工作格局，构建了责任清晰、分工明确、纵向到底、横向到边的责任体系。目前，中国一重党委已连续4年对所属二级单位党组织开展了党建考评，连续5年对所属二级单位党组织书记开展抓党建述职评议考核工作，实现了公司二级党组织书记现场述职全覆盖，切实从体制机制上保证了党建工作责任制的落实落地，有效地激发了各级党组织书记抓党建、强党建的内生动力，推动了党建工作从"要我干"向"我要干"转变。

（2）完善考评体系，推动党建责任由"软"变"硬"。中国一重党委按照"突出重点、量化考核、结果导向、民主公开、客观公正"的原则，积极构建科学、公正、透明、有效的考评体系。在指标内容上，设置两级指标，一级指标由"发挥两个作用、坚持三个保证、开展五创工程、建设五大体系、实现一个目标"即"23551"五项党建工作宏观目标构成，二级指标由五项一级指标分解成若干个考核要点，并从属性上分为基本指标、激励指标和约束指标。公司党委每年根据党建工作要点和党建工作责任书，对考核指标进行科学的细化量化，明确每个考核要点的分值和扣减分标准，实现内容更具体、指向更明晰，切实构建起可执行、可量化、可监督、可评价的考核指标体系。在流程方式上，坚持务实管用，推动党建考评工作由年底集中考评为主向日常考评与集中考评相结合转变，由上级党组织综合评价为主向上级党组织与职工群众评价相结合转变，主要运用"查、谈、测、议"四种方式，即查阅历史资料，与基层党组织书记、普通党员和职工群众代表进行个别访谈，开展满意度测评，集体研议作出综合评价，保证了考核工作的质量和成效。在激励设置上，坚持从弱激励向强激励转变，把党建考核结果与薪酬水平、干部任免、班子评价相挂钩，作为"四好领导班子""先进基层党组织"的评选依据。

（3）强化结果运用，实现党建责任由"松"到"紧"。中国一重党委坚持强化激励导向作用，着力解决好党建工作考核结果"怎么用"的问题，每年将考核结果纳入公司综合经营管理评价体系，以绩效薪酬总额为基数对党组织负责人实施奖励或扣减。2019年，公司党委约谈党建考评结果"较差"的两家单位负责人，并按绩效薪酬总额的10%扣罚。同时，把考核结果与党组织推先评优相结合、与干部考核评价相结合、与跟踪问责相结合，每年将党建工作考核情况向各级党组织通报，将考核结果作为被考核单位集体推先评优的重要依据。在每年"七一"时，由公司党委对先进基层党组织进行表彰奖励，营造争先创优的浓厚氛围。此外，把党建工作考核纳入干部考评范围，考评结果作为党组织负责人任免调整的重要依据之一，从导向上强化"不抓党建是失职"的理念，并以通报党建考核结果为契机，指出被考核单位党建工作中存在的问题和整改方向，了解整改落实情况，对整改不力的单位严格问责，使党建抓不牢、整改落实不力的人坐不住，形成抓党建工作落实的倒逼机制。

## 2.4.2 抓住领导干部这个"关键少数"

中国一重党委抓住领导干部这个"关键少数"，始终坚持党组织对企业选人用人的领导和把关作用不能变，建立市场化选聘的长效机制，推动党管干部原则与董事会依法选择经营层管理者有机结合，进一步规范"人选推荐、封闭命题、组织面谈、差额考察、确定人选、履行聘任"六道程序，将干部职数配置、"下"的条件、任期和契约化管理等内容纳入公司《领导人员管理规定》，并通过以下三个方面的重点工作来落实从严管干的总体要求。

（1）坚持政治要求上从严。中国一重党委坚持党管干部原则，按照国有企业领导人员 20 字标准严格要求党员领导干部，使党员领导干部必须自觉地在思想上、政治上、行动上同以习近平同志为核心的党中央保持高度一致，树牢"四个意识"，坚定"四个自信"，做到"两个维护"，以身作则、当好表率，带头旗帜鲜明讲政治、带头强化党性修养、带头锤炼过硬作风，带领全体干部职工推动企业全面振兴和高质量发展。中国一重党委始终坚持层层把好选人用人关口，强化制度刚性约束，建立完善长效机制，先后修订印发了《集团领导人员管理暂行规定》《市场化选聘管理暂行办法》《所属企业领导班子和领导人员综合考核评价办法》《关于进一步激励公司各级领导人员新时代新担当新作为的实施意见》等 8 个制度办法，进一步提高选人用人的规范化、科学化、制度化水平。严格履行选任程序，做实动议酝酿，凡是选拔任用领导人员，必须由党委书记、党委副书记、纪委书记及组织人事部门负责人组成动议领导小组，并充分沟通酝酿。规范民主推荐程序，不得指定唯一人选，明确将"双签字"要求纳入干部管理规定。

（2）坚持干部管理上从严。中国一重党委以从严管干引领三项制度改革，通过坚持党委对选人用人的领导和把关作用，大胆引进市场化选聘、契约化管理的方式，率先在市场化程度高、竞争激烈的领域，放手让企业董事会打开、拓宽选人用人视野。在坚持党管干部原则的基础上，大力开展市场化选聘，推行公司经理层成员任期制和契约化管理，明确责任与权利，建立了自律、他律相结合的常态化管理机制和强激励、硬约束相结合的动态化激励机制。不拘一格选人才、用人才，配套跟进相应的考核和激励机制，打通人才市场化选、用、育、留、升的通道，用市场化方式建立起企业与各类职工的契约化关系，用科学化理念为优秀企业职工搭建起更高更好的发展平台。2019 年先后制定《市场化选聘管理暂行办法》等 8 项选人用人管理制度，选派 300 余人次"走出去"拓视野，8 名 35 周岁左右、62 名 30 岁左右的"新鲜血液"接续注入二、三级单位管理层。不断加大"255"员工激励管理机制的落实力度，从严推选省级以上先进 4 人、评选公司级专家 21 人。刘伯鸣、张旭晨入选中央企业"百名杰出工匠"培养支持计划，刘伯鸣同时荣获"龙江楷模"称号，王国峰、桂玉松荣获"中央企业劳动模范"称号，大连核电石化公司荣获"中央企业先进集体"称号，"重型高端复杂锻件制造技术变革性创新研究团队"同时入选中央企业专项支持计划和黑龙江省"头雁"团队。

（3）坚持干部治理上从严。中国一重党委从各级班子和领导干部入手，加大了治理干部"慵懒散漫""不作为、慢作为、乱作为"的力度，畅通干部"下"的渠道，干得好就奖励、干不好就调整，倒逼解放思想、开拓创新、履职尽责。中国一重党委严格按照《中国共产党问责条例》及公司问责追责的有关规定，坚持严管厚爱、激励约束并重，将政治性问责与专业性问责相结合，让问责更精准，使各级党员、领导干部真正把责任扛起来。近年来对落实"两个责任"不力、工作失职监管不到位、侵害职工利益、生产拖期交货等行为的各级管理人员问责26人次，其中给予党政纪处分8人次，诫勉谈话6人次，组织处理12人次；先后对履职不力、工作不认真不负责导致生产严重拖期，给公司造成重大不利影响的水压机锻造厂、铸造厂领导班子成员近10人分别给予行政记过、免职、降职及调离岗位等问责处理。与此同时，中国一重党委认真落实"三个区分开来"的要求，制定《关于建立健全党员干部干事创业容错纠错机制的暂行办法》，对在公司生产经营过程中属于大胆探索、先行先试，出于担当尽责，没有为个人、他人或单位谋取私利等11种行为，界定为容错免责行为，构建容错纠错机制，鼓励党员干部敢闯敢试、敢作敢为，"甩开膀子"投入企业全面振兴发展之中。

### 2.4.3 形成党内监督带动其他监督的全面监督体系

中国一重党委始终坚持党对监督工作的领导，构建了以党内监督为主导、党内监督带动其他监督的全面监督体系，把企业内设监事会、审计法律、财务等业务部门监督与职工民主监督、舆论监督等贯通起来、协调衔接，实现全覆盖的"大监督"格局。其中，党内监督重点将党委全面监督、纪律监督、监察监督、派驻监督、巡视监督、党的工作部门职能监督、党的基层组织日常监督、党员民主监督等结合起来融为一体，推动多种监督力量有机贯通、相互协调，形成监督合力。在全面监督体系构建方面的具体做法如下：

（1）全力加强党内监督。中国一重纪委、监察专员办公室始终坚持监督从严，注重抓早抓小、防微杜渐，监督执纪由"惩治极少数"向"管住大多数"拓展。中国一重纪委牢牢把握监督第一职责，加强政治监督，督促推动公司领导班子落实"两个维护"，贯彻落实中央重要会议精神以及党的组织生活各项制度，严格监督公司领导班子成员履行主体责任、落实"一岗双责"要求、执行党的"六大纪律"。严格落实全面从严治党的主体责任，层层推进签约背书，党委书记分别与领导班子其他成员、党委书记和纪委书记共同与直属党组织主要负责人签订《党风廉政建设承诺责任书》，并督促直属党组织逐级签约背书，推动压力责任层层传导。同时，坚定不移地正风肃纪，严格执行中央八项规定及实施细则精神，坚持持之以恒地纠正"四风"，认真开展集中整治形式主义、官僚主义和"四不"作风问题，以及落实主体责任不力、违反组织纪律、工作失职、侵害职工利益等方面问题，有力地发挥了纪律审查工作的震慑和警示作用。对每名班子成员在政治立场、思想觉悟、尽职尽责等方面进行"画像"评价，并及时向上级机关报告。持续加强对物资采购、工程建设、闲置资产出售等招标工作的事前监督，对单一来源采购、供应商不足3家的项目进行重点监督。通过随机抽查、专项检查、巡视巡察等方式，深化对风险领域和关键岗位人员的重点监督；严格对公司市场化选人用人工作的审核和监督，多次参与公司市场化选聘考核工作。

（2）高质量地推进巡视巡察全覆盖。中国一重党委持续做好"回头看"工作，制定年度巡视巡察工作方案，召开年度巡视巡察工作会议，及时传达学习习近平总书记关于巡视工作的重要论述和指示批示精神，总结并部署巡视巡察工作。根据公司《巡视工作实施办法》，中国一重党委设立巡视工作领导小组及巡视办公室，巡视办公室作为公司党委的工作部门，负责协调联系上级巡视机关，承担巡视工作的具体实施和日常事务，中国一重党委还首创了党委常委担任巡视组组长的制度。

（3）创新拓展党外监督渠道。以党内监督带动其他监督，进一步加强党委的全面监督、纪委的专责监督、业务部门的职能监督、基层党组织的日常监督、党员的民主监督，形成监督合力。坚持把党内监督、内外部审计监督、法律监督、职工代表监督、舆论监督等的作用相结合，不断理清审计、财务、法律等业务部门的监督职能，实现监察、纪检、审计、财务等部门联动，达到全方位、全过程监控，及时发现问题，及时纠正错误，防患于未然，使各级组织做到"决策先问法、违法不决策"。同时，广开言路，畅通下情上达、上情下传的渠道，充分调动党员、干部、职工群众和新闻舆论等各方面力量，不断拓宽和健全民主监督渠道，使各种监督资源敢于监督、善于监督、强于监督，保证企业在健康的环境中不断发展壮大。

2020年，中国一重纪委围绕贯彻落实党中央重大决策部署、统筹疫情防控和生产经营、盯住管党治党政治责任等情况开展政治监督，围绕作风建设、国家重大专项和重点工程项目等开展专项监督。通过召开推进会、约谈提醒、下达纪检监察建议书等形式，加强对采购、营销、招投标等重点领域和关键环节、关键岗位的监督，严格新入网供应商审核机制，每季度开展集采平台运行情况督查。针对管理漏洞和薄弱环节，下达监督检查建议书21份，有效地防范了风险、提高了管理水平。召开监督委员会会议暨反腐败工作协调小组联席会议5次，及时通报工作情况，集体会商监督事宜，切实发挥监督作用，推进大监督工作机制常态化。坚持通过民主生活会监督、约谈提醒、警示诫勉等方式，加强对同级党委和直属党组织领导班子及其"一把手"的监督。同时，建立监督巡视整改理论学习机制、领导责任机制、监督清单机制、监督整改机制、督查督办机制"五个机制"，推进中央巡视整改和主题教育整改，有效地推进了巡视整改工作落实落地。截至2020年年底，中央巡视整改措施已取得阶段性成效的有178条，占比98.34%，剩余3条长项整改任务正有序推进。中国一重纪委紧抓作风建设，编印《"四不"作风问题案例汇编》，针对发现的4起典型案例进行全公司公开通报，以"身边事"警醒"身边人"。坚持严肃执纪、从严查处、坚决亮剑，累计给予纪律处分18人次、诫勉谈话17人次、组织处理29人次。对存在落实工作失职、侵害职工利益等行为的领导人员问责16人次，公司惩治腐败的高压态势得到进一步加强。

### 2.4.4　构建"不敢腐、不能腐、不想腐"的体制机制

中国一重党委坚持把纪律挺在管党治党最前沿，切实做到有纪必依、执纪必严、违纪必究，着力构建"不敢腐、不能腐、不想腐"的体制机制。"不敢腐"，侧重于惩治和威慑，让意欲腐败者在"带电的高压线"面前不敢越雷池半步；"不能腐"，侧重于制约和监督，让胆敢腐败者在严格监督中无机可乘；"不想腐"，侧重于教育和引导，着眼于产生问题的深层原因，让人从思想源头上消除贪腐之念。"不敢"是前提，"不

能"是关键,"不想"是根本,三者一体推进才能有效地铲除腐败现象的生存空间和滋生土壤。中国一重党委的具体做法如下:

(1)明确并逐渐完善"不敢腐"的惩戒机制,保持高压态势,加大惩治力度。中国一重党委坚持无禁区、全覆盖、零容忍,坚持重遏制、强高压、长震慑,坚持靶向治疗、精确惩治,聚焦党的十八大以来着力查处的重点对象,把那些在党的十九大之后仍不知敬畏、胆大妄为者作为重中之重,深挖细查、严惩不贷。重点查处政治问题和经济问题相互交织形成利益集团的腐败案件,紧盯事关发展全局和国家安全的重大工程、重点领域、关键岗位,发现一起查处一起。在开展反腐工作的过程中,中国一重党委注重加强组织监督与民主监督,其中组织监督是自上而下的,而民主监督则是自下而上的,上下共同监督有助于发现腐败案件的线索。同时,中国一重党委着重运用惩治这个有效手段,根据《中国共产党纪律处分条例》中的相关规定对腐败分子给予严惩,把权力关进制度的笼子里,确保权力实施的透明性。

(2)设立并完善"不能腐"的防范机制,持续深化改革,健全制度机制。中国一重党委总结分析巡视巡察、专项检查、监督执纪以及审查调查等工作中发现的问题短板,及时修订完善公司《廉洁风险防控手册》、下达监督建议书或整改通知书,督促推动完善体制机制问题和制度漏洞。中国一重党委督促执行关键岗位人员定期进行轮岗交流的相关规定,严格落实"三个区分开来"的要求,既严格执纪,又最大限度地调动广大党员干部干事创业的积极性、主动性和创造性。坚决扛起保障制度执行的重大责任,加强对制度执行情况的监督,坚决杜绝作选择、搞变通、打折扣等现象,严防"破窗效应",不断增强制度的权威性,形成有效管用的体制机制,扎牢不能腐的笼子。中国一重党委全面梳理公司制度流程上的缺陷及廉洁风险点,建立有效的廉洁风险防控清单,完善廉洁风险防控体系。每年召开1~2次全公司警示教育大会,通报内部典型案例,深入开展以案为鉴、以案促改,抓好案件剖析,督促相关单位堵塞管理漏洞,完善全面从严治党的各项制度。加强制度建设以发挥制约作用,合理配置岗位,明确各个岗位的职责,形成各负其责相互制约的良好机制。

(3)加强完善"不想腐"的自律机制,加强教育引导,筑牢思想防线。中国一重党委大力加强思想道德和党纪国法教育,加强反腐倡廉教育,聚焦廉洁文化引领,引导党员干部树牢崇廉守廉意识,坚定理想信念宗旨,解决好世界观、人生观、价值观这个"总开关"的问题,切实把教育成果转化为坚定理想信念、砥砺党性心性、忠诚履职尽责的思想自觉和实际行动,增强不想腐的自觉。中国一重党委有针对性地开展廉政党课、专题培训、参观廉政教育基地等反腐倡廉活动,中层以上领导人员和监察对象实现年度廉政教育全覆盖。对新提任的干部,及时开展任前廉政谈话或召开集体廉政谈话座谈会,为党员干部上好履职第一课。中国一重党委注重解决好党员干部的"三观"问题,督促党员干部主动提升自身的党性修养,进而形成不想腐的观念,在实际工作中严格要求自身,主动用习近平新时代中国特色社会主义思想熏陶自己,形成更加坚定的为人民服务的理想信念。

作风建设永远在路上。中国一重党委始终坚定不移地贯彻落实党中央关于党风廉政建设和反腐败工作的重大决策部署,持之以恒地落实中央八项规定精神,治党管干治企"三从严"一系列措施取得了积极成效,基层职工群众关于"微腐败"问题等信访举报量大幅下降,广大党员干部对于全面从严治党"等不起、慢不得"的紧迫感进一步提升,按原则办事、按制度办事、按规矩办事的良好氛围逐渐形成,风清气正的政治生态和干事创业的拼搏精神得到持续巩固与发展。

# 第三章

## 关键一招：
将改革进行到底

改革开放是决定当代中国命运的关键一招，也是决定实现"两个一百年"奋斗目标和中华民族伟大复兴的关键一招。中国一重充分运用"将改革进行到底"这"关键一招"（见图3-1），在党中央

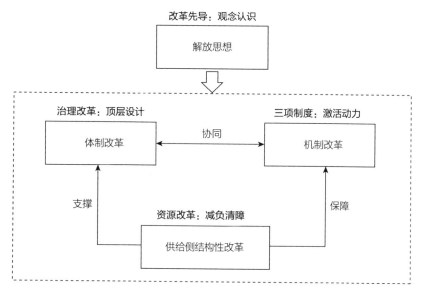

图3-1 中国一重的改革框架

的坚强领导下，发扬自我革命精神，闯出了一条浴火重生之路。自2016年5月以来，董事长、党委书记刘明忠同志与班子成员一道，带领广大党员干部职工深入学习贯彻习近平总书记两次视察中国一重的重要指示精神，从解放思想入手，通过体制改革重塑权力关系、机制改革调整利益关系、供给侧结构性改革疏导供需关系，取得了"一年扭亏、两年翻番、三年跨越"的历史性成就，企业面貌、职工面貌焕然一新，"老国企"焕发了"新青春"。

## 3.1 解放思想：打开改革之门的"金钥匙"

东北发展，无论析困境之因，还是求振兴之道，都要从思想、思路层面破题。习近平总书记的讲话一针见血地指出了中国一重发展滞后的根本原因，为企业的改革发展指明了前进方向。中国一重作为重型装备制造的龙头央企，承担着国家重大技术装备研发制造的特殊使命。前些年由于思想观念保守、市场意识淡薄、竞争意识不强、发展活力不足等突出问题，企业发展步履维艰。领导班子深刻地认识到，发展缓慢滞后是"表"，体制机制不活是"里"，思想解放不够才是"根"，只有牢牢抓住解放思想的"金钥匙"，才能在企业改革发展中凝聚共识、创新思路、破解难题。因此，中国一重在深化改革中做的第一件事就是"解放思想、转变观念、改变作风"，把"变"字贯穿解放思想和企业运行的全过程，以思想之"变"引领行为之"变"、以行为之"变"撬动发展之"变"，实现了干部职工精神思想格局的持续提升，开启了深化改革发展的崭新局面。

### 3.1.1 大讨论：凸显问题短板

中国一重在"十二五"后期经济效益逐年大幅下降，集团公司连续三年亏损，股份公司连续两年亏损。面对党中央的殷切期望及广大职工群众的热切期盼，刘明忠同志上任第一天，就给广大干部职工讲了老鹰"磨喙图存"的故事，通过老鹰磨喙拔羽重获新生的经历，激励大家通过自我革命让"老国企"焕发了"新青春"。领导班子坚持以问题为导向推动开展解放思想大讨论，分头召集了管理层、劳模、营销、技术、离退休代表召开座谈会，深入一线调研和发现问题、听取基层的真实声音，了解职工"想什么""要什么""干什么"和面对的难题；围绕体制机制改革、产品产业调整、管理方式变革、思想观念转变"四个滞后"和不认真、不较真、不负责、不担当"四不作风"等问题,在各职能部门、各子公司、事业部、中心及制造厂、班组,累计开展 180 余场次、近 9000 人次参与的解放思想大讨论,共查找出 11 个方面 226 个问题(部分问题见表 3-1);组织召开了解放思想、深化改革经验交流会,编发了解放思想开创工作新局面的典型案例集。这些措施为中国一重深化改革、找准问题、有的放矢起到了关键作用。

表 3-1 解放思想大讨论问题清单(节选)

| 序号 | 存在问题 | 问题类别 | 反馈单位 |
| --- | --- | --- | --- |
| 1 | 个别干部不同程度地存在思想懈怠、畏难等靠、安于现状、不思进取等不良倾向,事业心和责任感不强,缺乏求真务实、埋头苦干的工作作风 | 思想认识 | 重型装备制造厂 |
| 2 | 部分管理人员存在等级观念,存在唱官腔、摆官架子的现象,不深入基层,不能和员工打成一片,服务意识不到位,影响工作的开展 | 官僚主义 | 铸锻钢事业部 |
| 3 | 现场巡视检查处理问题时存在形式主义,缺失对外来人员的安全教育,部门领导对工作落实、督促不够,没有做到有布置、有检查 | 形式主义 | 安技环保部 |
| 4 | 面对技术难题,部分科研人员缺少严谨的工作态度,对于领导提出的想法,存在刻意迎合的现象 | 不思考不担当 | 科技部 |
| 5 | 工作作风不扎实,解决问题不彻底,存在重复修理。大修过程质量控制差,影响总装后的大修机床质量。此外,自制备件定价不合理,跟市场价格相差很大 | 不认真不负责 | 设备维修厂 |
| 6 | 经营人员的积极性、主动性不够高,市场开拓力度不足,外部订货缺口较大,总包项目信息少,新拓展领域的信息少 | 不担当不作为 | 大连工程技术有限公司 |

### 1. 全面推进解放思想大讨论

中国一重的解放思想大讨论涉及整个集团公司的各个职能部门、子公司、事业部和制造厂,覆盖了中国一重 246 个党支部、432 个班组、4018 名党员、8600 余名职工。通过大讨论发现的问题可以归纳为以下 11 个方面:党的领导软化弱化、思想观念落后、官僚主义、形式主义、不认真、不担当、不负责、不调研、不思考、不作为、不较真。其中思想观念落后，接受新思维、新观念凝滞迟缓等较为普遍，官僚主义、形式主义、不负责、不担当等问题较为常见，市场信息获取渠道不畅、工作机制不活、考核形同虚设等问题较为严重。通过解放思想大讨论发现的问题，使企业广大干部职工清醒地认识到没有再不改的理由，也没有再等等看的资本，改革的速度慢了、改革的范围小了、改革的力度浅了，都不足以从根本上解决中国一重的问题。中国一重综合改革试点宣贯动员会议，见图3-2。

图3-2　中国一重综合改革试点宣贯动员会议

**2. 持续开展解放思想主题实践活动**

解放思想并非一蹴而就，企业发展遇到的问题也会因时而异。中国一重每年围绕不同的主题持续开展解放思想大讨论，形成不断发现问题、分析问题、解决问题的干事创业的良好氛围。2016年，中国一重围绕"改变作风、加强管理""聚焦问题、解放思想""加强党的领导、坚定理想信念，做强做优做大中国一重"等主题开启了解放思想主题实践活动。2017年，中国一重结合"两学一做"学习教育，以聚焦实现公司脱困振兴提质增效的主要目标，围绕"体制机制改革、产品产业调整、管理方式变革、思想观念转变"四个方面的问题，按照"哪里有问题、有什么问题、产生问题的原因、针对问题有无整改措施、整改效果如何、怎样验证整改效果"六个步骤深挖思想根源、探索解决问题的途径。2018年，中国一重以深入学习贯彻党的十九大精神，全面贯彻落实习近平总书记视察中国一重的重要指示精神，抓好抓细集团公司第十三次党代会明确的目标任务落实工作，确保公司改革发展、科技创新、市场开发、科学管理、降本增效、党建创新取得新成效等主题持续推进解放思想。2019年，中国一重对照"有没有追求一流的境界、有没有迎难而上的担当、有没有一抓到底的激情、有没有常抓不懈的执著"的"四个有没有标准"，针对不认真、不较真、不负责、不担当"四不作风"问题，按照"坚持问题导向、坚持干部带头、坚持创新方式、坚持统筹兼顾"的原则推进解放思想大讨论。2020年，中国一重以"一重怎么办，我为加快高质量发展作贡献"为主题，按照"精心组织、营造氛围、注重实效、强化督导"的标准，遵循"讲主观不讲客观、讲问题不讲成绩、讲自己不讲别人"的"三讲三不讲原则"召开专题民主生活会和组织生活会，强化解放思想永远在路上的理念，坚决破解"被打回原形"的"起起伏伏历史周期律"。

通过持续开展解放思想大讨论和主题实践活动，使中国一重的广大干部职工逐渐正视企业面临的经营困境和问题，不仅从自身找原因、找差距，还从公司全局出发，为解决订单不足、成本偏高、质量不稳定、拖期交货、新产品开发进展缓慢等突出的现实问题群策群力，找到解决问题和突破瓶颈的方法措施，把问题聚焦在规模小、速度慢、高质量发展慢"一小两慢"的主要短板上，牢固树立了"唯改革者进，唯创新者强，唯改革创新者胜"的工作理念，激发了干部职工加快推进企业高质量发展的积极性、主动性、创造性，为企业深化改革奠定了坚实的思想理论和实践基础。

### 3.1.2 转观念：重在"变"字

中国一重代表着国家重型装备制造业的领先水平，但是由于历史上长期受计划经济体制的影响，改革开放以来依然没有跳出计划经济思维和陈旧落后观念的束缚，存在着习惯走传统发展路径、吃老本、唯条件论的惯性思维，不思进取、不求突破、自高自大的封闭心理，以及"一重就是重，谁也拱不动"的传统观念。领导班子通过向广大干部职工灌输"只有想不到，没有办不到"的工作理念，培养"努力到无能为力，奋斗到感动自己"的工作作风，引导大家从不会干中找出路、从不能干中找对策、从不想干中找担当，使得许多看似有困难的事情变得不再困难，许多看似完不成的任务最后都顺利完成。

**1. 变封闭思维为开放思维，变习惯思维为创新思维**

长期以来，中国一重地处边疆小镇，远离国家政治、经济、文化中心，外出学习培训机会少，"两耳不闻窗外事、一心一意抓生产"成为很多干部职工的行为习惯，思维方式固化、"小富即安"观念盛行。中国一重领导班子有针对性地加大学习培训力度，通过"走出去请进来、送出去读起来"的方式，学习先进经验，开阔视野思路，改变思维习惯。中国一重确定先进企业名单，规划交流学习内容，领导班子带头到先进企业学习，每年派出干部、技术人员、班组长、劳模2000余人到外地企业交流，提高辩证思维能力。例如，通过派出上百人次到陕鼓集团学习转型升级的先进经验，成功地将陕鼓集团延伸产业链与产品服务化转型的发展模式应用于中国一重的生产性服务领域，每年增加了50亿元以上的营业收入和2亿元以上的利润。中国一重外请优秀师资开展企业内部培训，提高干部职工的逻辑思维能力。例如，2020年公司举办各类培训班685期，培训员工27500余人次，共计3315课时，培训费用超过1000万元。中国一重认真组织企业内部的方案论证，提高干部职工的创造性思维能力，召开市场调研、情报信息、科研项目、质量标准、成本分析、商业计划书、作业指导书、项目计划书等各层级方案论证会，领导班子带头参加论证，通过对各种备选和替代方案的讨论分析，只有"过五关斩六将"的优秀方案才能通过并付诸实践，培养了干部职工创新性地分析解决问题的能力。

**2. 变要我干为我得干，变我得干为我要干**

从解放思想大讨论中发现的"问题清单"可以看出，中国一重很多干部职工身上还存在着"等靠要"的现象，缺乏干事创业的危机感和紧迫感；个别党员领导干部担当意识不强，对待公司决策部署推诿拖沓，对待存在的问题遮遮掩掩、躲躲闪闪，不敢为、不想为、不能为的现象不同程度存在。中国一重主要从以下两个方面采取措施，激发干部职工的积极性、主动性、创造性。一方面，把讲政治贯穿于各项工作的始终，大力倡导创新、担当、实干、钉钉子和奉献"五种精神"，从胆量、智慧、眼光、见识、责任心和使命感"六个方面"提高各级管理者的精神思想格局，明确提出增强政治执行力的严格要求，对党中央的决策部署及公司的工作安排，坚决不允许慢半拍、等一等、看一看，坚决不允许讲条件、不作为、慢作为，坚决不允许心存侥幸、欺上瞒下、蒙混过关。另一方面，贯穿生产经营全过程，通过建立按贡献分配的激励机制、竞争机制和创先争优机制，在二、三级企业全面推行经理层任期制，形成"职务能上能下、人员能进能出、收入能增能减"和"岗位靠竞争、收入凭贡献"的市场化选人用人机制，使广大干部职工树立了"等不起的紧迫感、慢不得的危机感、坐不住的责任感"，实现了从"等靠要"到快马加鞭、狠抓落实、紧盯目标、对标一流的巨大转变。

**3. 变不可能为可能，变可能为现实**

中国一重部分干部职工在工作中存在唯条件论的现象：接受任务讲条件、谈困难，患得患失，畏难情绪较大；一事当前习惯于说这也不行、那也不行，缺乏解决复杂问题的勇气与能力。通过解放思想的主题实践活动，在中国一重"三讲三不讲"已经耳熟能详："讲主观不讲客观"，就是最大限度地发挥主观能动性，持续改造主观世界，用自身的努力奋斗破除思想观念束缚，补齐精神思想格局短板，实现企业的高质量发展；"讲问题不讲成绩"，就是在实践中发现问题，在探索中直面问题、研究问题、回答问题，最终以实干精神全力以赴解决公司改革发展中的问题；"讲自己不讲别人"，就是干工作、做事情要眼睛向内，多从自身找原因，看看自己是否做到了守土有责、守土负责、守土尽责，不能把功劳留给自己，把责任推给他人。

领导干部以身作则，带头解决企业发展难题。2016年10月，中国一重离年初制定的"双80亿"（订货80亿元、回款80亿元）目标还有一半的缺口，而距离年底还有两个月的时间，使得当年的指标任务几乎不可能完成。刘明忠同志与班子成员一道就是要变不可能为可能，他们梳理央企用户的名单，并分派到领导班子每个成员的身上，带头到全国跑市场，一个月内走访20多个单位，挨个企业抢订货，挨个项目追回款，用高效工作和真情真心对待客户，最终实现了"双80亿"的目标。这种领导班子带头往前冲的信心和决心，极大地鼓舞并提升了广大干部职工的精气神，激发他们发挥创业、创造、创新精神，千方百计地寻找解决问题的方案。中国一重的印尼镍铁项目在几年前曾一度陷入僵局，面临高达 30 亿元的资金风险，成为一个"烫手山芋"。领导班子通过签订军令状，加强与审计署、国资委等部门汇报沟通，创新合作模式，有效开展风险管控，稳妥推进债转股，最终使得该项目成为中国一重参与"一带一路"建设、拓宽国际化经营的重要平台，同时也成为公司近几年重要的利润增长点。

通过转变观念、改变作风的有效举措，中国一重做到了解放思想上的"不破不立、先立后破"。破除不适应市场变化、不适应企业改革发展的旧观念，建立适应新时代要求、适应战略发展的新观念；破除禁锢企业和职工改革创新的精神枷锁，建立赋能企业和职工图存求变的新理念；"立"是为改革铺路，破除改革发展的一切障碍，建立改革创新的体制机制。"破立结合"是中国一重解放思想的锐利武器，"解放思想"是中国一重改革发展的制胜法宝，为企业高质量发展开创了新局面，为深化改革提供了不竭动力。

### 3.1.3 市场化：明确改革方向

党的十九大报告中强调，坚持社会主义市场经济改革方向，加快完善社会主义市场经济体制，并指出经济体制改革必须以完善产权制度和要素市场化配置为重点，实现产权有效激励、要素自由流动、价格反应灵活、竞争公平有序、企业优胜劣汰。中国一重作为计划经济烙印较深的重工企业，长期以来形成了坐等顾客上门的思维习惯，主动按照顾客需求进行生产销售的市场导向不明确，自主经营、自负盈亏的市场主体意识不到位，能者上、庸者下的市场化选人用人机制不完善，严重阻碍了企业的发展。中国一重领导班子对照习近平总书记的要求，通过解放思想明确市场化的改革方向，使得市场化道路深入广大干部职工的内心，打破了过去以生产为中心的经营理念，建立了新的"以市场为中心、以营销为龙头"的运营思想体系和实践路径。

**1. 明确以顾客需求为中心的市场导向**

从解放思想大讨论收集总结的"问题清单"中可以看出，在中国一重的各个职能部门与子公司中还不同程度地存在服务意识弱化、市场意识不强的问题，企业在编制销售计划时，总是习惯先确定生产指标，然后再根据生产指标编制销售计划，形成了

"以产定销"的经营模式，尚未形成以市场需求为导向的"以销定产"的经营模式。首先，把市场意识贯彻到全体干部职工中，从领导干部抓起，从思想上牢固树立尊重市场、敬畏市场的理念，摒弃"自我本位"的思想，把过去"自上而下"的以行政指令为主导的计划逻辑，转变为"自下而上"的以市场信息主导的市场逻辑；以市场为中心，以营销为龙头，落实"以销定产"的经营模式，实现"让听得见炮火的人呼唤炮火"，根据市场信息、顾客需求和市场环境制定企业的生产经营计划，并依据这些市场信息来分配企业的人、财、物等各类资源。其次，把市场导向贯彻到企业生产经营全过程，进一步完善满足市场需求、解决顾客问题的各类措施和办法，在二级单位和具备条件的三级单位全面建立市场调研机构，把握客户的现实需要和潜在需求，做到有的放矢，逐步形成了覆盖全国、延伸全球的市场信息网络系统；围绕市场需求与竞争对手进行对标达标，找准自身存在的问题和不足，进行优劣势分析，建立目标赶超计划体系，明确时间表、路线图、优先序。

### 2. 培养自主经营、自负盈亏的市场主体意识

中国一重下属各子公司一度存在管理粗放、成本意识淡薄的问题，没有将生产经营的投入产出与自身的利益建立联系，"浪费点儿没啥"的思想较为普遍。中国一重领导班子充分认识到市场主体的基本属性在于价值创造，只有切实增强市场主体意识，明确企业各业务单元甚至每一名职工都是市场主体，才能按照市场规则行事，增强各个下属单位的市场活力。中国一重把能够下放的权力及时下放给二级单位，使二级单位全面实现自主经营、自负盈亏，董事会和法人代表负总责，总经理对经营状况负全责，制定权力清单、负面清单和授权管理办法，用制度管权管事管人，上级单位对下级单位履行监督考核职责。坚定全面建立指标责任体系不动摇，将各项生产经营、预算责任指标按照"纵向到底、横向到边"的原则逐层细化分解，落实到每一个工作岗位，将市场压力传导至每一位职工，实现"人人关注市场、人人挖潜算账""千斤重担人人挑、人人肩上扛指标"。通过考核体系的压力层层传递，在每个子公司、班组内部都进行指标考核，让每一个个体都关注生产经营的成本与收益，关注个体与集体在市场中的"生死存亡"，充分发挥每个单位、每名职工的市场主体作用。

### 3. 完善市场化的选人用人机制

前些年中国一重内部还在一定程度上存在着干部选聘论资排辈的现象,"溜溜达达、两千七八""有人干、有人看、还有人捣乱"是当时部分人的常态,职务晋升主要靠年头、讲资历,能力强、有抱负的人才无法受到重用。中国一重领导班子通过建立"岗位靠竞争、晋升凭贡献"的市场化的选人用人机制,让想干事、能干事、干成事的人才脱颖而出,让叫苦连天、见硬就回、能力不足的庸才真正退出。在党管干部人才的前提下,实行"全体起立"的公开竞聘(见图3-3),高级管理人员每3年进行一次公开竞聘上岗,坚持市场化选聘、契约化管理、差异化薪酬、市场化退出;坚持每年对完不成本单位主要经济指标的负责人及班子成员及时进行调整,单位发生亏损,经过3次对领导班子进行调整仍然达不到盈利目标要求的,就要整体关停重组。

图3-3 中国一重集团总部职能部门领导及业务人员"全体起立"的公开竞聘

市场化是有效解决企业改革发展中各种问题的基础,推进市场化是中国一重实现全面振兴和高质量发展的必然要求。中国一重领导班子通过解放思想凝聚共识,坚持市场导向、培养市场意识、把握市场需求、构建市场机制,真正让市场在资源配置中起决定性作用,明确了企业深化改革的目标与方向,推进企业改革向更高水平迈进。

### 3.1.4 见行动:立行立改动真碰硬

空谈误国,实干兴邦,每一项事业,不论大小,都是靠脚踏实地、一点一滴干出来的。对照习近平总书记的要求,中国一重领导班子充分认识到解放思想重在行动,推进企业的改革发展仅有思想与态度的转变是不够的,最终必须要落实到行动上。在具体工作的落实过程中,立行立改、说干就干,把滋生"等靠要""唯条件论""故步自封"的土壤深挖去根,形成不打折扣、不拖时间、敢闯敢干的强大执行力;动真碰硬,不换思想就换人,坚决撤换那些不愿意解放思想、不愿意加快发展、不愿意创新创业的干部,破除一切不想高质量发展、不愿加快高质量发展的负能量。

**1. 立行立改,说干就干**

中国一重领导班子第一时间把解放思想从认识层面向实践层面推进,让干部职工看到立竿见影的改革效果。一是领导班子以身作则,苦干实干。例如,在解放思想开拓市场实现由"坐商"向"行商"转变的过程中,公司领导班子成员带头开拓市场,从过去"等用户上门"转变为主动跑市场、盯回款,发扬找饭吃、要饭吃的"叫花子精神"和千言万语、千辛万苦、千山万水、千方百计的"四千精神",一个合同一个合同地抢订货,一个项目一个项目地追回款,在很短的时间内就实现了订货回款的大幅度提升。二是建立快速反应机制。中国一重实行每天7:30早间运营调度会制度,把外部市场信息和企业内部建议及时反馈到生产系统的各个环节之中,做到"小事不过班,大事不过天",第一时间解决产品质量问题和交货期问题。例如,解放思想大讨论中反映的铸锻钢事业部生产现场的环境治理问题,在职工代表提出意见后的短短20天内就得到了彻底解决。三是大胆尝试创新方法。例如,公司的关键设备15000吨水压机故障频发,严重影响正常的生产进度,设备维修管控中心的维修人员通过解放思想,对工作缸更换各环节进行大胆创新,连班作业,原计划45天才能完成的任务,仅用了15天就找到故障频发的症结并成功解决,刷新了公司历史最快纪录。

**2. 动真碰硬 不换思想就换人**

长期以来,中国一重的个别干部形成了干事"先说不行"的不良思维定式,把条件看得比什么都重,"这也不行那也不行、这也不具备那也不具备",缺乏干事创业的责任感和担当精神。中国一重领导班子为了保证解放思想成果的落地执行,近几年来累计调整不适应改革发展需要的领导干部98人,职工解除岗位合同95人,确定中层干部只拿生活费20人次,对4个单位的领导班子成员实施"全体起立",累计处理处分不担责、不负责的领导干部309人次。例如,将产品质量迟迟得不到改善的炼钢厂领导班子、经营管理不善导致企业亏损的天津重工领导班子原地解散,通过市场化选聘方式重新竞聘上岗,8名班子成员中仅有2人得到了"位子",其他6人均退出领导岗位。这一举措改变了多年以来形成的"干部不犯错误很难下得来"的思维习惯,通过态度坚决地向积存多年的顽瘴痼疾开刀,给广大干部职工树立了解放思想、深化改革的坚定信心。通过调整思想守旧、观念不变的旧班子,在新班子的带领下,天津重工在后续发展中不仅实现扭亏为盈,而且成为整个集团新的收入与利润的增长点。这一系列举措极大地激发了干部职工的积极性、主动性、创造性,有效地促进了各项经济指标逐年大幅度提升,实现了企业的跨越式高质量发展。

中国一重的改革发展实践,就是不断冲破观念束缚、持续解放思想的过程,就是以解放思想引领实践探索、不断开创发展新局面的过程。通过解放思想、转变观念、改变作风,中国一重领导班子坚持从思想观念上破题,开展从干部到职工多维度的解放思想大讨论,抓住主要矛盾,坚持实事求是,全面贯彻落实新发展理念,各单位、各级干部、全体职工达到了思想上有震动、实践上有行动、工作上有推动,企业面貌和干部职工的精神状态为之一新、为之一振、为之一变,增强了市场意识、服务意识、机遇意识和拼搏意识,实现了以解放思想、深化改革激发内生动力,形成了"在解放思想中统一思想,在凝聚共识中攻坚克难"的生动局面。

## 3.2 体制改革：理顺治理管控逻辑

治标更要治本，体制改革是一切改革的根基。中国一重在改革过程中将体制改革作为治本的主要途径，先后完成了从工厂制到公司制的产权改革、贯彻"两个一以贯之"的治理改革、纵向分权的管控改革。

### 3.2.1 产权改革：从工厂制向公司制转变

现代企业制度是一个企业在市场竞争中可持续发展的基本条件。现代企业制度以企业法人制度为主体，以公司制度为核心，以产权清晰、权责明确、政企分开、管理科学为基本要求。中国一重始建于计划经济年代，在计划经济向市场经济过渡的相当长的历史时期内，都采用了计划经济年代的工厂制。在工厂制下，中国一重的一切经营活动都是按照政府的各项计划指令行事，即使在改革开放后社会主义市场经济体制建立的过程中，中国一重的经营自主权有了增加，内部职工的思维方式也并没有发生深刻变化，产权不清晰、权责不对等、政企不分家、管理不科学的弊端仍然突出。长期以来，中国一重实行厂长（总经理）负责制，延续计划经济年代生产车间的治理模式，整个企业围着生产转，内部不同部门缺乏协同，其结果是忽略市场、怠慢客户，以致于耽误了商机，在激烈的市场竞争中丢合同、失信誉、站不稳、立不住。

中国一重发展的实践表明，要想扭转困局就必须从产权制度的"根"上解决体制问题。2016年以来，国务院国资委加快推进中央企业公司制改革。2017年9月，中国一重在前期完成全民所有制企业改革的基础上，向国务院国资委提出"将集团改制为有限责任公司"的申请。2017年11月,按照国务院国资委的统一部署,中国一重由全民所有制工业企业转变为国有独资公司,更名为"中国一重集团有限公司",所属子企业按照《公司法》注册为有限责任公司。中国一重公司制改制成功,完成了从工厂制向公司制的产权改革,从此有了明确清晰的产权关系,具备了建立完善现代企业法人制度、现代企业治理结构的基础,以有限责任制度为特点,以规范的公司治理体系、科学的集团管控为标志,中国一重祛除了"病根"。中国一重建立起了以公司制度为核心,以产权清晰、权责明确、政企分开、管理科学为特征的具有中国特色的现代国有企业制度,为进一步搏击市场、战胜各种困难挑战、实现高质量发展提供了有力的制度支撑。

由于中国一重的主营业务涉及国家重要行业及关键领域,因此在新一轮的国企改革中,中国一重被确定为"产业集团"的功能定位。在向产业集团转型的过程中,一方面,中国一重通过建立多层次的管控体系,精简总部职能部门,调整母子公司之间的管控关系,完善了产业集团的"形";另一方面,中国一重通过打造装备制造及服务为主责主业、多元发展赋能的"众星拱月"的业务布局,树立了产业集团的"神"。中国一重实现了从公司到产业集团的蜕变,通过聚焦主业加快传统优势产业创新和新兴产业培育,在高质量发展装备制造及服务产业、军民融合产业、新材料产业的同时,

图3-4　国务委员、国务院党组成员王勇在中国一重调研

构建多元发展、多极支撑的产业新体系,构筑产业新格局、再造发展新优势,为中国一重成为具有全球竞争力的世界一流企业集团奠定了制度基础。图3-4为国务委员、

国务院党组成员王勇在中国一重调研。

### 3.2.2 治理改革：贯彻"两个一以贯之"

在完成从工厂制到公司制的产权改革之后，建立中国特色的现代企业制度就成为摆在中国一重面前的核心问题。坚持党对国有企业的领导是重大政治原则，必须一以贯之；建立现代企业制度是国有企业改革的方向，也必须一以贯之。中国一重以习近平总书记"两个一以贯之"的要求，建立了与公司制相配套的中国特色现代企业制度，实现了公司化治理。

**1. 建立规范的现代企业治理体系**

完善公司法人治理结构是建立现代企业制度的关键，是国有企业领导体制的一次历史性变革。一是建立规范的董事会。中国一重首先建立了外部董事占多数、包括职工董事的规范董事会。在国务院国资委的领导下，2019年2月，中国一重召开了集团公司董事会成立大会（见图3-5），以建立规范高效的董事会、完善公司法人治理结构

图3-5 中国一重董事会成立大会

为核心的领导体制改革迈出重要一步。集团公司董事会目前有8名董事，其中5名为外部董事，1名为职工董事。在规范董事会建设的过程中，中国一重注重发挥好董事会的作用，在各级子公司全面建立外部董事占多数的董事会，积极推进企业治理体系和治理能力的现代化。二是建立高效的经理层。2015年，《中共中央、国务院关于深化国有企业改革的指导意见》明确规定，要重点推进董事会建设，建立健全权责对等、运

转协调、有效制衡的决策执行监督机制，保障经理层经营自主权。中国一重建立了合议制度、董事会向经理层授权管理制度，完善了经理层对董事会负责、向董事会报告的工作机制办法，落实了董事、监事培训管理考核办法。董事会各专门委员会根据工作实际需要，为董事会提供决策咨询服务。三是完善的监管体系。国务院国资委、国家审计署对中国一重分别进行监管和经济责任审计；集团公司首创由党委常委任巡视组组长的制度并成立督办领导小组；每年召开三级职工代表大会，完善了职工行使民主权利和落实职工代表议案的体制机制；子公司监事会（监事）充分发挥日常监督和风险管控的作用，完善日常综合协同监督机制，把监督责任落实到经营管理决策的各个环节，自上而下形成了有效的监督体系。

中国一重按照治理体系和治理能力现代化的要求，健全了有效制衡的法人治理结构，实现了有效授权放权，确保各治理主体做到不缺位、不错位，确保被授予的权责能够接得住、用得好、行得稳，优化制度流程，着力提高制度流程执行力，强化制度执行考核，为公司高质量发展提供制度保证。

**2. 坚持党对国有企业的领导**

党的领导融入公司治理是建立中国特色的现代企业制度的核心。坚持党的领导、加强党的建设，是国有企业的"根"和"魂"，是我国国有企业的独特优势。一是分工明确。中国一重党委按照"两个一以贯之"的要求，把加强党的领导和完善公司治理统一起来。其中，党委充分发挥"把方向、管大局、促落实"的领导作用；董事会发挥决策作用，依法行使重大决策、选人用人、薪酬分配等职权，发挥好"定战略、做决策、防风险"的决策职能；经理层发挥"谋经营，抓落实，强管理"的经营管理作用，在公司党委、董事会的领导下，执行董事会决议并负责集团公司的日常经营管理，发挥谋发展、抓落实、强管理的经营职能。二是决策前置。中国一重明确了党委、董事会、经营层等不同治理主题的权限范围和责任边界，制定了集团公司党委前置研究企业重大经营管理事项清单，修订了《"三重一大"决策实施办法》《股东代表及派出董事监事管理办法》，对25项职能进行了划分，落实党委常委会的35项前置讨论事项和15项决定事项、董事会的51项决策权和经营层的83项管理权，实现责、权、利统一对等，保证中国一重的治理体系整体有序、规范运作（见表3-2）。中国一重探索构建董事会谋增量、党组织强能量、经理层盘存量、监事会监总量、职代会（工会）聚力量的权责格局，保证公司党委在管大事上不缺位，在日常事务上不越位。三是双向交叉。中国一重扎实推进党的领导融入公司治理，按照"双向进入、交叉任职"的领导体制，选举符合条件的公司党委领导班子成员通过法定程序进入董事会、经理层，而董事会、经理层成员中符合条件的党员则依照有关规定和程序进入公司党委领导班子。按照有关组织程序，党委常委、董事会成员、经理层人员分别交叉任职，在各治理机构中都能充分体现党的意志，把党的集体领导和个人分工负责有机统一起来。四是从严治企。中国一重高度重视对权力运行的制约和监督，构建了以党内监督为主导，各类监督有机贯通、相互协调的"大监督"体系，实现了企业内外部监督资源的整合及监督合力。

表3-2 中国一重集权分权清单（节选）

| 权责种类 | 集团公司 | | | | 二级公司 |
| --- | --- | --- | --- | --- | --- |
| | 董事会 | 党委（常委）会 | 总经理 | 职能部门 | |
| 战略规划 | 1. 决定集团公司的发展战略和中长期发展规划，对其实施进行监督并对战略规划进行调整★ | 1. 研究讨论集团公司的发展战略和中长期发展规划，对其实施进行监督■ | 1. 审核集团公司战略规划，并负责组织实施，对战略规划的执行结果进行跟踪和分析 2. 提出战略规划调整的方案建议 | 1. 为董事会的战略决策提供相关信息 2. 组织拟订集团公司总体战略规划，并进行评估 | |
| | 2. 审议集团公司的主营业务范围及其调整方案★ 3. 审议二级公司的主营业务范围及其调整方案● | 2. 研究讨论集团公司的主营业务范围及其调整方案■ | 3. 审核集团公司的主营业务范围及其调整方案★ | 3. 拟订集团公司的主营业务范围及其调整方案 | 1. 拟订二级公司的主营业务范围及其调整方案 |
| | 4. 决定集团公司新开拓的战略性业务和区域规划★● | 3. 研究讨论集团公司新开拓的战略性业务和区域规划■ | 4. 审核集团公司新开拓的战略性业务和区域规划★ | | 2. 拟订二级公司新开拓的战略性业务和区域规划 |

注：带★的为须经过董事会或总经理办公会审议、决策的权责；带■的为须经党委（常委）会研究、讨论、决定的权责；带●的为须经集团公司办公会审议、决策的权责。

中国一重通过坚定贯彻习近平总书记"两个一以贯之"的要求，在集团公司层面建立了"权责对等、运转协调、有效制衡"的治理体系，建立完善了中国特色的现代企业制度，从制度上克服了长期以来企业领导体制上存在的弊端，《公司章程》明确了公司党委领导、董事会决策、经理层执行的地位作用，使党的建设与生产经营深度融合，保证了各治理主体工作高效，加快了企业高质量发展。

### 3.2.3 管控改革：纵向分权的集团管控体系

处理好集团总部与二级公司之间纵向的集权与分权关系是现代企业管理的永恒主题，集权有道、分权有序是纵向集团管控的关键。中国一重以"管控"传承"治理"，在强化董事会治理效能、完善集团管控体制的同时，将董事会运行机制与集团管控机制融为一体，全面提升了集团管控能力，实现了资源配置和利用的最大化。中国一重在完成从工厂制向公司制转型的同时，也通过"纵向分权的集团管控"改革，实现了权责对等和创造激发。

**1. 构建精干的战略型集团管控模式**

中国一重按照建立现代企业制度和市场化的要求，从企业的实际出发以及精干高效和扁平化原则，从源头上梳理公司经营各环节，列出所有权力清单，摆上桌面，对117项职能进行了划分，按照"集权有道、分权有序、授权有章、用权有度"的原则，构建了战略型集团管控模式。战略型集团管控模式是一种相对集权的管控模式，其基本特点是"抓大放小"，即集团母公司专注于战略规划和资源部署，集团总部主要负责整个集团的战略规划、领导班子建设和绩效考核等重要工作，重点发挥集团总部的战略规划引领作用、公司治理示范作用、产业培育牵引作用、风险管控枢纽作用，各二级公司主要负责决策执行和具体的业务活动。

中国一重在战略型集团管控模式下，逐步由"集权"到"分权"。将公司制度分为根本制度、基本制度、重要制度和操作制度，实现权力边界清晰，消灭真空地带与交叉重叠，逐步实现分层、分级管理。中国一重总部制定下发了《集分权手册》，并对二级子公司的《集分权手册》进行审核，明确子公司的权限范围、责任边界和25项职能，做到压力层层传递、动力层层激发，实现了责权利统一对等和层级管理。在中国一重学习、掌握、运用《集分权手册》已经成为各级管理人员的必修课,成为实施科学管控和有效管理的基本标准、提升企业发展质量的基本保证。

**2. 构建"集团+产业子公司"的市场化母子公司架构**

在战略型集团管控模式下,中国一重赋予子公司经营自主权,构建了"集团+产业子公司"的母子公司治理模式。在一定的授权范围内,发挥子公司的能动作用,创造性地开展各项生产经营活动。2020年,把重型装备事业部和军工事业部改制成为自主经营、自负盈亏、自我管理的法人主体,一重(黑龙江)重工、专项科技公司正式挂牌成立,由事业部改制成为独立法人单位。这标志着中国一重的法人治理结构进一步完善,母子公司市场化运行体系进一步健全(见图3-6)。

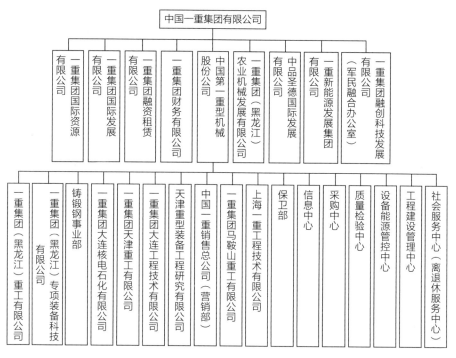

图3-6 中国一重的母子公司架构图

在子公司、事业部、中心之间实现"亲兄弟明算账",中国一重将法人制度与内部模拟法人机制相统一,通过合同机制形成集团内外部市场化运作模式,真正实现各个二级单位的自主经营与自负盈亏,并结合中国一重的产业集团发展定位,实现分级核算与统一管控,真正实现"内部模拟法人运行机制"以市场为导向、以利润为中心、以成本为主线的管理目标。在模拟法人之间提供产品和劳务，并按市场价进行结算。通过内部合同机制，实现了子公司、事业部、中心之间的市场价格核算，以及工序和工序之间的成本与收益核算。内部合同机制强化了产品或服务的价值要以市场价值为基础、按照市场价值来定价，强调内部推行精准核算、独立考核，通过评估成本与收益厘清参与部门创造的价值以及付出的代价，并以此为考核的依据，进一步实现有序合理管控，把市场化价格机制充分运用到企业经济运行的全过程，形成自我完善与自我发展的全链条的市场化管控模式。

中国一重各单位将市场竞争机制引入到内部各环节，突出内部产品、内部服务模拟市场定价和结算，推行内部模拟法人运行机制，实现"指标层层分解、责任层层落实、压力层层传递、活力层层激发"，做到"人人会算账、人人能算账、人人算细账"，全面实现"自主经营、自负盈亏、自我完善、自我发展"。

### 3. 打造高效的集团总部职能部门

在战略型集团管控模式下，中国一重开展了组织结构优化工作，由19个管理部门精简到13个，此后在第二轮机构改革中又精简为10个部门（见图3-7）。同时，将生

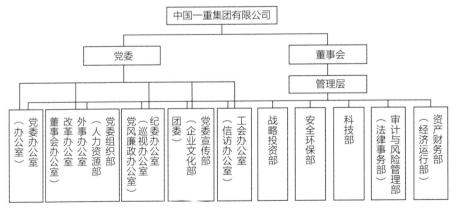

图3-7 中国一重的职能部门架构图

产服务职能剥离，成立了5个中心，以法人或模拟法人的模式运行，直面市场、效益考核。撤销总部职能部门业务科室69个，取消二级单位所属制造厂生产工段、行政办及生产管控中心109个。结合企业实际，压缩定员总数2355人，占在岗职工总数的21%，其中总部职能部门压缩定员超过30%。

## 3.3 机制改革：激发内部活力动力

体制主要指组织内的权力关系，表现为组织结构。机制则主要指组织结构的运行方式，特别是动力转换方式。在机制改革上，中国一重紧盯市场化改革的方向，以建立市场化机制为核心，系统布局、体系推进、突破难点，通过晋升机制、退出机制、激励机制等机制革命，解决了"人的活力"这一根本问题，一子落、满盘活，有效地激发了企业内部的活力和动力。

### 3.3.1 把握方向，系统布局

突出市场化原则、把握市场化方向，是三项制度改革可持续推进的基本保证。中国一重的三项制度改革始终坚持问题导向、市场导向和目标导向，致力于构建并不断深化完善人力资源市场化机制，力争使企业用工结构更加优化、人员配置更加科学、激励约束机制更加健全。为此，中国一重从企业根本利益出发，兼顾职工个人利益，对三项制度改革进行了系统设计，通过定岗定编、控人数、调薪酬等举措，把竞争机制、按贡献分配机制等全面引入企业内部，为三项制度改革明确了基本方向和实施目标。

**1. 干部总量控制：严格把控干部总数**

深化干部人事制度改革，是建设高素质的干部队伍、培养造就大批优秀人才的治本之策。因此，必须从控制干部总数入手，精选优选人才。为实现管理人员能上能下，中国一重首先从企业整体层面明确规定了干部指数，集团党委管理领导人员比例控制在1%以内，集团中层领导人员比例控制在2.5%以内，集团总部业务管理人员比例控制在1%以内。经过几年的干部人事制度改革，到2020年年底已实现阶段性目标：集团党委管理领导人员比例降到了0.76%，集团中层领导人员比例降到了1.94%，集团总部业务管理人员比例降到了1%。

**2. 员工结构控制：科学配置人员结构**

深化用工制度改革在宏观层面的总要求是建立符合社会主义市场经济和现代企业制度要求的新型劳动关系和用工制度，而落实到企业层面，首先就是要符合企业的发展需求，明确企业用工总数和比例。例如，技术、技能人员比例控制在90%左右（上下浮动不超过2%），管理人员比例控制在7%左右（上下浮动不超过0.8%），营销人员比例控制在2%左右（上下浮动不超过0.5%），党务人员比例达到1%，劳动生产率增长不少于5%，人事费用率降低不少于2%。通过对用工人数与比例进行控制，实现人员的科学配置，为深化用工制度改革提供了实施依据。

**3. 薪酬对标市场：市场决定薪酬水平**

深化收入分配制度改革是实现有效激励约束机制的重要举措。要实现薪酬能增能减，首先要在企业总体层面，明确薪资标准和分配制度的总体要求。具体来看，薪酬分配需要完全体现按劳按贡献分配的原则，确保职工满意度不低于95%；职工薪酬与市场完全接轨，核心岗位薪酬达到市场75分位水平，确保具有较强竞争性，一般岗位薪酬平均达到市场50分位水平，确保广大职工共享改革红利。到2020年年底的阶段性目标：薪酬分配坚持体现"五个倾斜"的原则，即向高级管理、高技能、营销、研发技术及苦脏累险差岗位倾斜。通过让市场决定薪酬，实现薪酬的合理分配，为深化分配制度改革提供了执行标准。

### 3.3.2 突破难点，激发活力

"铁交椅、铁饭碗、铁工资"，是国有企业改革长期以来的老大难问题。砸"铁交椅"是解决干部能"下"的难题,砸"铁饭碗"是解决员工能"出"的难题,砸"铁工资"是解决收入能"减"的难题。中国一重以"明知山有虎、偏向虎山行"的智慧和勇气,通过三项制度改革,充分激发了"人的活力"。图 3-8 为国务院国资委党委书记,主任郝鹏在中国一重调研。

图 3-8　国务院国资委党委书记、主任郝鹏在中国一重调研

### 1. 破解干部"下"的难题

砸"铁交椅"就是解决能上不能下的问题,多年来干部难"下"成为中国一重逾越桎梏的最大难题,始终难以"破冰"。对此,刘明忠同志表示,改革就要动真格的,就要从干部改起,就要打破"铁交椅"体制内的传统思想,使企业真正回归市场。

让位子、精结构,为"下"打开流动空间。破解"下"的难题,首先要解决"下多少"的问题。自 2016 年 6 月起,中国一重以贯彻落实党中央、国务院关于瘦身健体有关工作部署为契机,开展管控模式设计与组织结构优化的工作：将 19 个管理部门压缩至 10 个,撤销科室 69 个,各子公司、事业部下设机构同步调整,整合其职能部门、取消生产工段、撤销各制造厂行政办及生产管控中心共计 109 个,取消"处长"职务,减少了管理层级,提高了管控效率,从根本上解决了机构臃肿、效率不高等问题。同时,将生产服务职能剥离,成立了职能中心,以法人或模拟法人模式运行,直面市场、效益否决。同时,以解决副职膨胀为突破口,从严压减各层级领导班子成员,公司党委管理的中层领导干部职数减幅达33.59%，二级单位管理的中层领导干部职数减幅达45.31%。

定规则、强执行，为"下"打造科学标准。解决了下多少的问题，还需要严格把握"谁该下"的问题。中国一重从制度体系入手，不断细化用人标准，从履职尽责和党风廉洁方面明确领导干部"下"的七种情形，主要包括：不能坚决贯彻党的基本路线，在大是大非面前态度暧昧，动摇基本政治立场，被错误言论左右的；理想信念不坚定，工作能力不强、落实不力，完成不了公司规定考核指标的；经营管理不善，导致干部职工队伍涣散，企业连续亏损的；担当精神欠缺、推诿扯皮，重大质量问题得不到有效解决，制约企业发展的；市场观念淡薄，生产组织松垮，拖期交货严重，给公司信誉造成不良影响的；责任意识欠缺，群众观念淡漠，发生安全环保事故，危害职工生命安全和造成环境污染的；违反中央八项规定精神，做事不干净、为人不老实，顶风违纪的。"七不用"进一步强化了用人导向，一旦过底线，直接免职务。2017年7月，原天津重工领导班子因长期经营管理不善，导致干部职工队伍涣散，企业连续亏损，班子成员全体"摘帽"起立。后任总经理由于创新思路不多，始终无法打开市场，没能改变天津重工的困难局面，任职不到一年就再次"起立"调离岗位，实现了干部真"下"，树立了"能者上、庸者下、劣者汰"的鲜明用人导向。

点带面、全铺开，为"下"形成组织氛围。为了在中国一重整体层面形成人事制度市场化，要在全集团内部实现全覆盖，实现公平、公正的考核淘汰机制，形成自上而下的示范效应。2016年5月，因管理能力不足导致产品质量迟迟得不到改善的炼钢厂领导班子成员，率先被全部"起立"重新竞聘，最终原领导班子成员4人中仅有1人成功竞聘，其余3人由于工作思路不能适应新业态新需求而被淘汰出领导干部队伍，在原单位按照一般员工管理，不再享受领导干部待遇。当月，针对订货、回款效果不佳调整经营策略，对原营销系统各级领导干部全体"脱帽"竞争上岗，24名科职及以上领导干部参加选聘，最终有11人竞聘失败而成了一般销售人员，淘汰率高达45.8%。2016年6月16日，在公司党委研究确定的后备人选基础上，邀请国务院国资委、咨询公司和独立董事共同参与，对7名应聘人员进行结构化面试，最终确定3人为股份公司高管人选，打破了公司重要领导岗位一直以来由推荐提拔的惯例，进一步树立了新时期市场化配置管理人员的用人导向,强化了市场化用人的高层示范效果。此后,领导干部市场化配置和退出全盘铺开,自2016年7月至10月中旬,中国一重完成总部机关、二级单位及所属单位领导班子竞聘上岗。先后对公司12个直属单位36个总经理、副总经理、总会计师岗位进行内部市场化选聘;对公司部分二级单位副总经理和下设机构共计107个领导岗位进行内部市场化选聘。通过上述市场化选聘和调整,公司中层以上领导干部由320人缩至现在的106人,彻底改变了公司多年"干部不犯错误就很难下来"的局面。

**2. 突围员工"出"的藩篱**

砸"铁饭碗"要解决的就是"能进不能出"的问题,必须通过用工制度市场化,通过制定方案、把控标准、安置保障等一系列手段,系统解决冗员偏多、人浮于事等历史负担。

摸底数、压编制,为"出"把关定员方案。中国一重首先对二级单位开展全覆盖式普查,同时对标学习武钢等央企编制定员的先进经验,通过全面了解人力资源现状和整体用工情况,实现内外结合、双管齐下,以确保人力资源优化方案科学准确可行。同时,公司主要负责人亲自把关各单位定员方案,逐一与各家"一把手"单独研判分析、逐岗核定用工底数,有效遏制了二级单位的"讨价还价",最终压缩定员2355人,占在岗职工总数的21%,其中总部职能部门压缩定员超过30%。

搭平台,促竞争,为"出"打造公平环境。领导干部全体"起立"竞聘上岗之后,中国一重立即聘请专业咨询公司实施总部职能部门高级经理、经理等业务管理岗位公开招聘,在不到3天时间内完成总部11个职能部门正副职、高级经理、经理共132个岗位的"萝卜抢坑",淘汰率达42%。之后,公司迅速组织二、三级单位自上而下开展业务管理、专业技术人员以及技能岗位人员全员竞聘上岗,进而将冗员筛选确定。

守原则、控风险,为"出"提供安置保障。解决了"出"的问题,还要解决"出了怎么办"的问题,也就是离职职工的安置问题。在开展全员竞聘的基础上,中国一重为贯彻党中央、国务院关于国民经济提质增效稳增长的决策部署和《中央企业开展特困企业专项治理工作方案》,结合企业实际,制定了职工安置办法,坚持以人为本,周密部署，多渠道安置退出工作岗位的员工。一是明确基本原则。公司党委明确提出稳定是最有力的改革保障，一切工作都要围绕稳定安排部署，为此，将"减员增效"启动时间选择在厂办大集体改革完成之后，并提出了"坚持优化人力资源、统筹兼顾职工利益；坚持依法依规、分类处理；坚持职工自愿、双向选择"三项基本原则，明确了工作基调。二是合理制定政策。通过组织内部调研摸底、赴其他企业"取经"、反复征求意见、评估潜在风险、查阅2000多本人事档案、百余次模拟选择和待遇测算分析，制定了包括提前退休、内部退养、离岗歇工、解除劳动合同、转岗培训、停薪留职6条职工安置通道。三是稳妥推进实施。职工安置方案形成后，及时由分管领导专门赴国务院国资委"特报"，上级领导高度重视并给予肯定，在履行职工民主程序后公布实施。在操作过程中，积极对政策进行宣贯讲解、答疑解惑，主动解决职工正当合理诉求，争取理解，消除误会，确保企业稳定大局。同时，为保证安置工作公开透明，将安置人员有关信息进行公示，接受监督。由于政策到位、宣传有力，改革工作平稳推进，安置人员思想稳定，仅用不到1个月时间就完成了2300多名职工的安置工作，而且整个安置工作平稳推进，职工群众思想稳定，未发生一起上访闹访事件。

### 3. 改变薪酬的"铁"饭碗

解决了"铁交椅""铁饭碗"的问题，三项制度改革还要解决的第三个关键问题就是"铁工资"的问题。为此，中国一重建立了战略导向、业绩导向和竞争导向的薪酬体系，实施分类分级考核，反映公司薪酬战略倾向；推进指标牵引和效益否决，反映薪酬业绩导向；强化差异、凸显竞争，反映薪酬竞争导向。确保干和不干不一样、干多干少不一样、干好干坏不一样。

战略导向的薪酬体制。中国一重建立了战略导向的薪酬体制，将企业的薪酬体系与公司发展战略紧密衔接、有机结合。一是分类多通道考核，吸纳多元化人才。中国一重为了适应世界一流产业集团的发展战略，在薪酬体系设计上设计了管理类、技术类、营销类、党政类、工勤类等多种不同序列的员工通道，为多元化业务的不同人才都设置了相应的薪酬体系，支撑公司向世界一流产业集团的战略转型。二是分级宽带考核，反映战略目标。中国一重根据员工的不同身份属性，分别制定了相适应的分级分类薪酬标准，以更好地形成差异化的激励效果。以领导干部为例，以领导干部和各单位工资总额为主的绩效考核机制，分为负责人考核和单位考核。负责人考核按确定的年度薪酬，最低保障基本生活费，上不封顶；单位考核执行各单位年度各档工资基数，向下保底，向上封顶。负责人年度薪酬和单位年度工资基数按完成确保值、力争值、创优值分为三档；单位工资总额分档按比例增幅。

业绩导向的薪酬机制。中国一重建立了业绩导向的薪酬机制，通过指标牵引强激励、效益否决硬约束。一是指标牵引强激励，建立业绩导向型的分配激励机制。中国一重根据《业绩考核办法》和《薪酬管理办法》，签订《聘用合同书》和《年度经营业绩考核责任书》，对各单位负责人的经营业绩和绩效进行考核和刚性兑现，实现各级干部管理的契约化。以单位负责人为例，负责人的薪酬以利润指标作为否决指标（营销系统以应收账款余额作为否决指标），根据利润完成值所在区间确定分档薪酬基数，利润指标完成率低于70%（营销系统应收账款余额完成率低于95%）或收入完成率低于60%的只发放基本生活费。二是效益否决硬约束，完不成任务就走人。中国一重选择营业收入、订货、货款回收、质量指标、合同履约率等指标作为基本指标，选择存货占用、峰时用电比例、新产品占营业收入比重等指标作为否决指标。用效益否决，完不成目标收入60%、目标利润70%的自动免职，刚性考核兑现实现了领导干部"能进能出"的"强激励、硬约束"。例如，天津重工原领导班子因持续经营不力而先后进行两轮班子调整，目前整体运营明显好转且超额完成了年度经济指标，成为中国一重的先进单位之一。

竞争导向的薪酬机制。中国一重建立了竞争导向的薪酬机制，通过涨薪制度化、薪酬差异化等多种方式实现薪酬的外部公平和内部公平。一是涨薪制度化确保外部公平。中国一重明确地将职工收入增长指标，写入企业年度计划和中长期发展规划，纳入公司高质量发展九大关键考核指标之一，将涨薪制度化列入发展目标。二是薪酬差异化确保内部公平。中国一重探索建立了差异化的薪酬分配方式，职工收入最高与最低的差距超过了3倍，打破了"大锅饭"、平均主义以及论资排辈的长期束缚，有效地发挥了薪酬分配的导向和激励作用。

### 3.3.3 "两个合同"退出机制

劳动者作为重要的生产要素,依据市场经济规则,在劳动市场上进行合理流动,科学配置人力资源。因此,这就要求企业对员工进行有效管理,建立进出通道,使人力资源得到最优化的配置。中国一重为了打通人员流动渠道,首创推行"两个合同",在《劳动合同》的基础上,全员签订《岗位合同》,以《劳动合同》解决身份问题,以《岗位合同》解决进出问题。领导人员完不成目标收入60%、目标利润70%的自动解职,解除《岗位合同》后,一律"退长还员",只保留工程等相应系列职称岗位和普通员工身份,形成"岗位靠竞争、收入凭贡献"的市场化选人用人机制。自"两个合同"实施以来,累计解除《岗位合同》95人次,解除《劳动合同》25人次。由于经营不善无法完成任务指标的4个单位领导班子全体"起立"。同时,通过"两个合同",实现"两个转变",企业内部除党务人员外,只有两类人——"职业经理人"和"职业技能人",经营、管理、财务等相关业务人员全部为职业技能人,淡化不同岗位员工间的身份界限,为构建以价值创造为导向的人才培养、使用、评价和激励体系奠定了基础。

中国一重通过签订"两个合同"明确了员工的责权利,当员工出现"红线"情形直接解除《岗位合同》。中国一重对解除《岗位合同》的情况进行了明确的界定,其标准包括履行岗位职责不力未按时保质保量完成工作任务,或者发生安全、质量、生产、环保事故给公司声誉、经济利益造成损害,按照集团公司岗位达标考核管理有关办法判定为应当解除《岗位合同》的;因违反有关规章制度规定作为主要责任人受到待岗3个月及以上处理的;年度考核"待改进"或者连续两年年度考核为"基本合格"的;试用期内不符合岗位要求或工作不认真负责的;因患病或非因工负伤超过六个月仍不能正常工作的。当员工解除《岗位合同》后,由用人单位按照待岗进行管理,期间根据当地最低工资标准支付薪酬,并在3个月内提供竞聘上岗机会,如仍不能竞聘上岗,依法解除《劳动合同》。对因受到待岗处理解除《岗位合同》的,须在待岗期满后竞聘上岗。员工累计被解除《岗位合同》达到三次时,直接解除《劳动合同》。通过给《劳动合同》"穿"上《岗位合同》的"马甲",打破国有企业老的用工机制,倒逼在岗员工创先争优、对标达标，畅通了员工"出"的通道。图3-9为黑龙江省委书记、省人大常委会主任张庆伟在中国一重调研。

图3-9 黑龙江省委书记、省人大常委会主任张庆伟在中国一重调研

### 3.3.4 "五个通道"晋升机制

中国一重在机制改革中建立了包括技术研发人员、营销人员、管理人员、党务人员、技能人员在内的"五个通道"晋升机制，打通了人才成长的多元化通道，做到了升才有道、用才有胆、赏才有方。

**1. 升才有道：纵向畅通，横向互动**

中国一重为避免"千军万马挤独木桥"，在行政职务序列之外，打通了技术研发人员、营销人员、管理人员、党务人员、技能人员五个晋升通道。中国一重建立了五个专业通道四职层六职级职业晋升发展通道，与行政晋升多轨并行，纵向畅通，横向互动，根据素质能力和业绩贡献核定评价职级层次。

纵向畅通的多通道晋升体系。中国一重印发了《人才发展"五个通道"有关职级晋升管理办法》，划分了6个职级，2至3年一个台阶，细化了职级晋升评价标准，每年一评定，让各类人才干事都有奔头、成长都有空间。通过完善健全导向明确、精准科学、规范有序、竞争择优的市场化人才职业发展多维度通道，激励引导各岗位员工渴望成才、努力成才、皆可成才。

横向互动的多通道晋升体系。在多通道纵向贯通的基础上，中国一重又逐步实现了横向互动，人员相互交流、身份相互转化，后备人才成池，源头活水始现。例如，中国一重针对达到一定技能等级的高技能人才，可晋升工程系列职称，已有10个工种、33人从技能岗位晋升到工程师和高级工程师；3名优秀产业工人，先后提拔为副厂长。

### 2. 用才有胆：不拘一格，破格任用

在五个晋升通道的体系下，中国一重打破了国有企业晋升论资排辈的现象，不拘一格用人才，全面提升干部能力素质，全面提升干部年轻化水平，真正做到人尽其才、物尽其用。

"五个通道"全面提升干部能力素质。中国一重在五个晋升通道下，通过挂职锻炼、轮岗交流等方式，定期选派年轻干部到不同地区、不同领域、不同岗位进行墩苗历练，全面提升统筹规划、掌控全局的能力素质。例如，资产财务部原部长助理因部门压减职数而未竞聘部门负责人岗位，不再担任领导职务改任业务高级经理，后由于工作能力较强且业绩突出，一年后升任业务副总经理，此后，铸锻钢事业部总会计师岗位空缺，该同志通过公开竞聘成功上岗，其职级甚至比此前还要高"半格"，由此基本构建了干部"能上能下"的新常态。

"五个通道"全面提升干部年轻化水平。中国一重不断加强年轻干部培养使用力度，在五个晋升通道下修订了《关于大力发现培养选拔优秀年轻干部实施办法》，进一步夯实顶层设计系统规划方案，完善具体的实施路径和操作办法，推动干部年轻化工作更快落地。及时提拔使用具备条件的优秀年轻干部，为主要二级单位配备至少1名35周岁左右的总经理助理或领导班子成员，为主要三级单位配备1~2名30周岁左右的助理或领导班子成员，公司层面职能部门根据重点业务设立2~3个业务副总经理岗位。

### 3. 赏才有方：机制留人，事业留人

在五个通道的晋升机制下，为了避免人才流失，中国一重通过五个通道实施机制留人、事业留人。

五个晋升通道实现机制留人。为进一步深入推动创新驱动战略，贯彻落实习近平

总书记关于"建设知识型、技能型、创新型劳动者大军"的重要指示精神，公司制定了大国工匠、大国英才、首席技术专家、首席技能大师评选管理办法，如科研技术岗位人员可参评公司级或二级单位级大国英才、首席技术专家，其中公司级每月分别可享受津贴10000元、5000元，同时视同二级单位领导班子副职进行管理。

"五个通道"实现事业留人。中国一重通过提供多元化的基于匹配度的晋升通道，更好地确保了各类人才人岗相适、人事相宜，真正实现量才为用、"事业留人"，实现各类人才"能进能出"。例如，大国工匠刘伯鸣同志，是2019年10位"大国工匠年度人物"之一、全国劳模、全国技术能手、国务院特殊津贴获得者、首届龙江大工匠、知名的技术大师。改革前曾有民营企业以高薪和高职位动员他离职，他也曾动摇过。但随着改革的不断深入，企业效益显著提高，工资收入不断增长，职业晋升通道不断畅通，他坚定了在中国一重的信心和决心。刘伯鸣充分发挥劳模的示范带动作用，牵头组建劳模创新工作室，填补了多项国内空白，打破了国外垄断，为我国在超大锻件制造领域赢得了国际话语权。习近平总书记在视察中国一重时，称赞以刘伯鸣为带头人的锻造团队是"有功之臣"。现在他当选为齐齐哈尔市总工会兼职副主席。

### 3.3.5 "五个倾斜"激励机制

为形成市场化的薪酬管理方式，中国一重实施了"五个倾斜"的激励机制，坚持薪酬分配向营销、高科技研发、高级管理、高技能、苦险脏累差五类人员倾斜，按劳分配，多劳多得，奖勤罚懒。

讲差异、明倾斜，多劳多得。依据"收入凭贡献"和向营销、高科技研发、高级管理、高技能、苦险脏累差岗位"五个倾斜"的总要求，充分授权二级单位结合自身实际制定本单位实施方案，改变了以往"大锅饭"的局面，有效地激发了二级单位自主经营发展的积极性。例如，针对技术研发人员，中国一重实施了"百名人才工程"，出台了公司、直属单位、制造厂三级大国工匠、首席技能大师评聘办法，公司级大国工匠、首席技能大师，每年可享受6万元、4.2万元公司特殊津贴，差旅等按公司二级单位正副职标准执行，让具有绝招绝技的技术研发人员也能拿高薪，并优先考虑外出培训、学习交流、出国考察、休假疗养等。再比如，针对高技能人才，中国一重持续开展"百万一重杯"劳动竞赛，每年拿出百万元以上专项资金，用于奖励急难险重任务攻关，奖金发在机床边、炉台上，累计63274人次参与竞赛，在缩短加工周期、降低生产成本等方面发挥了重要作用，一批优秀技能骨干已经达到企业中层管理人员的薪酬水平。

分岗位、强绩效，岗变薪变。强化"以岗定薪、岗变薪变"的分配原则以及按业绩考核的分配导向，拉开同级别人员的收入差距。2018年，高级管理人员由于承担岗位职责及绩效结果的差异，收入最高与最低的差距甚至超过4倍。尤其对于高级管理人员，坚持激励与约束、权利与义务相统一，坚持责任与职位、薪酬与业绩相一致，突出发展质量和效益导向，年度业绩和薪酬考核实行"利润确定总薪酬、关键指标严否决"，任期推行"25%年薪留存追索、三年业绩考核逐年系数与任期总薪酬连乘"㊀。

论贡献、重成果，上不封顶。营销人员薪酬可上不封顶，根据销售业绩人均增长近5万元；高科技研发人员建立了"基本薪酬+项目研发计提+成果转让计提"的薪酬体系，研发人员甚至可以获得公司最高薪酬；高技能及苦险脏累差岗位人员的分配系数，一般能够达到普通管理或者辅助岗位人员的1.3~1.6倍。

中国一重以推进三项制度改革为契机，深化三项制度改革的顶层设计，以砸"三铁"来突破难点，建立了"两个合同"的退出机制、"五个通道"的晋升机制、"五个倾斜"的激励机制，全面实行"市场化选聘、契约化管理、差异化薪酬、市场化退出"，使竞争机制、激励机制、价格机制、考核机制、风险管控机制等充分发挥作用，完成了对老牌国有企业僵化机制的系统变革。

---

㊀ 领导干部的每年年薪留存25%至三年考核期末进行集中发放，同时业绩考核分级从A+、A、B、C、D、E级，系数分别为1.26、1.15、1.0、0.62、0.5、0。通过综合任期三年的年度经营业绩考核结果，由任期三年的年度激励系数连乘计算。

## 3.4 供给侧结构性改革：重塑增长动能

推进供给侧结构性改革，是在全面分析国内经济阶段性特征的基础上调整经济结构、转变经济发展方式的治本良方。中国一重长期受到处于产业链和价值链中低端、无效产能占用资源等供给侧问题的困扰，深化改革以来，以供给侧结构性改革为主线，打通发展的堵点痛点，持续提高供给的质量和效率，以解决有效供给、推动高质量发展为导向，综合运用"加减乘除"的结构优化法则，调整产业产品结构，持续瘦身健体，推进混合所有制改革，解决历史遗留问题，加快推进企业高质量发展。

### 3.4.1 做好加法：加快转方式调结构步伐

自 2018 年起，国务院国资委将中国一重确定为中央企业综合改革试点单位，并启动了"双百行动""科改示范行动"。中国一重在制定《综合改革试点方案》《"双百"行动方案》《"科改"行动方案》《深化改革三年行动方案》中，把供给侧结构性改革作为重要环节，加快转方式调结构。为抓好综合改革试点工作，中国一重明确分工，注重落实协同推进机制，谋划重点任务举措，抓好试点成果的应用和转化，并以"双百行动"、"科改示范行动"为手段，以点带面，推进供给侧结构性改革向纵深发展。

**1. 延伸装备制造产业链，推进传统优势产业优化升级**

中国一重通过改革创新举措，坚定不移地贯彻新发展理念，围绕国家重大技术装备国产化的核心目标，聚焦主责主业，不断地在做强做优做精成套装备上下功夫，实现了高端冶金成套装备等核心产品市场占有率始终保持在 60% 以上。中国一重坚持聚焦主责主业，沿着装备制造产业链核心节点进行延伸，坚持在"链核"培育打造上下功夫，快速推动带钢短流程无头轧制设备研制、反应堆核容器锻件集成制造技术研究等项目实施，努力打造好核电反应堆压力容器、千吨级以上锻焊加氢反应器、大型板带材轧机装备等"拳头产品"，培育更多"单项冠军"，走出了一条"人无我有、人有我优、人优我特、人特我强"的高质量发展新路子。在不断发展装备制造产业关键制造环节的同时，中国一重还不断拓展服务领域，推动装备制造主业从产品主导逻辑向服务主导逻辑转型，持续加快产品迭代、向运维运营转变，推动传统优势产业转型升级。

**2. 围绕装备制造核心能力拓展新业务新产品**

中国一重在做强做优做大核心装备制造主营业务的同时，还积极围绕重大装备制造的核心能力拓展相关业务，积极寻求围绕装备制造主业的同心多元化，着力发展新产业新产品。一方面，拓展产能应用领域，充分发挥成套装备和大型铸锻件制造的支撑作用，积极实施风电集成开发、秸秆综合利用项目等。另一方面，紧跟国家宏观战略发展方向，积极参与"一带一路"建设，在印度尼西亚、德国、俄罗斯等国家和地区多点布局。同时，中国一重将绿色冷链装备及物流、非管网天然气等项目快速落地，成功运营财务公司、融资租赁公司。新老产业协同发展，形成了以装备制造及服务为核心业务的"三大板块、六大业务"，为建设具有全球竞争力的世界一流产业集团提供发展活力与战略支撑。

**3. 着力强化开放协同发展**

中国一重认真学习贯彻落实习近平总书记在黑龙江省考察时的指示，坚持在搞好自身改革的同时，要积极与地方协同发展、融合发展，带动地方发展配套产业，成为老工业基地振兴发展的重要支撑力量"，紧紧围绕黑龙江省的自然资源禀赋，积极打造"一重产业园"模式，提高一重的区域产业协同能力。目前，中国一重本地配套率大幅提升至52%，形成了良好的产业生态，助力当地实体经济发展。此外，中国一重还加强了与高校及科研院所等的产学研合作，与清华大学、哈尔滨工业大学等合作开发"超大型压机"技术并推动建立国家重大技术装备实验室，与哈尔滨工业大学联合组建了高端智能制造重点实验室,与哈尔滨理工大学合作开展核乏燃料贮运容器球墨铸铁罐体研制等,全力以赴地支持国家重大工程和国防建设。

### 3.4.2 不吝减法:大力推进"处僵治困",提高供给效率

**1. 中国一重扎实推进瘦身健体提质增效**

瘦身健体提质增效是国有企业深化与保障市场化改革的重要内容,对于防范化解系统性风险、改善资源配置效率、促进高质量发展具有重要意义。中国一重强化处理亏损子企业,瘦身健体,通过全力抓好"处僵治困"工作,实现资产价值最大化。近年来"处僵治困"工作取得明显成效,完成全部特困企业1家和"僵尸企业"5家的处置工作。其中,2家实现扭亏为盈,1家工商注销,2家进入破产程序,1家完成挂牌出售,进一步提升了集团的整体盈利能力、可持续发展能力和风险管控能力。

**2. 对标先进扎实推进提质增效专项行动**

中国一重开展标准成本制定工作,以市场价格倒推目标成本,通过外部价格引入企业内部,倒逼企业经营管理降本增效。具体而言,中国一重积极对标先进、优化管理,查找差距、反思不足,把核算单元细化到岗位、到人头。同时,中国一重通过"成本分析会""经济活动分析会""现场办公会"等对各核算单元指标完成情况进行分析,着重在技术攻关、调整配比、优化流程、修旧利废等方面下功夫,挖潜增效工作取得较好成果。比如,公司吨炼钢成本降低近2000元,给企业直接创效6亿元。

**3. 加大"两金"压降力度,提升公司运营质量**

从2016年年初到2018年年底,中国一重将压降工作层层分解、层层抓实,责任到人、考核到人,应收账款净额由130.19亿元降至98.93亿元,存货净额由65.13亿元降至50.45亿元,带息负债由137.28亿元降至131.07亿元,资产负债率下降0.84个百分点,使公司经济运行质量持续提升,有效地防控了经营运行风险,提高了经济效益。

### 3.4.3 用活乘法：推进混合所有制改革，优化资本结构

中国一重在积极稳妥地做好业务的加减法的同时，还积极推进混合所有制改革，通过引入民营资本、外资资本，激发活力、撬动资本杠杆，借助混合所有制的乘法推动供给侧结构性改革，重塑企业的增长动能。混合所有制经济是我国基本经济制度的重要实现形式，有利于国有资本放大功能、保值增值、提高竞争力；混合所有制改革是国有企业改革的重要组成部分，有利于推动企业深度转换经营机制，提高运营效率。中国一重按照"完善治理、强化激励、突出主业、提高效率"的要求，坚持"三因三宜三不"原则，积极稳妥地推进混合所有制改革，实现了国有资本与民营资本等交叉持股、相互融合。在新一轮国有企业混改实践过程中，中国一重将混改的目标进行战略迁移，从"混资本"到"混机制"，通过引入当地私人投资者，利用国企的资源和渠道优势，服务国家战略发展。

中国一重基于"一企一策"的混改原则，在二三级公司积极稳妥地推进混合所有制改革。中国一重对二、三级子公司进行全面研究评估，并制定混合所有制改革方案，在股权结构、规范运作、转换机制、员工持股、过程监督等方面进行系统分析和推进。中国一重集团层面仍为国有独资，而各级子公司近半数实现了混改或股权多元化，由国有全资改制、与社会资本新设、国资并购的企业共有 16 家。16 家企业中，国有全资改制 1 家，与社会资本新设 11 家，国资并购的企业 3 家，上市公司 1 家；非公有制股份持股方面，⩾50% 的有 4 家，⩾34%、<50% 的有 8 家；13 家非公股东派出董事、监事，7 家非公股东提名管理层，1 家实施了员工持股。中国一重地企融合业务以提高经济效益和创新商业模式为导向，吸收非国有资本进行合作，农机公司成功引进 2 家外部投资方，引入投资资金 4200 万元，并成立了员工持股平台。2018 年 7 月，中国一重与民营企业江苏德龙镍业有限公司达成协议，共同出资 34.72 亿元在新加坡设立中品圣德国际发展有限公司，其中中国一重持股 85.9%。该公司以增资方式取得位于印度尼西亚的德龙镍业有限公司 59.37% 的股权，建立了混合所有制企业，推进了中国一重与"一带一路"沿线重要国家印度尼西亚相关产业和企业的合作，助力印度尼西亚工业化健康发展，同时推进中国一重冶金、轧制等主业装备的出口，提升了国际影响力。

### 3.4.4 稳做除法,全面解决历史遗留问题

剥离国有企业办社会职能和解决历史遗留问题是党中央、国务院作出的重大决策部署,是全面深化国有企业改革的重点任务。按照国务院国资委的工作要求,中国一重加快推动厂办大集体改革,加快推进退休人员社会化管理移交工作,加快解决职工家属区"三供一业"维修改造移交工作,并于2020年年底全面完成剥离国有企业办社会职能和解决历史遗留问题。

**1. 加快推动完成厂办大集体改革**

厂办大集体改革是剥离国有企业办社会职能和解决历史遗留问题的一项艰巨任务。中国一重厂办大集体的雏形为1965年的"五·七"家属厂。从1978年起,在国家和地方政府安置就业指示的指导下,为解决返城知青、待业青年,车间、分厂、处室等兴办了集体企业。自1998年起,各集体企业生产经营陷入困境,绝大多数集体企业停产半停产,绝大多数集体职工放假。2016年5月,中国一重决定全面启动推进厂办大集体改革,当时拥有集体企业82家,集体职工总数为12408人。

中国一重面对自身剥离国有企业办社会职能的严峻形势,按照2005年《国务院关于同意东北地区厂办大集体改革试点工作指导意见的批复》(国函〔2005〕88号)和2011年国务院办公厅《关于在全国范围内开展厂办大集体改革工作的指导意见》(国办发〔2011〕18号)的要求,开始启动厂办大集体改革,并认真起草了《厂办大集体改革总体方案》《厂办大集体改革指导办法》《在厂办大集体工作的在职国有身份职工安置办法》《厂办大集体改革工伤人员安置办法》等具体方案方法。从起草到定稿历经两年多时间,期间集团公司召开党委常委会、专题研讨会、座谈会61次,形成专题调研报告30个,保证了整个过程覆盖全面、措施严密、可操作性强。在推进过程中,集团公司严格按照方案方法扎实推进,科学统筹基本养老保险欠费统计核销、履行民主程序、发放安置费用等各项工作,保证了各环节紧密相扣、不出空档。在组织职工签字履行民主程序时,集团公司要求两个月内完成,实际仅用35天就完成了该项工作。自2016年7月开始发放安置费用,共安置集体职工12408人。黑龙江省、齐齐哈尔市

政府核销集体企业拖欠的基本养老保险欠费，向市政府社保部门移交集体人员档案13001本。截至2018年3月31日，中国一重的大集体人员安置工作全面完成。

**2. 加快推进企业退休人员社会化管理**

推进国有企业退休人员社会化管理，是剥离国有企业办社会职能和解决历史遗留问题中十分重要的内容。2016年，《国务院关于印发加快剥离国有企业办社会职能和解决历史遗留问题工作方案的通知》提出，采取先试点后推广的方式，将国有企业退休人员实行社会化管理。中国一重依此编发了《国有企业退休人员社会管理政策文件资料》《关于退休人员社会管理工作学习调研报告》《退休人员社会化管理工作情况的汇报》《退休人员统筹外费用情况的说明》等10万字的学习宣传材料，为稳妥推进工作打下了坚实基础。2020年3月，集团公司制定了《退休人员社会化管理工作实施方案》，形成了推动国有企业退休人员社会化管理的操作指南。在此基础上，经统计截至2020年8月12日，集团公司在册退休人员总数为9645人。

中国一重按照国资委提出的加强组织领导、压实工作责任、强化工作指导、狠抓任务落实等基本要求，进行了细化实化具体工作措施、倒排时间表、明确工作节点、落实任务到人、加大宣传力度、重点联合督导等一系列具体有效的实施方法。中国一重的退休人员社会化管理取得良好成效，在退休人员移交方面，中国一重共移交在册退休人员总数9645人，涉及六区一县的31个街道和106个社区，签署移交协议588份，实现人员移交100%；在党员组织关系移交方面，截至2020年7月，按照市区党委"先移交，后完善"的工作要求，党组织关系移交499人，实现党组织关系移交100%；在档案管理移交方面，档案移交作为一项标志性工作，截至2020年9月，集团公司向市政府档案和国企退休服务中心移交档案9645份，实现档案移交100%；在活动场所移交方面，集团公司有退休人员活动场所及房屋三处，总面积4054.51平方米，经维修改造后，截至2020年8月，与区政府签订资产移交协议，区政府派人对三处活动场所进行了正式管理，顺利完成活动场所及服务职能移交100%。

为了统筹做好退休人员社会化管理的后续工作，认真贯彻执行国务院国资委和省市政府有关退休人员社会化管理及过渡期有关工作政策的要求，集团公司根据"老人老办法、新人新办法"的原则，积极做好过渡期社会化管理的各项工作，继续加强区企共建，积极开展重大节日和纪念日走访慰问离退休老同志，慰问困难退休人员家庭，与街道社区共同开展有关文体活动。退休人员是企业高质量发展的宝贵财富，集团公司通过定期组织召开座谈会、参观工厂等形式，通报企业改革发展党建情况，征求老同志意见建议，请老同志为企业高质量发展献计献策。

**3. 加快解决"三供一业"维修改造**

按照国务院国资委的部署要求，中国一重积极主动地推进主辅分离、辅业改制工作。在省、市、区各级政府的指导和大力支持下，集团公司主辅分离、辅业改制工作取得了突破性进展，其中供水、供热、供电在2007年9月前全部实现了分离移交，并于2017年完成了物业管理移交工作。

中国一重物业管理共有30个老旧小区，268栋楼房，建筑面积1022655平方米，住户19867家。由于物业管理面积较大，涉及人数较多，中国一重于2017年2月与区政府签订移交协议，4月正式移交地方政府管理。按照"先移交，后改造"原则，移交后由地方政府进行维修改造。2017年12月底收到中央财政补助资金7450万元。按照资金匹配原则，中国一重匹配资金7550万元，确定了1.5亿元的维修改造规模。同时，区政府也对老旧小区进行了系统规划，主管部门克服困难，自2018年起积极推进小区维修改造，取得了较好成效，截至2020年10月，完成了物业小区维修改造任务。

第四章

## 自立自强：
### 重焕自主创新动力

科技是国家强盛之基,创新是民族进步之魂。科技创新是牵动国家发展全局的"牛鼻子",也是培育建设具有全球竞争力的世界一流企业的核心动力。近70年来,中国一重一直致力于国家重大技术装备的研发和创新,先后创造了数百项第一,填补国内工业产品技术空白475项,开发研制新产品421项,设计制造出众多的首台、首套重型机器设备,累计获得442项授权专利,其中发明专利215项。对于中国一重来说,肩负历史重任,就是要坚持自主创新。

围绕创新驱动发展战略,中国一重从制度、机制、流程、方法、队伍、文化等多方面开展创新工作布局,以创新战略聚焦为引领、创新体系构建为顶层设计、创新能力重塑为基石、创新动力再造为助推器、创新文化共识为内核,形成了具有中国一重特色的自主创新体系(见图4-1),重焕了自主创新的生机活力,取得了显著的创

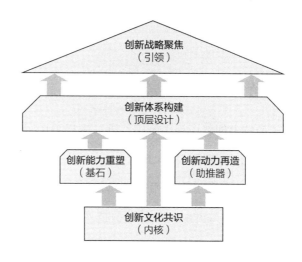

图4-1 中国一重的自主创新体系

新成效。通过激发创新这个"驱动力",点燃发展的"新引擎",搞"活"发展的新动力,中国一重的创新步伐更加有力,建立起了对国家重大战略和企业高质量发展的坚强支撑。

## 4.1 创新战略聚焦

企业技术创新战略是企业在技术创新领域内重大的、带有全局性的战略谋划。在国家创新体系、产业创新体系和企业技术创新历程中，中国一重坚持"四个面向"，肩负初心使命，发挥了国有企业的重要作用，承担了以国家需求为导向进行"卡脖子"技术攻关的重要责任。中国一重坚持坚定不移地把科技创新摆在企业发展全局的核心位置、坚定不移地瞄准世界发展前沿、坚定不移地进行开放协同创新、坚定不移地全面激发各类创新主体活力的"四个坚定不移"指导思想，从力度、深度、广度多层面确立了创新驱动发展战略。

### 4.1.1 中国一重的技术创新历程

在近 70 年的技术创新历程中中国一重，先后采用了模仿型技术创新策略、引进型技术创新策略和自主型技术创新策略，推动实现了一大批重大技术装备的国产化和关键核心技术的突破。在模仿型技术创新阶段，中国一重通过跟随模仿国外先进技术，初步实现自给自足、自力更生；在引进型技术创新阶段，中国一重通过联合设计、合作制造，消化吸收国外先进技术并进行局部创新，实现产品设计水平质的飞跃；在自主型技术创新阶段，中国一重着力提升自主研发能力，加快推动自主创新，以抢占技术制高点和掌握行业话语权。

**1. 模仿型技术创新阶段（1954—1978 年）**

新中国成立初期，为满足国民经济建设的需要，按照国家战略部署，中国一重前身富拉尔基重型机器厂被定位为一个生产大型、成套机器产品的全能"母机工厂"。按照"技术先行"的基本思路，国家早在筹建时期就派出了一批生产技术骨干到苏联乌拉尔、克拉玛托尔斯克实习。在建设初期，中国一重专门组建了产品设计和研究体系，1956年初建立生产技术处，1957年技术部门从生产技术处分离出来，成立中央设计室、总工艺师处、总冶金师处、工具处、中央资料室和中央实验室等专业技术部门，形成了工厂最早的设计机构。此后，从全国各地、各单位部门陆续调来产品设计人员，有从祖国四面八方支援中国一重的知识才俊，有用技术回报祖国的留苏、留欧人才，更有苏联派驻中国一重的技术"老大哥"，同时派往苏联实习的设计人员也相继返厂，进一步充实了设计队伍，人数达到了272名。1959年，中央设计室改名为产品设计处；1962年，又成立了第二产品设计处。后来为了进一步加强热加工技术水平，又将设计机构重组为设计院、锻冶处、焊接处、工艺处等机构，至此形成了一支专业分工细致、门类比较齐全、能够承担大型成套产品研发设计制造的工程技术队伍。

中国一重在这个阶段的技术创新采用模仿型技术创新策略。这个阶段的全部技术活动主要围绕产品制造过程中的技术难点开展技术攻关，基本是以仿制苏联及东欧国家20世纪四五十年代的产品为主，尚未开展超前的研发和技术储备。通过大量仿制、试制新产品，中国一重初步实现自给自足、自力更生，对部分基础工业设备和产品实现了进口替代，推动了产品的设计制造由跟随仿造向引进合作的过渡。

模仿型技术创新策略助推了中国一重一系列重大产品的问世。以大型铸锻件为例，20世纪六七十年代，国家面临技术封锁，中国一重在摸索中试制新产品，解决了轧机等装备配套铸锻件、火电锻件、水电锻件、冷热轧辊及支承辊、汽轮机高压、低压及发电机转子等基础材料及关键零部件的国产化问题。特别是，技术人员创新性地用"平炉钢冶炼+真空碳脱氧方法"浇注了20万千瓦发电机转子，先后装备了哈尔滨、上海、北京、武汉、东方等各大汽轮机厂和电机厂，助力了葛洲坝等国家重点工程项目的建设。在这个阶段，中国一重设计研制出了我国第一台1150毫米初轧机和12500吨自由锻造水压机，彻底结束了我国不能生产成套重型机器产品的历史；生产出2800毫米铝板冷、热轧机和30000吨模锻水压机三大产品，标志着中国一重形成了独立承担大型成套设备设计制造的能力。

**2. 引进型技术创新阶段（1979–1999年）**

改革开放后，国外先进技术装备开始进入中国。为尽快缩小与世界先进技术水平的差距，国家出台了"重大技术装备技术引进和合作制造"的政策，鼓励引进国外先进装备技术。中国一重深刻地认识到，要适应国内外市场竞争的需要，必须要尽快提高自身的技术水平和生产能力，与国外的先进技术接轨。在1981年至1999年期间，中国一重累计投入3亿多元对企业进行了大规模技术改造，以技术引进和合作制造的模式，与美国、日本、欧洲等国家或地区的先进企业进行了广泛的技术合作，使中国一重的技术创新得到了前所未有的发展，推动其工艺及技术装备水平达到国内同行业的领先地位。

中国一重在这个阶段的技术创新采用引进型技术创新策略，通过引进技术的消化吸收奠定再创新的基础，通过再创新实现技术消化吸收的升华。在这个阶段，中国一重实现了以生产为引领向以技术为引领的转变，在很大程度上解决了装备制造领域中的技术短缺问题，也初步具备了自主研发的能力。

通过实施引进型技术创新策略，中国一重消化掌握了国际重型装备的先进设计、技术标准和制造技术，为钢铁、矿山、能源、石化等行业提供了国家急需的重大技术装备。以石化加氢装备为例，20世纪80年代初期，仅有日本等少数几个国家能够自主设计制造石化加氢装备，我国则完全依赖进口。1986年，中国一重与中国石化、日本制钢所三方合作制造了一台 2 1/4Cr–1Mo 热壁加氢反应器，通过对该项目的消化吸收再创新，中国一重先后研制出首台国产化400吨加氢反应器和当时国内直径最大、壁厚最厚的两台单重460吨的热壁加氢反应器，结束了中国石化工业重大技术装备完全依靠进口的历史，满足了国家重点建设项目的急需。中国一重还积极参与冶金成套、大型铸锻件、专项装备等重大技术装备的研制及技术开发，同时带动了一大批国内制造企业的技术升级改造，推动了我国装备工业的创新发展，为国民经济及国防建设贡献了重要力量。通过对这些装备技术的引进消化吸收再创新，中国一重的技术水平有了质的飞跃，为自主创新奠定了坚实的基础。

**3. 自主型技术创新策略（2000 年至今）**

进入 21 世纪，随着我国国际影响力逐渐增强，发达国家加大了对我国的高新技术出口管制，中国一重的引进型技术创新策略遇到了挑战。一方面，此前合作的国外企业在感受到中国一重的技术威胁后便减少合作甚至不再合作，中国一重引进最新高端装备及技术受阻。另一方面，随着中国一重规模和产品领域的扩大，涉及的基础科学、工程技术、产业化及批量化方面的技术问题越来越多，亟须开展基础共性技术研究来拓展创新链条，支持重大技术产品的原始创新。面对新的挑战，中国一重及时转向自主创新战略，组建了中国第一重型机械集团技术中心，后成为首批国家"三部委"批准成立的 40 家国家级企业技术中心之一。随后又先后组建了大连设计研究院、重型技术装备国家工程研究中心、能源重大装备材料研发中心等研发单元，进一步强化研发设计能力。同时，吸引并组建了拥有国务院特殊津贴专家、国家核心专业专家、"千人计划"人才、博士、硕士等 2000 余人的技术人才队伍，形成了基础科学研究、工程化研究、产业化研究、批量化研究"四位一体"的科技创新体系。

中国一重在这个阶段的科技创新主要采用自主型技术创新策略。按照"构思一代、研发一代、试制一代、生产一代"的技术创新思路，中国一重不断深化与高校、科研院所的产学研合作和协同创新，推进科技成果研究、转化与产业化应用；不断加强自主研发能力建设，着力打造自主创新能力强、创新体制机制优、创新活力动力足的创新型企业，在关键领域的重大技术装备研发取得重要进展。

自主型技术创新策略助推中国一重的自主研发进入高速发展阶段。首台、首套产品不断研制成功，行业技术空白不断被填补，装备产品持续迭代升级。以核电装备为例，从 2005 年起，中国一重以国家"十一五"科技支撑计划"百万千瓦级核电设备大型铸锻件关键制造技术研究"项目攻关为标志（见图 4-2），以三代核电技术引进为契机，按照 ASME 标准和美国西屋公司采购技术条件，对核电设备铸锻件进行超大型化及一体化开发，先后完成了 30 万千瓦、60 万千瓦、CPR1000（两代加）、AP1000、CAP1400、华龙一号和玲珑一号等全部核电首台套主设备的研制。中国一重参与了我国核电装备制造发展的整个历程，不仅首次提出了超大型锻件的概念，而且研制的超大型一体化核电锻件均为世界首创，全面实现了超大型核电锻件的自主化，制造技术亦跃居到国际领先水平。此外,在冶金成套轧制技术、石化装备技术、专项装备等方面也取得了令人瞩目的成就。20多年来,中国一重通过国产化和替代进口累计为国家节省资金 2000 多亿元,打破了关键核心技术"要不来、买不来、讨不来"的困境,而且实现了从跟跑到并跑、领跑的转变,有效地保障了国家国防安全、科技安全、产业安全和经济安全。

图 4-2　中国一重独立研制百万千瓦整锻低压转子成品,攻克"卡脖子"的关键技术

制造业是立国之本、强国之基,是技术创新的主战场。中国制造业要真正走向高质量发展的道路,必须扭住科技创新这个"牛鼻子",加快补短板、强弱项、填空白。中国一重要突破规模小、速度慢、高质量发展慢这"一小两慢"的问题,必须要靠自主创新来驱动,练好内功,持续推出新技术、新产品和新服务,让自主创新持续焕发出生机和活力。

## 4.1.2　坚持"四个面向",肩负初心使命

中国一重始终以面向世界科技前沿、面向经济主战场、面向国家重大需求、面向人民生命健康为科技创新方向,肩负起"发展壮大民族装备工业,维护国家国防安全、科技安全、产业安全和经济安全,代表国家参与全球竞争"的初心和使命。基于近 70 年艰苦创业的奋斗历程,针对所面临的"一小两慢"的发展现状,结合"十四五"全

力推进第三次创业的目标任务，中国一重持续加大创新驱动发展战略的实施力度、深度和广度。

**1. 坚持面向世界科技前沿，以创新性成果参与全球竞争**

当今时代，谁掌握了科技创新的主动权，谁就掌握了国际竞争的决胜权。承载着"代表国家参与全球竞争"的初心和使命，中国一重不断提升自主创新能力，增强自身"科技肌体"造血功能，在劣势领域补齐"短板"，在优势领域锻造"长板"，在强势领域树立"样板"，抢占科技创新高地，研发领先的工艺、技术及装备，将企业自身的技术、制造及人才优势转化为大国竞争力和全球产业话语权。2021年，中国一重在大型铸锻件、石化、核电等重大技术装备领域取得了30余项世界前沿科技成果，科技成果水平已经达到国际先进水平。

例如，为满足能源装备大型化、高端化和高标准的需求，针对超大异形锻件无法实现近净成形及不锈钢主管道无法达到4级晶粒度等世界性难题，中国一重打破传统的思维模式，不断向"不可能"发起挑战，大胆创新，发明了一系列关键技术，实现了核反应堆压力容器顶盖、接管段、底封头、主管道等关键锻件的近净成形，改写了超大异形锻件只能采用自由锻造的历史。首创了一体化整体顶盖的近净成形技术，实现了堆测接管与整体顶盖的一体化制造，提高了一体化整体顶盖封头锻件的安全性，减少了钢锭消耗和焊接工作，缩短了制造周期，提高了生产效率，锻件已成功应用于CAP1400重大专项示范工程；首创了胎膜锻蒸发器一体化下封头制造技术，实现了带有多个管嘴的大型封头锻件一体化近净成形，具有锻造流线完整、综合性能好、力学性能均匀等多项优势，解决了核电关键大锻件替代进口的瓶颈问题，该项制造技术也已广泛应用于AP1000后续项目、"华龙一号"同类锻件的制造；独创了"保温锻造""差温锻造"和"管嘴局部挤压"等技术，发明了一种带超长非对称管嘴的主管道空心锻件仿形锻造方法，研制出形状复杂的不锈钢主管道空心锻件，核心技术国际独创，拥有完全自主知识产权，取得了显著的经济效益和社会效益，使中国一重成为世界唯一一家采用主管道空心锻造技术并正式商用的制造商（见图4-3）。上述关键核心"卡脖子"技术的突破，使中国一重成功完成了全球首台"华龙一号"福清5号核反应堆压力容器、"华龙一号"海外首堆卡拉奇2号及3号核反应堆压力容器等国家重点任

图 4-3 中国一重的空心锻造技术

务,具备了核岛一回路核电设备全覆盖制造能力,成为全球少数兼备核岛铸锻件和核岛成套设备制造能力的中国核岛装备的领导者、国际先进的核岛设备供应商和服务商,为中国核电装备"走出去"提供了坚实的核心装备保障(见图4-4)。

图 4-4 中国一重承制的红沿河5号机组百万千瓦级核电蒸汽发生器

### 2. 坚持面向经济主战场,推动供给侧转变

实用性是科技工作的首要属性,服务于经济主战场是科技工作的终极归宿和科技

工作者的根本使命。中国一重紧紧围绕市场需求和行业发展趋势，面向经济主战场，抓好科技创新、加强科技供给，推动科技工作与国家经济社会发展的"无缝连接"、深度融合，实现科学技术不断转化为生产力。

要推动高质量发展，需要牢牢把握供给侧结构性改革这条主线，加快传统产业转型升级，培育战略性新兴产业。中国一重联合科研院所设立新材料产业技术研究院，以培育和发展新兴产业为主旨，针对关键共性技术和重大创新成果进行重点培育，使技术优势与金融资本、产业基础结合更紧密，最终实现创新成果的市场化和规模化。在新材料方面，以"大"和"特"为核心，大力推进大型铸锻件传统材料的优化升级，巩固提升核电、加氢、电站、轧辊等锻件的市场竞争力。在高端装备领域，自主开发出的"大型热连轧机改进型弯辊及横移装置"得到行业广泛认可，应用前景广阔，经济效益显著。

为使科学技术更好地实现市场转化，中国一重构建了"企业为主体、市场为导向、产学研相结合"的协同创新体系。发挥以企业为主体的创新优势，以市场为导向，中国一重领导班子主动担当"推销员"，向近50多家中央企业发函沟通，并先后赴中国石化集团、国家能源投资集团、中国宝武集团等近20家央企总部拜访，加强多领域合作。经营管理导向的改变，培育了中国一重全体职工市场意识的"魂"，扎稳了市场意识的"根"。通过产学研结合，深度嵌入产业创新体系，中国一重担当起关键技术的"领头羊"，引领产业发展，协同行业内企业及上下游企业创新发展，增强了产业链供应链的源头供给能力。

凭借掌握的关键核心技术，中国一重逐步丰富产品品类、扩大市场份额、提高核心竞争力。例如，2044吨级神华煤直接液化工程项目，是世界上首个煤变油产业化示范工程，中国一重为神华煤变油工程承制的两台反应器是煤直接液化工程的核心设备，是目前世界上最大的煤液化反应器，其设备重量、容器吨位、产能、制造难度和技术含量堪称世界之最。该产品的制造成功，标志着我国独立制造大型反应器的能力实现历史性突破，在超大型容器的材料研究、设备设计、制造工艺技术等方面已位于世界前列。同时，中国一重坚持立足国内、着眼全球的发展战略，在巩固和拓展国内市场的同时，积极实施"走出去"战略，不断开拓国际市场，成功为印度、苏丹、伊朗等国用户提供了多台大型石化容器。2020年，中国一重直接与世界知名的美孚公司进行商业交流，并成功签订了17台大型石化容器的制造合同，标志着中国一重在大型石化容器领域的国际竞争力显著提高。

**3. 坚持面向国家重大需求，全力开展"卡脖子"技术攻关**

中国一重坚持面向国家重大需求，强调科技创新要坚持需求导向，为国家富强提供深厚的科技支撑。身为国家重型装备制造业的"长子"，中国一重始终把国家需求尤其是重大战略性需求放在企业科技创新首位，瞄准"卡脖子"技术，全力打好科技重大专项突围战、攻坚战，在重点领域抢占前沿高地、抢登科技制高点。

新中国成立初期，我国从日本、苏联引进了领先的冶金、锻造等技术，但技术引进只能实现材料配比和工序引进，若不能够深入探究其实验机理，依然无法实现新技术的迭代与创新。这一问题让中国一重研发团队意识到，只有把关键核心技术掌握在自己手中，才能从根本上保障国家的技术安全、经济安全和国防安全。"十三五"期间，中国一重砥砺向前，紧密围绕国家技术需求，聚焦专项装备、能源装备、高端装备及新材料等领域，系统梳理出制约行业领域技术发展的7项"卡脖子"技术产品、5项中央企业关键核心技术短板攻关计划和阻碍公司产品技术质量提升及转型升级的43项重点科研项目，围绕其开展"7+5+43"重大攻关工程，在核电、新能源、国防科技等领域取得了开创性进展。

其中，在核电领域，中国一重圆满完成了国家示范工程"CAP1400"和"华龙一号"反应堆压力容器制造任务，为"华龙一号"主管道提供了全套锻件，实现了自主开发主管道空心锻造工艺工程化零的突破。在新材料领域，成功试制首支国产调相机转轴，实现替代进口，填补了国内空白，有力支撑了我国新能源电力事业的发展；成功研制新型中厚板及高性能新材料支承辊并实现应用转化，有效地推进了中厚板级支承辊的国产化进程。在高端装备领域，成功为中国宝武集团自主研制国内首套1420mm镀锡原板冷连轧机组，实现机组设计全部自主化。在石化领域，承制浙江石化的全球首台3025吨超级浆态床锻焊加氢反应器并成功交付，彰显"大国重器"的实力。

**4. 坚持面向人民生命健康，围绕民生开展新兴产业**

满足人民日益增长的美好生活需要，是科技创新需要秉持的价值取向。中国一重紧紧围绕民生问题开展产品开发、成果转化和科技服务，力求解决人们最关心、与人们最相关、最现实的问题，不断提升人们的生活品质、让人们的生活更美好。通过技术创新，中国一重大力推动与民生息息相关的新兴产业发展，提高全民生活质量；通过与本地产业对接，地企协同合作，中国一重着力把地方的资源优势转化为市场竞争优势和发展优势，提高地方人民生活水平。

围绕国计民生，中国一重依托自身重大装备研发制造的核心能力，立足黑龙江省及东北地区的自然资源禀赋和市场需求，近年来大力发展与民生相关的绿色冷链装备及物流等具有明显区域特色的地企融合业务。中国一重瞄准区域自然禀赋、优质农产品资源、农业机械市场优势等，按照"小核心、大平台、轻资产、精协作、聚人才"的原则，加快发展冷链物流、天然气非管网、农业机械、节能环保等业务，在新主业的培育上迈出新步伐，努力形成优势突出、结构合理的发展新格局，打造更多新的经济增长点。

依托重大装备研发制造基础，中国一重的新能源公司以冷链装备为核心，大力发展冷链物流、天然气非管网等业务。冷链物流车从无到有，仅用两年时间就研制成功。截至2021年6月，已生产国内标准最大最长的天然气冷藏车百余台，天然气城燃项目保障供应安全稳定。农机公司建立农机综合服务平台，建立农机生产企业和农机经销企业产业联盟，与北大荒集团开展战略合作，不断拓展合作领域，350马力电传动大型拖拉机首台样机试车成功。同时大力开发15t/d秸秆中试样机，推广应用秸秆热解气化工艺技术，目前秸秆综合利用初样机已完成168小时连续热试验，正式应用后碳排放接近于零，可一举解决秸秆焚烧污染环境、不焚烧又难以处理的突出现实问题，推动实现绿色发展。

## 4.2 创新体系构建

中国一重的创新体系是随着创新历程的不同阶段而进行动态调整的。2018年以来,随着全面贯彻党的十九大精神,全面实施高质量发展战略,中国一重决定由做大做强的发展方针转为高质量发展,按照"构思一代、研发一代、试制一代、生产一代"的"四个一代"技术创新思路,确定了"四级联动"的技术创新机制,构建起了"3+2"(三个管理维度和两个研发层级)的科技创新管理模式,形成了现阶段"4432"的创新体系。为了进一步丰富和优化创新机制,补齐实践创新短板,加快推进公司的高质量发展,中国一重深入开展基层创新,引导职工"当好主人翁、建功新时代",逐步建立起"四级+四类+五室+一赛"的"4451"基层创新动力机制。

### 4.2.1 "4432"的创新体系

**1. 创新体系的建设历程**

在中国一重近70年的创新历程中,其科技创新体系建设大致可以分为四个阶段(见图4-5)。建厂初期至改革开放前,为"生产驱动型技术创新体系",主要由面向生产需求的设计院、锻冶处、焊接处、工艺处等机构构成。改革开放至"十五"末期,为"技术驱动型技术创新体系",主要由研发层、转化层、执行层、基础层等功能组成,在跟随世界先进水平合作制造的同时也支撑自主研发能力的建设。"十一五"至"十二五"末期,为"研发驱动型技术创新体系",围绕基础科学研究、工程化研究、产业化研究、批量化研究的"四位一体",着重基础科学研究能力的提升。"十三五"

至今，为贯彻企业科技体系改革方案，中国一重围绕企业发展目标和中心工作，深入开展科技管理创新工作，着力解决机制、制度、流程、方法、队伍建设等方面与市场竞争形势、现代企业要求、企业发展定位不相适应的突出问题，系统打造了"4432"的创新体系（"四个一代"技术创新思路＋"四级联动"技术创新机制＋"3+2"科技创新管理模式）。

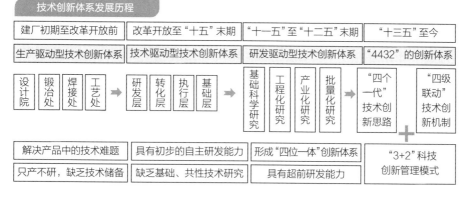

图4-5 中国一重的技术创新体系发展历程

### 2."四个一代"技术创新思路

中国一重提出了"构思一代、研发一代、试制一代、生产一代"的"四个一代"技术创新思路，构建了"研发层、转化层、执行层、基础层"的技术创新架构，加快向战略性新兴产业布局，保障企业技术发展始终走在市场的最前沿，确立了中国一重技术创新体系的重要思路引领。按照"四个一代"技术创新思路，中国一重不断将创新链向前端延伸，不断深化与高校、科研院所的产学研合作，推进科技成果从孕育到开发再到产业化、市场化的科学进程，在关键领域的重大技术装备基础研发上取得了重要进展。在"四个一代"技术创新思路的指引下，多层级的技术研究和产品研发支撑了新产品和新技术的不断突破，保障了中国一重自主创新链条的完整性和创新的前瞻性。

### 3."四级联动"技术创新机制

为实施创新驱动发展战略，中国一重认真分析未来公司产品的发展方向，对标国际先进企业，找出与国际先进水平的差距和产生原因，提出缩小差距的方法和可行路径,持续完善创新组织方式,按照集团公司战略管控及分级分类管理原则,建立了"四级联动"技术创新机制,即集团公司、股份公司、二级单位(子公司、事业部或中心)和生产制造厂形成四级联动创新。其中,集团公司面向国家战略需要,积极履行央企责任,参与国家科技计划指南编制,策划承担国家重点研发计划;股份公司面向公司发展战略需要,坚持以市场为导向,抓好重大攻关计划;二级单位(子公司、事业部或中心)坚持以问题为导向,按照供需合同制原则,围绕制约公司发展的生产、技术和质量瓶颈问题确定科技创新方向;生产制造厂在提高质量、提升生产效率和降低成本等方面积极开展基层创新工作。"四级联动"技术创新机制将中国一重的多层次技术创新进行了系统性的顶层设计,奠定了中国一重科技进步和高质量发展的基石。

**4. "3+2"科技创新管理模式**

围绕组织机构和科技创新管理,中国一重明确了"面向国家战略需要、公司发展战略需要、解决产品技术质量瓶颈需要"三个科研项目管理维度和"工程化研究、产业化研究"两个研发层级,进行了科技创新管理制度建设和科技创新管理机制设计,为创新体系的有效运转提供了内在保障。

(1)"三个"管理维度及"两个"研发层级。为贯彻深化改革系列文件精神,中国一重组织策划各科研单位开展科技创新体系改革,坚持分级分类管理,构建了面向国家战略需要的重大专项研究管理、企业发展战略所需的技术和新产品开发管理、企业内部二级单位相互委托开发管理"三个"管理维度,结合工程化研究和产业化研究"两个"研发层级,建立了"3+2"科技创新管理模式。该模式形成了以市场为导向、核心技术开发为引领,供需双方合同制、分级分类、开放合作、强激励硬约束等相融合的多元化、开放式的科技创新管理体系。该模式建设旨在通过深化科技创新体系改革,使得创新资源配置更加优化,开放式创新效率显著提升,自主创新能力显著增强,技术创新的市场导向机制更加健全,科技管理体制机制更加完善。具体来说,面向国家战略需要,针对国家重大装备研究、产业核心竞争力、整体自主创新能力和国家安全的重大科学技术问题,突破国民经济和社会发展主要领域的国产化技术瓶颈;面向公司发展战略需要,根据企业发展规划及滚动发展规划,围绕各大业务板块的技术发展需求,开展新产品、新技术、新工艺研发,实现企业可持续发展;面向产品技术质量提升需要,针对产品生产制造过程中的技术质量瓶颈问题,坚持"稳定产品质量、提高作业效率、降低生产成本"的原则,开展技术质量攻关。

(2) 机构设计与分工。按中国一重目前的架构,科技创新管理的基本机构为:科技部(技术中心办公室)、天津重型装备工程研究有限公司、专项装备科技有限公司专项装备研究所、大连核电石化有限公司技术中心(研发)及各子公司、事业部的工艺技术部门(见图4-6)。

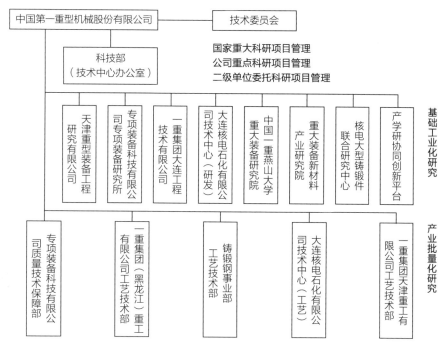

图4-6 中国一重"3+2"科技创新管理模式下的组织结构图

①科技部(技术中心办公室)。作为中国一重的技术归口管理部门,具备以下职能:负责国家科技创新政策、科技发展规划的贯彻和实施,并根据企业战略规划制订科技发展规划,组织实施;负责企业科技发展政策、制度、流程、机制的制订和建立,以及企业年度总预算的制定,解决国家重大专项、企业战略课题的研发投入并组织管理和实施;负责对外合作的组织和协调,对国家企业技术中心、工程中心、能源研发中心的运营进行监督和规划,按国家要求组织开展相应的评价;负责企业科技成果管理,包括成果转化、工程化应用、科技成果奖项申报等;负责指导二级单位年度科研

预算、科技规划的编制，以及科研课题和科技成果的管理；负责监督二级单位年度预算、科技规划落实，监督考核二级单位科研课题立项、招标、评审、实施、验收等管理。

②科研单位。负责国家、企业相关科技政策的贯彻和落实，编制本单位的年度科研预算、科技规划，并组织实施；承担国家及企业的科研开发任务，接受二级单位委托解决企业产品制造重大工艺技术短板、重大技术瓶颈、影响产品质量和生产效率的技术难题；根据企业发展战略，结合自身业务，负责企业新产品、新技术、新工艺、新装备应用和新领域先进技术等开发，以及所涉及的前瞻性、基础性、共性技术的研究；按照企业制度，负责组织开展科研课题从市场调研、立项、招标、评审到实施、验收、成果应用等科研课题全流程的管理。

(3) 科技管理机制创新。在"3+2"的科技创新管理模式下，中国一重围绕科技创新管理制度和科技创新管理机制进行了创新。

①建立科技创新管理制度体系。深入贯彻落实国家制度政策和企业全面预算管理要求，结合"3+2"科技创新管理模式，建立起"集团——股份公司——子公司事业部"纵向到底的管理制度体系，包括科研管理、科研经费使用、科技成果、科技奖励、知识产权、标准管理等制度，实现了科技创新"横向到边"的业务全覆盖，同步将管理制度流程固化到信息化管理系统中。同时，科技部定期开展制度政策培训和宣贯，定期对各子公司事业部科研管理工作的实施情况和有效性进行监督检查，对存在的风险因素进行评估，全面提升基础管理能力、规范科技研发行为，并督促完善二级单位的科研管理制度建设。

②建立科技创新管理机制。以战略为引领，建立市场调研机制。面向国家使命和企业战略，各单位结合自身实际组建市场调研部门进行产品市场、技术发展等调研。科技部组织、指导各科研单位开展市场调研工作，定期组织座谈收集调研信息，了解国内外行业、专业技术发展、用户需求和技术应用趋势，对标国际先进企业。以市场为导向，建立科研立项机制。结合产品市场营销、用户需求等调研拟定研发项目，各科研项目需求单位可自行组织或委托项目承研单位组织科研项目立项，后邀请公司评审组对拟立项科研项目的必要性、市场分析、现有研究基础、项目经费预算、研发周

期、经济效益等内容进行评审。科技部负责组织建立企业技术专家委员会,各研发单位制定相应的科研课题立项评审实施细则。以项目为单元,实行项目负责人公开竞聘机制。科研项目成功立项后,由项目需求(委托)单位或承研(受托)单位在公司信息平台上发布竞聘公告,研发人员根据项目公告制定项目技术路线、时间节点、资金预算等项目实施技术方案参与竞聘,立项信息发布单位组织成立评审组,对参与竞聘的项目负责人和项目实施技术方案进行评审。针对科研系统内涉及的设计开发、工艺研究、技术服务等委托活动,建立供需双方合同约束机制,项目按供需确定合同当事人,完成合同签订,并按合同约定对项目的投入、实施及管理进行落实。

### 4.2.2 "4451"的基层创新动力机制

为进一步丰富和优化创新机制,补齐实践创新短板,中国一重积极开展基层创新,形成了"四级+四类+五室+一赛"的基层创新动力机制,完成了中国一重基层创新体系的构建(见图4-7)。

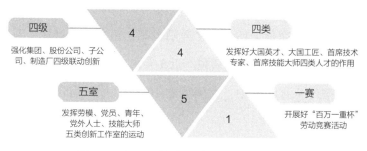

图4-7 中国一重的"4451"基层创新动力机制

**1. 形成四级联动的创新机制**

面向基层创新的突出需求,为持续完善创新组织方式,按照集团公司战略管控及分级分类管理原则,中国一重的创新体系突出了多级联动设置,通过增加生产制造厂级的创新层次形成了全覆盖的"四级联动"创新机制。"四级联动"创新机制覆盖了集团公司、股份公司、二级单位(子公司、事业部或中心)和生产制造厂四级创新主体,从顶层设计到基层执行,打造"四级联动"大格局。"四级联动"创新机制进一步突出了基层创新的重要地位,加大了基层创新的推动力度,明确了基层创新与其他层级创新的联动机制,为推动企业科技进步和高质量发展作出了积极贡献,实现了基层创新在企业创新体系中的有机嵌入。

**2. 发挥四类创新人才的作用**

人才是创新的根基,没有一流的创新人才,就不可能有创新优势、科技优势、产业优势。因此,科技创新必须建设一支规模宏大、结构合理、素质优良的创新人才队伍。其中,科技领军人才作为新知识的创造者、新技术的发明者、新领域的开拓者、新价值的创造者和重大研发项目的领衔者,他们不仅是自主创新的先锋、拼搏奉献的楷模,而且是创新团队的组织者、领导者,是培养和造就科技新秀的导师和科技创新的"帅才"。因此,中国一重认识到,必须充分发挥大国英才、大国工匠、首席技术专家、首席技能大师四类创新人才在创新中的作用。

为加大基层创新力度,中国一重实施了"百名人才工程",出台了公司、直属单位、制造厂三级大国工匠、首席技能大师评聘办法,公司级大国工匠、首席技能大师,每年享受6万元、4.2万元公司特贴,差旅等按公司二级单位正、副职标准执行,并优先考虑外出培训、学习交流、出国考察、休疗养等。为了使创新人才更好地在技术创新中发挥作用,中国一重完善了创新人才激励机制,拓宽了高层次专业技术人才和高水平技能人才的职业生涯发展和晋升通道。近5年内,培养了100名左右具有行业竞争力的技术技能岗位领军人才,其中,大国英才10名、大国工匠10名、首席技术专家30名、首席技能大师50名。

这些"大国""首席"系列技术技能岗位领军人才品牌工程的专家人才作为创新、创造主体,在重大工程、重点项目技术研究与开发中引领重大发明创造、重大技术变革、解决关键核心"卡脖子"难题中发挥了至关重要的作用。例如,大国英才高建军,参加工作近30年来,始终从事冶炼技术的研究工作,在超大型钢锭研制和钢液精炼领域作出了突出的贡献,使我国彻底摆脱了超大型锻件受制于国外的困境。他成功开发的"多包合浇差异成分控制""复合浇注""双真空冶炼"新技术,实现了目前世界上最大的CAP1400整体低压转子所需715T钢锭的制造,并使中国一重成为国内唯一具备三代核电全部锻件制造技术的企业,有力地推动了民族工业技术的进步,促进了我国能源、冶金、核电行业的发展,并大幅降低了上述产品的进口价格。大国工匠王国峰,是铸锻钢事业部热处理厂三班班长，主要承担大吨位电站转子、大中型支承辊等产品的热处理生产。他开发的改变支承辊软带的加热工艺方法，解决了支承辊软带占比过大这一长期以来困扰行业发展的难点问题，组织完成了国内首件超大型低压转子热稳定测试，填补了国内空白，研究的"井式热处理炉交叉作业法""短周期高温入炉""电炉400℃后断电降温法"等，提高生产效率近一倍。

### 3. 建立"五室"创新平台

为形成基层创新的可持续平台，中国一重创建了"五室"创新平台，即以劳模创新工作室为牵引，组建党员创新工作室、青年创新工作室、党外人士创新工作室和技能大师创新工作室。通过五类创新工作室来传承精神、解决难题、推动创新和培养人才，促进基层职工队伍整体素质不断提高，充分调动广大职工开展创新、创业、创造的积极性，同时与上下工序间成立创新联盟，开展联合攻关。

近年来，中国一重共设立各类创新工作（活动）室110个，凝聚创新人才3000余人，在提高产品质量、缩短加工周期、降低成本等方面取得显著成效，完成基层创新课题620项。为了更好地发挥劳模创新工作室的作用，一是坚持打造样板法，高标准地选择树立以全国技术能手等典型人物命名的10个标杆劳模创新工作室，做到学有榜样、赶有示范。其中李长福技能传承工作室，大力推广"李长福10类机加操作法"，相关产品加工效率提升38%。二是坚持问题导向法，以质量、效率、效益为导向，近年来企业合同履约率提高近10个百分点。其中王喜春劳模创新工作室，开发了精轧机弯窜辊改进机构，大幅降低了国内钢厂设备升级改造的成本。三是坚持相融共进法，中国一重与中核集团、中国广核集团和哈电集团等组建了跨企业间劳模创新工作室联盟，通过协同创新攻克了多个技术难题。

五类创新工作室每年间接或直接创造经济效益1.5亿元。例如，张亮工作室的"卷取机机架加工优化方案"，使效率提升25%；马谷军工作室制作专项产品Ⅲ前后卡爪支座调整样板，原6个小时完成的工作量，现在仅需1个小时，产品一次检验合格率达到100%；王国峰工作室研究的"井式热处理炉交叉作业法""短周期高温入炉""电炉400℃后断电降温法"等，提高生产效率近一倍（见图4-8）；李峰工作室采用1寸过渡丝堵连接压缩空气，解决了轴承热胀抱死停机问题，该项创新投入不到2元钱却提高工作效率两倍以上，起到了"四两拨千斤"的大效果。通过充分发挥劳模创新工作室的作用，中国一重持续创新创效，基层创新成效显著。

图4-8 中国一重铸锻钢事业部热处理厂王国峰劳模创新工作室成员
正在探讨生产技术创新方法

**4. 开展"百万一重杯"劳动竞赛**

为持续激励基层创新、凝聚力量、重树信心，从2016年下半年开始，中国一重累计投入1300余万元，由工会牵头在全公司范围内开展了有史以来规模最大、覆盖面最广、影响力最强的"百万一重杯"劳动竞赛，用于奖励急难险重任务攻关，着力解决职工思想问题，着力破解生产瓶颈问题，着力解决制约中国一重发展的质量问题。奖金发在机床边、炉台上，累计63274人次参与竞赛。该竞赛坚持面向一线工人、面向技术人员、面向生产组织者，科学系统地搭建了"工会牵头组织、生产技术紧密配合、质检部门严格把关、一线工人竞相参与"的多方联动体系，成为全面深化改革的"组合拳"之一。

"百万一重杯"劳动竞赛在助力中国一重凤凰涅槃浴火重生的过程中发挥了重要的作用。首先，"百万一重杯"劳动竞赛助推了思想大解放。劳动竞赛通过其营造的"以职工为中心、让职工当主角"的良好氛围，扭转了"多干少干一个样、干好干坏一个样"的传统观念，从"等活儿干"变为"抢活儿干"，助力解决了职工思想层面的问题。其次，"百万一重杯"劳动竞赛助推了信心大提振。竞赛累计完成重点项目3285个，保质保量抢攻各类活件49042件，提高加工效率6390天，"华龙一号"核反应堆压力容器等诸多首台套"国之重器"挺起了民族工业脊梁,极大地提振了士气。最后,"百万一重杯"劳动竞赛助推了技能大提升。它将岗位练兵、技能大赛和劳模创新等纳入其中,一体推进,发挥"大学校"作用,培养出以中央企业技术能手冯永亮等为代表的一大批有理想守信念、懂技术会创新、敢担当讲奉献的高技能人才队伍。

中国一重还将"百万一重杯"劳动竞赛融入"发挥两个作用"中,即充分发挥党组织的战斗堡垒作用和党员的先锋模范作用。例如,2019年中国一重"镇企之宝"——15000T水压机故障频发,企业紧急将维修工作纳入竞赛项目。设备能源管控中心党委积极创新思路,构建了"支部建在项目上,身份亮在岗位上"的工作新模式,变不可能为可能、变可能为现实,原计划45天才能完成的任务,仅用了15天,刷新了企业历史最快纪录。"百万一重杯"劳动竞赛有力推动了职工与企业形成命运共同体,有力推动了企业振兴发展,有力推动了质量强国建设,已经成为中国一重有影响力、有凝聚力、有战斗力的品牌活动。

## 4.3 创新能力重塑

提升企业创新能力是实施创新驱动发展战略、建设世界科技强国的重要内容，也是重塑我国国际合作和竞争新优势、推进"双循环"新发展格局的必由之路。然而，2008年以来，受金融危机和管理粗放等内外部因素综合影响，中国一重存在着创新市场化程度不高、创新体制机制不活、创新支撑不足等问题，导致新产品研发缓慢、重大技术突破不足，企业创新能力提升出现了"拦路虎"。为此，中国一重积极求变，以建设创新平台为载体，整合内外部创新资源，培养高水平人才队伍，保障研发投入持续增长，实现了企业创新能力的重塑，为中国一重持续自主创新奠定了基础。

### 4.3.1 创新平台建设

创新平台通过政策支撑、投入引导，汇集具有科技关联性的多主体创新要素，以形成一定规模的创新投资额度与条件设施。作为国家创新体系的重要组成部分，创新平台的建设关系到科技的重大突破与长远发展，是支撑行业和区域自主创新与科技进步的集成系统。随着产业转型升级和结构调整加快，我国重大技术装备制造业迎来了重要发展机遇，但问题也十分突出，特别是缺乏共性技术研发创新平台，严重制约了关键核心技术的快速突破。针对核心技术及创新资源不够聚焦、行业自主创新能力不强、基础研究薄弱等问题，中国一重结合国家发展战略、国防安全和产业安全等需要，聚焦重大装备制造行业的基础共性技术及前沿技术，与政府、高校、科研院所等合作布局一系列国家级创新平台、地方创新平台以及行业创新平台,在提升中国一重创新能力的同时,也加快推动了重大装备制造行业创新能力的整合(见图4-9)。

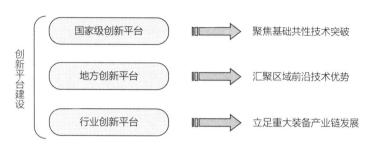

图4-9 中国一重的创新平台建设

**1. 聚焦基础共性技术,建设国家级创新平台**

为加强我国重大技术装备的基础创新能力,需要在国家层面推动组建若干国家级技术创新平台,突破基础共性技术,促进重大基础研究成果产业化。近年来,国际形势日趋复杂,保护主义、单边主义抬头,先进技术、关键技术越来越难以获得,我国必须坚持自力更生,提升自主创新能力。作为拥有国家首批认证的"企业技术中心"的企业之一,中国一重始终肩负发展壮大民族装备工业的使命,瞄准国家发展战略,以前瞻性的基础技术、关键技术及共性技术为重点,积极推进国家级技术创新平台的建设。

我国能源、石化、航空航天等大型高端装备的发展对锻件等大型关键部件提出了更高要求,推动了锻造技术和锻件不断向极端化发展和突破。为加强大型板带轧制工艺及设备、重型容器、电站铸锻件等领域的研发,中国一重牵头在天津组建了国家级创新平台——重型技术装备国家工程研究中心;为加强电力、石油、新能源等重大技术装备、高端装备所涉及的材料以及新材料研发,中国一重建立了国家级创新平台——国家能源重大装备材料研发中心。

国家级创新平台的建设为提升企业创新能力及攻关行业共性技术提供了有力支撑。依托重型技术装备国家工程研究中心和国家能源重大装备材料研发中心,中国一重先后完成了CPR1000(两代加)、AP1000、CAP1400、华龙一号和玲珑一号等全部核电首台套主设备研制,具备了核岛一回路核电设备全覆盖制造能力;成功完成2044吨级神华煤直接液化工程项目,研发出目前世界上最大的煤液化反应器,使我国在超大型容器的材料研究、设备设计、制造工艺技术等方面已位于世界前列；在高端装备方面，已累计自主设计制造冷轧、热轧、宽厚板等生产线机组350余套，是冶金企业全流程设备供应商，技术水平和产品质量均达到了国际领先水平。依托这些国家级创新平台，通过筹建院士工作站、联合研究中心等方式，中国一重打造了科技人才基地，吸引和培育战略性科技领军人才及高层次人才，加快突破了核心技术瓶颈。

**2. 汇集区域资源禀赋，建设地方创新平台**

地方创新平台是区域科技创新体系的重要组成与支撑部分，是汇聚创新资本、集聚创新资源、凝聚创新人才的有效手段。中国一重结合国家及有关地区的发展规划，紧紧围绕东北、天津等地区的优势，把国家战略部署与区域创新需求有机地结合起来，通过建设地方创新平台促进创新要素流动、创新链条贯通，为提升区域整体发展能力和协同创新能力提供综合性、引领性支撑。

围绕国家重大区域发展战略，中国一重结合黑龙江省、天津市、辽宁省等地区的产业特色及资源优势，在政府支持下建立地方创新平台。为进一步发展重大装备制造工艺技术，围绕黑龙江省老工业基地的区位优势、丰富的制造业资源、优越的工业体系基础，中国一重先后申请成立"黑龙江省大型铸锻件工程技术中心"、"黑龙江省高端核电装备智能制造重点实验室"，负责大型铸锻件产品制造工艺技术开发及应用。以2017年天津市推进工业绿色制造体系建设为契机，中国一重天津重型装备工程研究有限公司布局"天津市大型锻件模锻成形企业重点实验室"，主要负责能源装备制造领域大型及超大型锻件绿色制造技术研究，将科技成果应用于国防建设、冶金、能源和化工等领域。中国一重大连核电石化有限公司凭借自身的综合能力，加入到辽宁省核电装备产业战略性转型升级过程，与大连市、辽宁省政府协同合作，分别申请设立"大连市核能与石化装备研究与开发工程技术研究中心""辽宁大连加氢核电石化装备制造专业技术创新平台"和"辽宁省核能与石化装备研究与开发工程技术研究中心"等5个区域创新平台。

目前，地方创新平台在引导地方优化创新资源配置、统筹形成创新驱动合力方面初具成效，中国一重已建设的8个地方创新平台在重大装备制造工艺技术、核电和石化装备制造技术以及绿色制造技术等方面的创新能力均有显著提升。

**3. 立足重大技术装备，建设行业创新平台**

重大技术装备制造企业是为国防建设和国民经济各行业提供基础装备的"母机"企业，在行业内具有强劲的支撑和带动作用。中国一重立足重大技术装备制造行业，打造"政产学研用资"行业合作体系，积极推进产业技术创新战略联盟等行业创新平台的建设，使行业产学研合作更具有战略性、长期性和稳定性。

立足于重大技术装备行业的技术和工艺研发，中国一重与在重型机械成套设备、大型锻件锻造工艺与热处理技术、极端条件下机械结构与材料科学等研究领域具有国际先进水平的燕山大学合作，联合成立了"中国一重燕山大学重大装备研究院"，在板带轧制、精密塑性成形、大型锻件锻造、流体传动和并联机器人等领域进行技术和工艺开发，引领国家重大装备发展方向，开拓国内外市场。为提升重大技术装备的新材料研发等创新能力，中国一重联合在材料科学、冶金工艺与工程等方面具有领先优势的钢铁研究总院成立"重大装备新材料产业研究院"，共同开展重大技术装备新材料研究。

中国一重牵头成立的行业创新平台，使产业链上下游企业融通发展，实现资源共享，共同推进产业技术研发，有效地推动了产业链转型升级和高质量发展，在提升行业技术创新能力和增强我国重大技术装备全球话语权等方面成效显著。

### 4.3.2 创新资源整合

创新资源是企业的稀缺资源，也是企业塑造创新能力、培育创新成果、形成竞争优势的关键。中国一重在重构创新体系的同时，也重构了创新资源结构体系和整合机制。创新资源整合以企业为边界，向内提升创新资源整合效率，向外拓展创新资源整合范围。为了使内外部创新资源更好地发挥各自优势，中国一重从战略入手，面向市场和产业链构建了创新资源整合系统（见图4-10）。创新资源整合系统由创新资源整合需求、整合主体、整合客体以及保障机制四个部分组成，最终指向企业的创新资源整合成效。

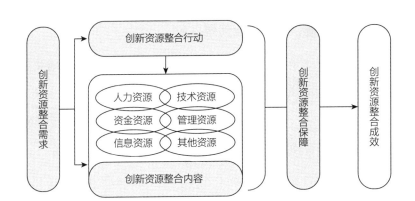

图 4-10 中国一重的创新资源整合系统

**1. 积聚内部力量攻坚克难**

国家战略布局、市场形势变化和企业高质量发展需求，共同对中国一重内部创新资源的活力和效率提出了新要求，加速推动了内部创新资源的配置激活和有机融合。中国一重为满足国家战略需要、缩短与世界先进水平的差距，将现有创新体系沿着"补短板、锻长板、超前布局"的国家战略布局整体思路进行了重大技术战略结构调整。在此基础上，市场的快速变化对企业提出了更高的要求，面对订货不足、社会负担重等困境，中国一重发现市场信息在各层级和各部门之间的资源共享、信息流动能力较为薄弱，限制了企业对市场的快速响应，无法充分整合创新资源以创造创新收益。

中国一重通过纵向和横向两条路径展开对内部创新资源的整合行动。纵向行动以公司内部"国家级、公司级、子公司事业部级、制造厂级"的四个创新资源整合层次划分，通过明确各层级职责职能定位，推动创新资源的多级整合。其中，集团层面以国家需求为导向把握公司创新战略发展方向，股份公司以市场为导向抓好重大攻关计划工程，各子公司事业部按照供需双方合同制原则推进技术内部市场化及自研课题，制造厂技术质量部门负责生产现场的协调管理与问题解决。内部创新实施"双系统"组织模式，以技术问题提前预判和处理的技术保障为主线，辅以指挥决策和资源协调的行政管理。

横向行动按各部门职能差异划分，发挥各自的专业优势，调动"研产供销运用"六个环节大联动，推动创新资源在中国一重实现跨职能的有效循环。由一把手牵头组织，以销售为龙头、以市场为导向，营销、生产、财务等企业职能部门和其他单位协同参与，各生产分厂承担批量化研究，做好科研项目前期论证与策划，科学选择科研项目、合理确定技术路线并制定实施计划，发挥技术在市场营销工作中的关键引领作用。具体到部门内部的小联动包括供需联动、工序联动、区域联动、内部联动、高层联动、多元联动等，负责完善专业化生产、实现产品高效稳定产出。

通过积聚内部创新资源，中国一重在创新聚合效应的内在基础方面取得初步成效。内部资源整合以问题导向为指引，从源头上梳理公司经营各环节的资源整合渠道，推动了企业创新资源管理能力的全面提升。在技术方面全面梳理企业科技创新短板清单，明确企业现有的核心技术和亟待解决的技术突破，极大地推动了资源配置和利用的最大化。

**2. 协同外部优势合作共创**

外部创新资源整合的需求源自"抓重点、补短板"的国家战略需要和"求发展、共创造"的长远规划布局要求。中国一重在大型高端装备制造领域仍存在技术瓶颈问题，制约了企业产品整体制造技术的提升，出现研发投入大、利润率低、人才培养周期长和市场化慢等诸多问题，尤其是基础技术创新，各种人、财、物资源投入过大，难以依托自身形成创新闭环。因此，对外部资源的整合有利于打破技术制约，推动企业从封闭式自主创新转向开放式"自主＋协同"创新。此外，随着科学技术不断发展，多学科专业交叉群集、多领域技术融合集成的特征日益凸显，为最大限度地发挥和利用各方优势，中国一重需要依靠外部资源的整合和集聚对重大技术工程进行攻关。

在整合外部创新资源方面，为着力解决企业技术工艺瓶颈问题和国家重大技术装备"卡脖子"问题，中国一重贯彻"不为我有，但为我用"的理念，积极探索和创新产学研合作模式，整合外部创新资源优势以扩大协同效应，推动创新资源的企业间联动、产业链上下游联动、校企联动。以公司科技部为核心，牵头组织公司各科研单位、技术部门与国家级平台、科研院所、上下游企业、高等院校进行对接，搭建外部创新资源整合通道。中国一重联合上下游优势科研院所及企业，扎实推进国家重大专项课题，如国家核电重大专项"核岛关键设备超大型锻件研制""CAP1400反应堆压力容器研制"课题均按计划完成攻关任务，实现了我国三代核电核岛一回路主设备及常规岛主要大型锻件全部国产化;国家"高档数控机床与基础制造装备"科技重大专项"大型伺服闭式四点压力机""大型锻造操作机"等课题的实施,成功开发出了3700毫米筒节轧机、重型锻造操作机、2500吨伺服压力机等一批填补国家空白的关键核心设备,增强了企业重大装备的基础研发能力;发挥科研机构的研发主体作用,与兄弟央企开展创新合作,与中核集团、中国广核集团和哈电集团等组建了跨企业的劳模创新工作室联盟,通过协同创新攻克了国内首件百万千瓦核电常规岛整锻低压转子精加工等技术难题。从市场需求出发,以产业化重大项目为牵引,与科研院所合作(见图4-11),通过共建实验室、资源共享以及合作研究或委托研究等,加强行业前沿技术、基础共性技术研究,聚焦突破关键技术,如核电站废液治理关键技术开发及装置研制顺利完成中试试验,为中国一重拓展核电领域产业链打下了良好基础。

图4-11 中国一重与清华大学签订战略合作框架协议

在外部创新资源整合的内容方面,中国一重着重突出对政策资源、渠道资源、人力资源、技术资源和成果资源等方面的整合和利用。为充分发挥国家级创新平台的政策资源优势,中国一重聚集行业和领域的创新优势主体共同攻关;渠道资源来自于产业链中上下游企业在基础创新、产品工程化、市场化方面的经验,整合行业优势创新资源,形成创新的市场化运营机制、科技创新机制和商业运行模式,实现面向市场需求的行业协同创新优势的最大化;人力资源的外部整合体现在专家技术资源整合方面,积极聘请行业内知名专家为技术顾问,成立外聘专家委员会,引导外聘专家发挥战略咨询和技术支持等作用；技术资源和成果资源的整合主要面向高校、科研院所的领先技术实验和已有学术成果，利用企业在产品工程化、市场化方面的经验和高校、科研院所在学科、人才、实验平台等方面的基础优势，以重大项目为依托整合资源突破关键技术和"卡脖子"问题。

在协同创新战略引领下，中国一重已经形成合作共创的外部创新资源整合模式，开放式创新资源整合效果日益凸显，企业创新能力得到显著提升。通过与国内20余家企业、高校、科研院所的强强联合，加速突破关键核心技术"卡脖子"问题。例如，依托黑龙江省"头雁"团队创新平台，积极与北京科技大学、东北大学以及金属所等高校院所开展协同创新，在超大压机项目、大型铸锻件极限制造等领域开展前瞻性和颠覆性技术研发；依托"一重/上海核工院核电大型铸锻件联合研究中心"，重点在低温供热堆制造工艺反补设计方案提升等方面开展了联合研究，按期完成紧凑直连结构一体化接管段锻件等技术攻关。

### 4.3.3 创新人才培养

自主创新活动的主体是创新人才，企业创新发展需要充分发挥创新人才的能动作用，在创新实践中发现人才、在创新活动中培育人才、在创新事业中凝聚人才。然而，中国一重在创新能力塑造方面长期受到三类人才的制约，创新人才输入不足和智力支持不到位限制了创新能力的提升。首先，最受牵制的问题是缺乏行业学术型领军人才，科技队伍创新水平亟待提高，尖子人才不足限制了企业在基础和共性技术研发方面的发展高度。其次，中国一重还面临着科技队伍的人才结构失调、工程技术人才不足、技术人才与生产和创新实践脱节等问题，亟需能够突破工程技术问题的应用型创新人才。最后，作为装备制造型企业，制造环节的技能人才同样是问题导向的基层创新的中坚力量，此类基层人才的缺乏和低效不仅阻碍了企业降本增效目标的顺利实现，也难以支撑创新作用的全方位发挥。因此，围绕两个层次的创新布局，中国一重面向学术型创新人才、应用型创新人才和技能型创新人才开展创新人才培养（见图4-12）。

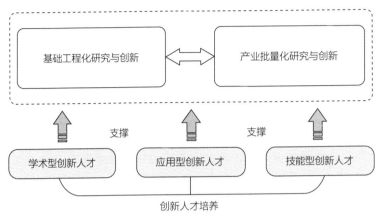

图 4-12 中国一重的创新人才培养

学术型创新人才,以首席科学家和科技领军人才等为代表,是新领域的开拓者、新知识新技术的发明者和重大研发项目的领衔者,为企业开拓新的价值创造发挥着先锋引领作用。为加强战略性科技领军人才的引进和培养,中国一重引进了海外高层次人才团队,拓宽了高层次专业技术人才的晋升通道。具体举措包括:建立科研开发人员晋升通道,激发科研人员的创新活力,使研发人员心无旁骛地搞研发;设计激励机制鼓励学术性创新人才积极承担科研项目,快出科研成果,多出高质量成果;对于大国英才和首席技术专家,实行定期选拔和动态管理,不搞终身制,每次各选拔不超过10人,每人每月享受10000元和5000元的津贴待遇;对科技领军人才和科研人员实行多样化的科技奖励模式,包括国家或公司科技计划项目的激励奖励、优秀科技成果奖励以及成果收益提成奖。对学术型创新人才,通过多管齐下的培养举措,中国一重以国家技术人才需求为导向,培养、集聚了一批重型机械行业中的优秀科技研发人员和优秀学术专家,形成了一支高素质、高水平、高技能的技术团队。中国一重加强科技人才培养及团队建设,积极与中南大学的钟掘院士合作组建了重型装备制造院士工作站,天津重型装备工程研究有限公司博士后工作站和铸锻钢事业部科技成果转化基地也步入正轨,有力地支撑了基础研发层次的创新活动。

应用型创新人才,以大国英才、首席技术专家和科研项目负责人为代表,他们不仅是连接理论研究与生产实践的桥梁,更是科研成果转化为经济效益的有效中介,为企业技术落地、理论应用提供了能力保障。对于应用型创新人才的培养,中国一重主要通过充分授权、多样化培养、绩效分配等方式，激励他们在工程化环节发挥创新特长，提高创新效能和积极性。具体举措包括：推行项目负责人公开竞聘制和项目负责制，赋予项目负责人技术路线选择、团队组建、经费使用、绩效考核、薪酬分配等相关权力和创新空间；采用研究开发活动与管理一体化的运行管理机制，在项目实施中全面提升负责人的综合应用能力；提供多样化的培养途径，建立优秀工程师人才库，打造多专多能的应用型创新人才后备池；实行"下保生活费，上不封顶"的绩效薪酬分配机制，建立科技创新表彰大会年度制，奖励在工程化创新方面作出突出贡献的先进个人和团队。应用型创新人才培养在中国一重的基础成果转化方面发挥了重要作用，保障了组织落地项目的实施和新产品的研发。依托应用型创新人才培养，中国一重组建了重型高端复杂锻件制造技术变革创新团队，该团队荣获了"中央企业优秀创新团队""黑龙江省'头雁'团队""中国核能行业协会优秀创新团队"称号。同时，建立了燕山大学&中国一重实训基地，组织114名硕士研究生实习实训，着力打造成为高层次人才创新创业基地。

技能型创新人才，以大国工匠、首席技能大师和基层劳模为代表，是基础业务最直接的操作者、面对生产最近距离的亲历者、工作方法最有效的践行者，能够有效地支持问题导向的基层创新。技能型创新人才的基数大、范围广、类型多，其培养以薪酬激励和考核评价机制为主。具体包括：扎实推进年度精准立项、科研项目招标揭榜制及负责人公开竞聘，全面推行科研项目总包合同制，更加突出承研单位及项目组的责权利；薪酬分配向苦险脏累差和高技能人员等技能型创新人才倾斜，让具有绝招绝技的高技能人才也能拿高薪；激励基层员工在本岗位成才，在个人考评及职级职称晋升等方面给予倾斜；以夯实工作基础为重点，以改革创新为动力，健全和完善基层员工的考核奖励机制，促进各类基层人才多出成果；开展多渠道、多层次的群众性科技创新活动，鼓励一线员工以"提高本质安全、降低成本、提升效率、保证产品质量"为目标，开展技术革新、发明创造及合理化建议等创新活动，设立基层创新成果奖。技能型创新人才培养为基层创新活力的激活夯实了基础。中国一重已完成基层创新课题620项，在提高产品质量、缩短加工周期、降低成本等方面取得显著成效，累计创效近7亿元，同时促进了职工技能提升，全面激发了职工创新活力。例如，为充分发挥黑龙江省"头雁"团队的辐射培育作用，举办"头雁"团队专业技术讲座、热加工高级专业技术人才培训班等，截至2021年上半年，累计开展技术交流及培训10余次、人数已达千余人次。

### 4.3.4 创新投入保障

创新投入是企业技术创新进步的必要条件和基本保障。国务院国资委高度重视中央企业的技术创新，从2020年起中央企业经营业绩考核将研发经费投入强度指标纳入，以引导中央企业更好地实现高质量发展。在国家中央和地方财政对基础研究投入的基础上，企业也应主动承担和参与基础研究，促进基础研究成果的进一步开发和利用。研发资金投入和硬件投入的保障成为国家创新战略实现的外部要求，也是中国一重加快提升技术创新能力的内在需要。

中国一重一直高度重视研发资金投入，为企业在大型铸锻件、核电石化等领域实现关键技术突破和提升创新能力，提供资金保障。研发资金投入保障机制的具体举措包括：设立专项科研资金，支持科研单位开展战略前沿性、基础共性技术等开发，同时鼓励下属子公司事业部自主承担国家重点研发计划项目；坚持"自下而上和自上而下"相结合，分层分类实现精准立项，逐步提升针对性工程基础研究课题项目的比例，坚持科研项目分级分类管理和内部市场化原则，提高科研经费使用效益，加快科技成果产出效率；建立后评价管理机制，通过科研管理信息化系统建立科研项目"档案库"，对项目实施后的效益、贡献和影响进行系统客观的分析和后评价，形成研发、投入、产出的闭环评价机制。

中国一重保障了研发资金投入的逐年增长，为推进科技成果从孕育、开发到产业化、市场化提供了资金保障，为科技创新能力提升提供了有力支撑。2016－2020年，集团公司研发资金投入从2.83亿元提高至7.9亿元，实现重大装备科技支出年增长10%以上。逐年增加的研发资金投入有效地带动了企业营业收入的增长，特别是2020年中国一重的国拨自筹和内部市场化投入达到了7.9亿元，同比增长69%。未来中国一重将继续加大研发资金投入，确保企业全年研发资金投入总计不低于营业收入的3%，为企业技术创新快出成果、出好成果提供创新投入的资金保障，推动形成创新投入和产出的良性闭环。

除了资金投入，中国一重还加大了对制造技术和装备方面的创新投入。首先，从提升核心制造能力抓起，着力开发关键制造技术和装备。中国一重对现有热加工系统逐步进行智能化升级改造，实施大型洁净钢平台、核电主设备、高端大型铸锻件制造技术升级改造等项目，如"基于大型铸锻件洁净钢平台的第三代核电一回路均质化封头锻件制造"工业强基项目顺利通过工信部验收；重点依托"洁净钢平台"建设，进行了冶炼工艺和过程控制的智能化升级，全面提升钢水纯净性；开发了大型铸锻件材料数据库，运用"5G+"技术建立了视觉识别、环境监测及数据采集系统。其次，从产品设计和制造技术开发抓起，推动加快获取用户工艺设计、总包资质等创新资源，向整个工程化应用领域延伸拓展，全面提升系统集成能力。最后，从优化产品制造工艺流程抓起，对现有生产工艺布局进行适应性升级改造，如加快推进大型喷淬装备改造等项目，实现关键环节全流程数字化、智能化，突破产品制造质量稳定性瓶颈。自行研制了"开合式大型热处理炉"，解决了国家重大能源装备关键大型锻件国产化的基础装备。自行开发设计制造了"3700毫米筒节轧机"，极大地降低了大型管筒件产品的吨耗能量，提高了其成品率，通过使用该新工艺完成了大型管筒件制造技术的升级。研发资金投入和硬件投入双重保障了中国一重创新能力的重塑和持续提升。

## 4.4 创新动力再造

创新动力是企业进行创新活动的力量源泉,创新动力的强弱直接关系到企业的创新速度和创新规模。再造创新的使命驱动力、市场牵引力和改革推动力,是中国一重激活内生动力、助力攻坚克难、迈向高质量发展的关键(见图4-13)。牢记装备中国的初心使命,坚持以市场需求为导向,深化科技体制机制改革,中国一重交上了一份创新动力再造的合格答卷。

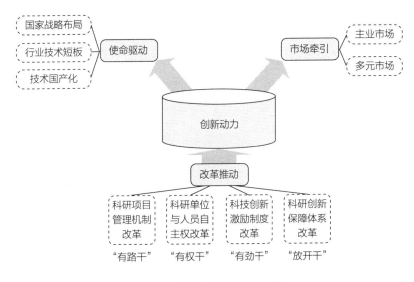

图4-13 中国一重的创新动力再造

### 4.4.1 使命驱动的创新动力

中国一重从建厂之初就肩负起了为新中国工业化、现代化建设提供重大技术装备的历史重任,在重大技术装备领域啃最硬的骨头,为国家实施一系列重大工程建设提供了关键成套设备和基础材料保障。使命初心的坚守让中国一重在新时期的技术创新中坚持攻坚克难,始终走在发展壮大民族装备工业的路上,通过技术创新服务国家战略发展、补齐行业重大技术短板、突破国产化的技术瓶颈。

**1. 坚守创新初衷,服务国家战略发展**

作为涉及国民经济命脉和国家安全的国有重要骨干企业,中国一重以装备中国为初心,致力于解决国家首台、首套重大技术装备的有无问题,为国家重点工程提供重大关键部件的支撑和极端制造的供给保障,承担着高端产品研发并持续创新的使命。通过深入学习贯彻习近平总书记关于科技创新的系列重要讲话精神,贯彻落实习近平总书记视察东北三省的重要讲话及视察中国一重的重要指示精神,按照党中央、国务院和国资委的各项决策部署及公司高质量发展的工作要求,中国一重进一步统一思想、提高认识,切实增强责任感、使命感和紧迫感,加快推动自主创新,围绕国家战略发展强化科技创新的使命驱动力。

围绕国家重大战略布局,中国一重开展相关产业领域发展趋势和市场需求的趋势研判,强化顶层设计,以保证创新策划的前瞻性和针对性,确保在涉及国家安全和国民经济命脉的关键领域发挥引领和骨干作用。围绕保障国防安全和产业安全,中国一重确立了"7+5"重大攻关计划工程。其中,"7"项是指巡视提出的涉及国家战略的"卡脖子"技术问题的项目,"5"项是指国资委审定的涉及"卡脖子"技术和关键核心技术的项目。对于承担的国家重大项目,中国一重坚持"挂表督战",通过使命驱动力有效地克服了超常规技术指标要求高、原材料供应短缺、制造周期紧张等诸多困难。截至2021年上半年,"7"项中的3项已完成攻关任务,重型H型钢万能精轧机组设计制造技术成功推向市场;"5"项中的"700℃超临界机组镍基合金转子"研制,已提前完成中试件锻造这个里程碑节点。

围绕打造"第一重地",中国一重紧盯国家战略,强化关键核心技术攻关。通过坚守服务国家战略的创新初衷,中国一重实现了使命驱动的创新动力内化,坚定了企业科技创新的方向和步伐。

**2. 肩负创新使命,补齐行业重大技术短板**

中国一重将其使命概括为"装备中国,立身世界"。"装备中国"就是要求中国一重为国民经济相关行业提供重大技术装备，积极履行社会责任，为国家、社会、股东和员工创造更大价值，尽职尽责地肩负起"以一为重，永争第一"的重任，抱以高度责任感。"立身世界"就是要求中国一重代表国家参与国际装备制造行业的竞争，因此中国一重的发展水平成为衡量国家综合国力的重要标志。

中国一重全力开展核电、火电、水电、轧辊等大型铸锻件制造技术专项攻关行动，努力突破关键核心技术，抢占行业技术制高点和市场制高点。2017年中国一重成立了专项技术质量攻关推进组，经过"三上三下"综合研判，确定了14个重点攻关项目，此后根据需要调整至18个，通过开展技术攻关、专项治理等工作，有效地改善了中国一重的产品质量，提升了产品生产效率，为确保产品交货期提供了有力的支撑。其中，支承辊热处理一次性合格率和夹杂外漏问题得到显著改善；自主设计轴承座磁力装夹工具，代替传统压板装夹，极大地降低了操作者的劳动强度，提升约70%的装夹效率；白鹤滩上冠、下环加工效率低，通过优化工艺方案、切削参数，合理选用切削刀具，设计上冠专用刀杆及翻转护具、下环防变形拉紧工具等措施，使上冠加工周期缩短14天，下环加工周期缩短32天；开展I型坡口深熔TIG单面焊双面成形焊接工艺开发，从根本上提高产品焊接质量，增加焊接一次性合格率，减少成本浪费。在整个"十三五"期间，中国一重践行使命担当，先后攻克1000兆瓦核电机组常规岛整锻低压转子国产化、国和一号核反应堆压力容器等26项关键核心技术，掌握了核岛一回路全部制造技术，取得世界首创加氢反应器过渡段与筒节一体化锻造等37项重大科技成果，成功制造了世界上最大的3025吨锻焊加氢反应器，洁净钢平台项目建设投入使用，实现了冶炼工艺及过程控制的智能化升级，核心竞争力大幅增强。在此基础上，中国一重成功开发出了一批填补国家空白的关键核心设备，增强了企业重大装备的基础研发能力，支撑促进了企业产品结构的调整及升级。

在"连续模式冲压自动线"项目的技术攻关中，中国一重完全将使命内化为技术攻坚的创新动力。面对国内冲压线技术的关键瓶颈，中国一重设立2016-2017年重点科研项目——机械压力机设计及控制技术提升研究项目，对标国际先进企业的技术与产品，对连续模式冲压线、高速冲压线、单滑块多工位压力机几个产品空白进行全面开发。项目成立"连续模式冲压自动线"攻关小组，对连续模式冲压线新型杆系、自动传输系统、全线节拍分析及模拟等多个"卡脖子"技术进行专项攻关。在第一条66000千牛连续模式冲压线项目实施过程中，在低速轴提取的自动化同步信号冲击波动很大，经常停机，难以稳定运行。项目组成员及时调整思路，将信号提取装置更改到中间齿轮轴，整线得以稳定运行。拉伸垫闭锁阀柔性联结器为外购产品，只有一个厂家生产且价格居高不下，项目组成员群策群力攻克难关，最终设计出了自己的柔性联结装置。该项目于2018年6月27日顺利通过终验收，它代表着中国一重达到了单臂机械手自动化传输冲压线的国际先进水平。该项目同时也创造了多个第一，体现了一重锻压人认真贯彻公司"以一为重，永争第一"的理念，以及坚持拼搏、勇于创新的魄力和信心。产品的研发成功、核心"卡脖子"技术的掌握、现场日日夜夜的技术改进、项目团队不达目的誓不罢休的精神，为补齐行业关键技术短板和中国一重机械压力机出口奠定了坚实的基础。

肩负使命让中国一重将企业发展与行业重大技术需求紧密结合起来，站在高新技术前沿打破国外技术垄断与技术封锁，为抢占技术制高点、掌握行业话语权贡献了力量。

### 3. 勇担创新重任，突破国产化的技术瓶颈

中国一重作为重型装备制造业的领军企业，以重大技术装备国产化为创新己任，积极围绕产业链部署能够抵御风险的创新链，围绕创新链布局新兴产业链，从而实现产业链、创新链和价值链的有机融合。

大型铸锻件在核电、火电、水电、航空航天、国防军工、舰船等国家战略性产业中具有不可替代的地位。然而，大型关键铸锻件常年依靠进口供货，国产件能力、质量难以满足要求，已成为重大技术装备制造业发展的瓶颈，并受制于人。为此，中国一重一直致力于大型铸锻件国产化的攻坚克难。中国一重与国内优势央企和知名高校院所开展协同创新，如中核集团、钢铁研究总院、机械研究总院等，先后攻克了核电一回路用专项关键焊接材料研制、新一代核压力容器用钢工程化（508-Ⅳ钢）、核岛一回路压力容器一体化整体锻件和700℃以上超临界发电机组用镍基合金转子材料，完成了自主创新和国产化替代。上述突破打破了国外企业一家独大的局面，实现替代进口，标志着中国一重在解决我国重大技术装备国产化并替代进口的进程中又迈出坚实一步。

围绕核电装备，中国一重率先实现了1000兆瓦级核电机组常规岛整锻低压转子国

产化(见图4-14)。"核电常规岛整锻低压转子锻件的研制"项目走过了十年,"十年

图4-14　1000兆瓦级核电机组常规岛整锻低压转子

磨一剑",在大量科研人员的技术沉淀下,终于不辱使命,冲破了重重技术壁垒,使中国一重成为继日本制钢所(JSW)之后全球第二个具备核电常规岛整锻低压转子制造资质的供应商,整体提升了我国重大装备制造的国际竞争力。国外进口价格由原来8000多万元/支降至2000多万元/支,惠及整个产业链,对国民经济建设起到了不可估量的重要作用。中国一重还完成了全部国家示范工程"CAP1400"和"华龙一号"核反应堆压力容器制造任务,成功为"华龙一号"主管道提供全套锻件供货(见图4-15),实现了自主开发主管道空心锻造工艺工程化零的突破,形成了完整的具有

图4-15　全球首台"华龙一号"——福清5号核反应堆压力容器

自主知识产权的三代核反应堆压力容器制造技术、双超锻焊加氢反应器制造技术、大型SD专利和SHELL专利环氧乙烷制造技术,实现了三代核电核岛一回路主设备及常

规岛主要大型锻件全部国产化，对于我国掌握市场话语权具有极大的积极意义。

中国一重通过创新的使命驱动突破国产化技术瓶颈，保障了国家经济安全、国防安全、产业安全和能源安全。在高不确定性的国际环境和国家"双循环"发展格局的背景下，中国一重在产业链和创新链双链融合方面的贡献，对于装备制造行业的发展意义深远。

### 4.4.2 市场牵引的创新动力

中国一重的业务涉及国家安全和国民经济命脉的关键领域，需要以产业发展趋势和市场需求为导向，在引领行业技术发展的同时获得市场效益。然而，随着装备制造行业的日益发展，国内冶金、石化和核电等领域的低端产品市场趋于饱和，中国一重的部分传统优势产品和独特产品竞争日益激烈，在创新成果转化为创新效益方面存在巨大的挑战。因此，中国一重再造了以市场导向为牵引的创新动力，在面向国家战略需要的同时牵引科技创新服务市场需求，持续激发创新的活力和持久生命力。

**1. 主业市场引领，让创新紧紧围绕客户需求**

我国重型装备制造业经过改革创新、结构调整和资源整合，总体上在行业发展方面有了较大突破。然而，行业结构不合理现象仍较为突出，行业总体产能过剩，主要是低端产能过剩，高端供给不足，关键核心技术、零部件受制于人，产品质量不稳定，低端竞争、低价格竞争矛盾突出。中国一重大量的创新投入难以转化为可观的经济效益，没有形成良性循环的创新投入产出闭合回路。因此，中国一重认为，除了要致力于补齐行业重大技术短板，还要让创新也"加入"市场化改革，让市场来牵引创新。

为补齐市场意识不足这个"短板"，刘明忠同志提出，要从坐等用户上门转变到勇闯市场，其中一把手得先带头当"叫花子"。领导班子带头扛任务，带领全体营销人员发扬"找饭吃、要饭吃"的"叫花子精神"和"千言万语、千辛万苦、千山万水、千方百计"的"四千精神"。原来是能做什么就卖什么，现在要主动跑市场，销售人员和技术人员一起跑，签什么合同就搞什么创新，让市场牵引创新，让创新服务市场。为此，中国一重组建了专业的市场调研机构，要求专业技术人员必须走出去，了解国内外行业技术和专业技术发展状况，了解用户需求和技术应用趋势，明确市场需求。很多客户企业大都在北京，中国一重便将营销部放在了北京。还有一些客户，如中国宝武集团、鞍钢集团、东电集团、哈电集团等总部不在北京，中国一重就在当地派驻市场人员。自 2016 年起，中国一重打破了沿用几十年的"工厂制"管理模式，确立了北京营销中心主持视频早会的经营新机制，每天把市场信息、客户需求反馈到研发、生产系统中，第一时间解决产品质量和交货期问题。

主业市场需求的牵引，为企业创新指明了新的方向，也让创新与效益之间形成了有效衔接和紧密支撑。以石化领域的加氢反应器为例，通过市场需求的持续跟踪，中国一重敏锐地捕捉到市场对大型加氢反应器的现实需求。例如，浙江石化的 4000 万吨/年炼化一体化二期项目是国家"十三五"期间优化石化产业布局、加快世界级石化产业基地建设的战略项目，该项目就提出了全球首台 3025 吨超级浆态床浙江石化锻焊加氢反应器核心设备的现实需求。2018 年，中国一重一举承揽了全部 6 台 3025 吨超级浆态床锻焊加氢反应器的制造合同。中国一重铸锻钢事业部和大连核电石化有限公司同步启动，技术中心焊接团队与机加团队同向而行，面对反应器超长超重超厚、内部结构特殊等诸多挑战，面临焊接难度极大等诸多难题，广大工程技术人员和操作人员发挥聪明才智，激发创新活力，顽强拼搏、攻坚克难，自行设计制造出了世界先进的 3500 吨自顶升式数字化托辊，奠定了极限吨位安全旋转焊接的制造基础；认真研究工艺方案，形成了拥有自主知识产权的超重型工件主焊缝收缩应力与重力平衡技术；自主制造了深孔全自动 TIG 焊机，突破了不锈钢衬管深孔自动对接焊接难点。通过严格项目管理、严守工艺规范、严肃质量监管，高质量地完成了首台 3025 吨加氢反应器的制造任务（见图 4-16），为我国超大吨位石化装备制造技术再次领跑国际提供了重大支撑，也赢得了市场的广泛认可。

中国一重以"最接近市场"为准则，紧紧围绕市场需求，建立创新目标、开展技术攻关、创造创新成果、形成创新收益，显著地提升了各主业领域的市场占有率，有效地改善了产品质量和生产效率，逐步建立起创新闭合回路的良性循环，让创新真正服务于市场环境改善和市场份额提升，助力企业持续的高质量发展。

图 4-16　全球首台 3025 吨超级浆态床浙江石化锻焊加氢反应器

**2. 多元市场拉动，用创新开辟特色道路**

中国一重在中央企业中虽然地位重要，但规模不大。作为一家处于上游的重型装备企业，其主要产品均为大型配套件，市场份额相对稳定，行业周期性较强。一旦行业发生变动，企业只能载沉载浮，较为被动，抵御市场风浪的能力不强。在补齐主业短板需要较长时间的现实背景下，中国一重需要多元发展、多极支撑，在保住主业领域市场竞争地位的同时，围绕主业开拓相关多元化的新业务领域。因此，中国一重逐步明确，要在把主业做强做优的前提下，围绕自身优势和地方经济发展需求，布局新能源、农业机械和环保等产业板块，依托主业，多业并举，创造更多"东方不亮西方亮"的经济周期互补性产品业务。

瞄准黑龙江省的自然禀赋、优质农产品资源、农业机械市场等优势，中国一重依托重大装备研发制造的核心优势，加快推进冷链物流、新能源、节能环保、农业机械、新材料等业务的发展，着力围绕多元市场需求拉动企业创新，培育新的企业增长点，在新产业的培育上迈出新步伐，打造更多新的经济增长极，把东北的地域优势转化成企业自身的优势。例如，基于市场调研，中国一重发现，东北的冷链物流车只有一千五百台，供不应求。而且发展冷链物流车，能够有力推动把优质的东北大米、有机蔬菜和牛羊肉运往北京、上海等地，从物流保障的角度，帮助改善人民群众的"菜篮子"和"米袋子"。因此，中国一重新能源公司以冷链装备为核心，大力发展冷链物流、天然气非管网等业务，用两年时间研制，实现了冷链物流车的从无到有（见图 4-17）。

而农机产业则是立足东北大型农业机械使用量大的基础，充分发挥地企融合的优势。中国一重面向市场需求，组建了农机创新板块推进组，研制大马力农机；筹建农机产业联盟，共同带动黑龙江农机制造企业发展；同时打造维修联盟，解决收割设备的使用、维修、保养等问题。面向东北地区的秸秆利用需求，中国一重还启动了秸秆综合利用项目，成功实现15t/d秸秆中试样机点火试验，垃圾焚烧发电项目也顺利点火启动，努力推动当地绿色发展、循环发展和低碳发展。中国一重抓住国家推动东北地区全面振兴的机遇，积极整合资源、调整经济结构、延长产业链条，发展新技术、新业态、新模式，积极通过创新推动与地方的协同发展。

图4-17　中国一重的冷链物流车

企业科技创新最重要的就是市场，这是检验科技创新成功与否的重要标准，关起门来搞创新，创新就失去了方向。中国一重根据市场找技术，从用户不满意、有遗憾、寄希望的点位出发，加强市场调研、尊重用户、拜用户为师，使企业创新焕发了新的生机和活力，也为企业未来发展开辟了新的道路。

### 4.4.3　改革推动的创新动力

内生创新动力不足是中国一重长期以来的短板。面对市场环境的快速变化，中国一重上下存在较明显的畏难情绪，缺乏创新斗志，惯用老办法、老经验来看待新事物，打不开工作思路。因此，中国一重的领导班子认为"真正提高创新能力，还是要依靠机制"。核心技术和关键零部件研发都是"硬骨头"，需要有更高的薪酬和激励机制，才能稳定人心，激发创新的动力和活力，真正形成核心技术突破。因此，创新机制的改革在中国一重的改革中就成为最紧迫的任务，"不是想不想改的问题，也不是愿不愿改的问题，而是必须要干成的事业"。因此，在使命驱动和市场牵引提供的创新动力之外，中国一重又为创新增加了改革推动力，完成了创新动力的全面再造。

**1. 科研项目管理机制改革——"有路干"**

为了营造良好的创新环境，中国一重在强化顶层设计的基础上，积极响应政策要求，结合国企改革"双百行动"和"科改示范行动"要求，稳步推动科研项目管理信息化系统建设，全面推行科研项目总包合同制，开展科研项目管理机制改革。

首先，中国一重建立了由企业主要领导、技术总师、技术专家及有关部门领导组成的公司技术委员会，负责审议公司科技发展规划、科技创新激励政策、科技奖励评审结果等重大事项，从战略性和全局性高度为公司科技创新决策提供有力支撑。

其次，中国一重对科研项目申报和过程管理进行了简化，制定了企业科技发展战略规划及项目指南，精简、优化科研项目申报程序，搭建科研项目管理信息化系统平台，强化科研项目立项评估和结题评审，实行科研项目全过程"无纸化"和"里程碑节点"式管理。

再次，落实科研项目分级分类管理。以战略管控型为目标，严格执行公司集分权手册规定，坚持科研项目分级分类管理和内部市场化原则，实行"谁承担、谁管理"，全面推行项目总包合同制，突出承研单位及项目组主体责任，发挥其主观能动性，做好"放管服"，发挥统筹及监管职能。明确各层级的职责职能定位，建立"国家级、公司级、二级单位级"的三维度科研课题管理模式，实施"集团——股份公司——子公司事业部——制造厂"的四级联动创新，打通多层次的创新渠道和路径。

最后，科研项目后评价制度的建立也是中国一重科研项目管理机制改革的亮点之一，在项目结题后3至5年内对项目实施效果进行跟踪和评价，建立科研项目后评价长效机制。后评价主要是对科研项目的执行过程、经济及社会效益、国内外及行业影响等进行系统、客观的评判，既为后续的项目管理提供建议，也为科技创新奖励及项目收益提成或分红等奖励措施提供依据。

**2. 科研单位与人员自主权改革——"有权干"**

为了给科研人员"减负"，充分发挥项目负责人和项目团队的主导作用，中国一重建立了以项目负责人负责制为核心、以项目组为主体、设立专兼职项目及经费管理助理，开展研究开发活动与实施管理一体化的运行管理机制。通过公开招聘等方式确定项目负责人，竞聘成功的项目负责人是该项目的决策者。项目负责人作为项目技术、质量、进度、成本的第一责任人，拥有技术路线选择、团队组建、经费使用、绩效考核、薪酬分配的相关权力，从而充分释放项目负责人、科研骨干的创新活力。

中国一重还制定了《科研项目管理实施细则》，与科研单位签订科研总包合同，赋予科研单位及项目负责人更多项目管理和科研经费使用的自主权。赋予科研单位更大的采购自主权，在使用项目经费购买仪器设备或科研服务时可以按有关规定自主采购。同时，赋予科研人员更大的技术路线决策权，在科研项目申报期间以科研人员提出的技术路线为主进行论证。在科研项目实施期间，项目负责人可以在研究方向不变、不降低申报指标的前提下，自主调整研究方案和技术路线，按规定自主组建、调整科研团队，由项目承担单位报公司科技部备案。创新自主权的下放，为科技创新人员解了绑，创造了更加宽松的支持性氛围。在通过充分授权为科研项目创新助力的同时，中国一重还强调"谁承担谁管理"，更加突出承研单位及项目组责权的一致性。

### 3. 科技创新激励制度改革——"有劲干"

为鼓励科技创新，中国一重以正激励为导向，激发科研团队和科技工作者的积极性和创造性。企业先后制定了《科技奖励实施办法（试行）》《专利奖励暂行办法》和《基层创新成果评选办法》等奖励激励制度，通过开拓多样化的奖励模式，加大发明创造奖励力度、拓宽科技创新奖励范围，鼓励科研人员积极承担科研项目、多出快出成果，广泛调动全员创新创造的积极性。奖励激励制度根据国家或公司科技项目的计划节点、任务验收和财务验收、预期成果等完成情况对项目组进行奖励及成果收益提成。对于国家科技计划项目，分别设5万元-50万元奖励额度；对于企业科技计划项目，分别设5万元-10万元奖励额度；对承担国家重大攻关任务、关键核心技术攻关和"卡脖子"技术攻关等科研项目的科研人员，在实施现行奖励额度时上浮50%。同时进入国家和企业科技计划项目的成果有益提成，围绕新产品、新工艺、新技术按照节约成本或创造效益的总额进行三年按比例提成。对获得国家和企业科技类奖项的成果和专利，也将进行逐级的科技奖励。通过一系列的科技创新激励，中国一重力争打造科技人员的"百万年薪"。

中国一重还确定了每两年召开一次科技创新表彰大会的制度(见图4-18)。如2019年科技创新表彰大会，奖励公司级创新成果一等奖2项、二等奖3项、三等奖6项，金额共计71万元；奖励省部级以上科技创新成果10项，金额共计102万元；奖励中国专利优秀奖两项，金额共计6万元；奖励科技创新先进单位两家，金额共计40万元。同时，加大科技创新奖励范围，推进落实专利申报授权及转化奖励。如2020年申报授权43项，奖励金额共计7.5万元；实施转化11项，奖励金额共计7.44万元。

图4-18 中国一重的科技创新表彰大会

为了充分调动广大青年的创新热情，中国一重还推进实施青年创新驱动计划，重点围绕加快推动传统产业优化升级、培育新产业新动能、提升基础管理水平，扎实开展青年创新创效活动，并提出"1+1+3"的工作运行机制，即建好一支队伍、创建一个阵地、搭建三个平台，力争用三年的时间，实现"三个一百"，即青年参与率100%，实施青年创新项目100个，表彰青年创新典型100名，逐步打造"提升意识、投身实践、展示才华、转化成果、培育人才"的青年创新工作格局，为企业高质量发展助力。

**4. 科技创新保障体系改革——"放开干"**

围绕科技创新的过程，中国一重还进行了科技创新保障体系改革，让创新人员无后顾之忧。建立鼓励创新、宽容失败的机制，对已履行勤勉尽责义务，但因技术路线选择失误或遇不可抗力因素导致自由探索和颠覆性技术创新活动难以完成预定目标，经项目承担单位和负责人报告说明，组织专家评议认为符合客观实际，项目承担单位和负责人予以免责。建立重大创新支持机制，经组织专家评议，确有重大探索价值的，继续支持其选择不同技术路线开展相关研究。建立创新援助机制，对已尽到勤勉和忠实义务，但受市场风险影响、未实现预期目标或失败的重大科技成果转化项目，经组织专家评议，确有重大应用价值的，可采取多种途径，继续支持其开展产业化开发。建立创新尽职免责机制，对在科技体制改革和科技创新过程中出现的偏差失误，只要不违犯党的纪律和国家法律法规，勤勉尽责、未谋私利，能够及时纠错改正的，不作负面评价，免除相关责任或从轻减轻处理。

另外，建立科技创新的服务机制，做好科研项目实施的组织与联动。联合营销、生产、财务等科研项目各相关单位，做好科研项目的前期论证与策划，科学选择科研项目、合理确定技术路线、有效制定实施计划等。通过多种渠道、多种形式，强化重大攻关工程宣贯，建立"日反馈、周总结、月季考核、年度评价"机制，强化攻关科研项目的跟踪考核，落实"强约束"的要求，同时做好科研相关管理制度的执行监督及评价。建立科研项目监督、检查、审计等信息共享平台，对同一科研项目，公司各部门实行监督、检查、审计结果互认。加强科研活动全流程诚信管理，在科研项目、创新平台、科技奖励等工作中实施科研诚信承诺制度和科研成果诚信管理制度，在保证监督有效到位的前提下，减少对科研活动审计和财务检查的频次。

通过坚持创新引领的新发展理念，中国一重深入推进创新体制机制改革，全面激发各类创新主体的活力，破除一切制约创新的思想障碍和制度藩篱。目前在中国一重，机制改革的创新推动力已经取得了喜人的成效：创新有路，管理有权，成员有劲，大家都放开搞创新！

## 4.5 创新文化共识

中国一重的自主创新之路,离不开企业创新文化的建设。企业创新文化建设是适应新经济时代的必然要求和提升核心竞争力的内在要求,围绕新技术革命的挑战和经济全球化、信息化,用新的价值观、新的视野来谋划和构建企业创新文化,形成良好的企业整体价值和品牌文化,能够为培育企业核心竞争力提供有力支撑。中国一重将加强创新文化建设作为创新发展的一项重要战略任务,主要从大国重器的精神文化和全员创新的行为文化两方面发力,形成持续创新的源泉。

### 4.5.1 大国重器的精神文化

装备制造业为"工业之母",涉及门类广、产业链条长,其转型升级对于一个国家整个工业体系的优化提升具有基础性、决定性作用。中国一重作为我国工业体系的"母机"企业,从孕育之初就肩负着装备中国的重任,它的每一步前进都与科技创新和技术进步分不开,在建设、发展、改革的不同时期,培育和形成了独具特色的创新文化和精神高地,见证了中国装备制造从无到有、从小到大、从弱到强的发展历程。通过始终尽职尽责地肩负"以一为重,永争第一"的高度责任感,中国一重推动实现了一大批重大技术装备国产化。自力更生、自主创新已深深融入几代一重人矢志投身产业报国的伟大实践中,那些镌刻在册的"高光时刻"无一不体现着中国一重薪火相传的"创新基因"。通过紧紧抓住创新文化这一关键点,中国一重将创新精神牢牢嵌入每一位员工的思想和行动中,练好内功,不断推出新技术、新产品、新服务。

变不可能为可能，变可能为现实。中国一重一直以来都将不畏艰难视作创新精神文化的重要体现。锻焊结构热壁加氢反应器的设计制造就是一个典型的例子。1997年，中国一重经过激烈的竞争，承揽了中国石化茂名石化两台单重达460吨、当时国内直径最大、壁厚最厚的锻焊结构热壁加氢反应器的制造任务。然而，当时刚刚启动建设的棉花岛基地根本不具备生产条件。但是，订单不能丢，生产不能等。同年10月8日，在露天厂地上，开工生产的号角准时吹响，第一台460吨级加氢反应器开始组焊。在没有厂房、没有起吊设备的情况下，一重人在平整后的海滩上架起了活动板房。在世界大型锻焊结构热壁加氢反应器生产史上，露天组焊技术难以掌握，一直被视为禁区。对此，有人断定，在这样的条件下不可能按期完工，但他们却忽视了"以一为重，永争第一"是一重人自始不变的精神。为了保证高质量的技术要求，中国一重的焊接工艺人员编制出突破世界露天组焊禁区的工艺方案；为了具备基本生产条件和产品质量，工装组的职工创造性地设计出简易活动厂房、可移动环形预热器、移动抬杠、龙门窄间隙焊机、局部热处理炉等200多项工装辅具，并采用许多蚂蚁啃骨头的土办法，使出现在现场的焊接、起重、加热、热处理等一道道难题迎刃而解；为了保证工期，焊工们顶风雪、冒严寒，每天在现场工作十几个小时，两批焊工在岛上一干就是四个月。经过坚持不懈的艰苦奋战，中国一重于1998年6月圆满完成了两台加氢反应器的制造任务。

独立自主，敢为人先。中国一重始终秉承独立自主的创新精神文化，唯有以"咬定青山不放松、攻坚克难不畏惧"的精神，担当作为、苦干实干、勇攀高峰，把关键核心技术牢牢地掌握在我们自己手中，才能不辱使命，成为维护国家国防安全、经济安全、科技安全和产业安全的"硬核"担当。我国于2007年引进了美国西屋公司的AP1000三代核电技术，而AP1000整锻低压转子是其关键的大型锻件。整锻低压转子需要采用600吨级钢锭制造，这是当时世界上所需钢锭最大、锻件毛坯重量最大、截面尺寸最大、技术要求最高的实心锻件，只有日本制钢所（JSW）能够制造，且每支进口价格高达8000万元。为尽快摆脱国内超大锻件自主制造能力不强、受制于人的困境，中国一重成立攻关组，开始向核电常规岛难度最高的锻件制造技术发起了挑战。经过十余年的不懈奋斗，海阳4#机组的LP2、LP3和LP1整锻低压转子先后完工，各项检测指标均达到了国际先进水平。这标志着中国一重已经掌握了超大型锻件质量纯净性、均匀性、致密性的核心制造技术，具备了稳定化、批量化装备制造 AP1000 整锻低压转子的能力，同时创造了最大锻件重 440 吨、最大钢锭重 715 吨的锻件装备制造世界新高度。在一重人持之以恒的坚持下，常规岛转子国产化终于突破了所有技术瓶颈，使中国成为世界上第二个掌握核电常规岛整锻低压转子制造技术的国家，完成了党和国家赋予的历史使命。

尊重劳动，尊重创造。中国一重紧紧跟随时代的步伐，建设知识型、技能型、创新型劳动者大军，弘扬劳模精神和工匠精神，营造劳动光荣的社会风尚和精益求精的敬业风气，形成基层创新的精神内核。近年来，中国一重涌现出了以刘伯鸣、阎彩凤、王国峰、桂玉松、杨晓禹等为代表的全国劳模、大国工匠、央企劳模、全国"三八"红旗手、省劳模等各级各类先进人物，他们身上体现的"爱岗敬业、争创一流、艰苦奋斗、勇于创新、淡泊名利、甘于奉献"的劳模精神和"坚守执著、精益求精、专业专注、追求极致、一丝不苟、自律自省"的工匠精神释放出强大力量。全国劳动模范、大国工匠刘伯鸣曾深情吐露："一路走来，我深深地感到，一个合格的工匠不仅要坚守匠心、精进匠艺，还要有爱国报国之志、爱党忠企之心。我要按照习近平总书记的勉励和嘱托，努力掌握更多强国所需的核心技术，打造出更多'撒手锏'装备，为实现制造强国、质量强国贡献力量！"齐齐哈尔市劳动模范、中国一重大国英才高建军这样评价自己的工作："创新从来都是九死一生，大钢锭研制的过程也不是一帆风顺的。为了在技术上不受制于人，面对困难，我不等不靠，从工艺设计开始，查资料、做模拟，倒排项目清单，没有节假日，最终实现百万核电常规岛低压转子锻件中连一个小米粒大小的缺陷都不存在，使百万核电低压转子钢锭满足了均匀性、致密性、纯净性要求。"

家国情怀，初心使命。坚守"装备中国，立身世界"的初心使命，是中国一重创新精神和文化的内在源泉。面对企业的严峻生存挑战，在中国一重领导班子的带领下，通过深化改革和初心使命的回归，中国一重重新激活了"老一重"实业报国和自主创新的精神传统，唤醒了创新基因，振奋了"人"的精气神，带动了企业精神面貌的巨变。攒了干劲儿，创新改革鼓舞了士气、催人奋进，"让混日子的混不下去，能干的更加有劲""心中有梦、眼中有光""以前怕干活,现在怕没活"成了新常态。生了闯劲儿,从"等用户上门",到主动跑市场、盯回款,主动"找饭吃",形成了千言万语、千辛万苦、千山万水、千方百计的"四千精神",实现了由"坐商"向"行商"的转变,重新激发了创新动力。强了韧劲儿,"努力到无能为力、奋斗到感动自己"的工作作风再次渗透到每个人心中,驱动着干部职工从不会干中找出路、从不能干中找对策、从不想干中找担当,突破了创新意识的桎梏。回归初心使命,重新激发了一重人昂扬向上的进取心和干事创业的精气神,追求极致、不断创新,中国一重自主创新的理想之光不灭、信念之火永存!

### 4.5.2 全员创新的行为文化

企业创新精神文化是企业保持持续创新的核心价值观和内在驱动力,而企业创新行为文化则是企业创新精神文化的具体表现。中国一重创新行为文化构建的途径主要包括:建立全员创新的组织结构、建设有利于创新的人力资源和人文关怀体系、树立勇于创新和容忍失败的环境制度。通过创新行为文化塑建,中国一重构建了一个综合、完善、开放的创新行为文化体系,通过系统中各要素之间的相互联系运作,营造了良好的创新文化氛围。

优化创新体制机制,营造勇于创新的环境。中国一重始终认为,在创新行为文化建设中,最重要的就是全公司要增强创新观念,建立健全激励创新的管理体制和运行机制。首先,加强企业管理者对企业创新文化建设的支持,重视企业创新文化建设。其次,形成一个目标明确的企业创新文化发展战略。再次,加强全员创新的行为文化建设,搭建"4451"基层创新动力机制,形成全员创新的组织结构。最后,中国一重还建设了有利于创新的激励机制,体现了企业的人文关怀。一是开拓多样化的奖励模式,鼓励科研人员积极承担科研项目,多出快出成果。二是加大发明创造的奖励力度,强化自主知识产权意识。三是拓宽科技奖励范围,广泛调动全员创新创造的积极性。四是落实激励机制,政治上保证,待遇上落实。

激活创新人才资源,形成鼓励创新的氛围。创新是引领发展的第一动力,人才是支撑创新发展的第一资源。装备制造业发展靠的就是技术创新,过去是这样,未来更是这样。中国一重通过创新行为文化的建设，充分凝聚企业的创新力量，已经形成了以人为本、尊重人才、重视人才的创新行为文化体系，集聚了一批重机行业高水平高素质的技术技能人才和行业优秀专家，形成了由高素质、高水平、高技能的科技研发人员和技术工人组成的技术团队。中国一重大胆启用了一批肯吃苦、能奋斗、善作为的科技人才，及时压担子、交任务、定方向，培养了一批高技术领军人才、高技能人才和复合型科技管理人才，形成了层次分明、结构合理、思维活跃、稳定团结的创新人才梯队。员工代表感慨地说："公司为广大科技工作者建立了一个极其广阔的施展才华的平台，提供了更多的发展机会，对科技骨干的个人价值，无论是在物质上还是在精神上都给予了充分肯定。"

发挥创新带动效应，激发全员创新的激情。中国一重通过"双创"平台建设和"百万一重杯"劳动竞赛等活动，积极开展群众性科技创新，发挥创新引领效应，强化激励保障，促进了员工技能提升，激发了员工创新的热情和活力。2016年，企业多项重点产品临近交货期，为了达到保质保量按期交货的目的，中国一重积极倡导员工参加"百万一重杯"劳动竞赛活动。通过各参赛单位的精心组织和全体参赛职工的共同努力，圆满完成了多个项目几十台产品件总装调试工作，出色地完成了奥地利项目，保质保量地完成了150余种、近千件专项产品，切实发挥出了短线立功竞赛活动短、平、快、好的作用。多家单位结合各自实际开展竞赛活动，营造了齐心协力、共克时艰的良好氛围。一系列持续性的品牌活动对改革创新、扭亏脱困攻坚战提供了坚强支撑，助力中国一重凤凰涅槃浴火重生，谱写了"聚人心、提士气、闯新路、强发展"的绚丽篇章。

在创新文化的建设过程中，中国一重不断弘扬创新精神，营造尊重知识、尊重劳动、尊重人才、尊重创造的创新生态，营造出了敢为人先、争创一流、崇尚创新、宽容失败的企业文化，真正使科技人才敢于创新、乐于创新。企业创新文化激发出了每一位员工的创新意识，将员工们的精力凝聚到技术创新上，推动了中国一重的自主创新和持续高质量发展。

通过创新战略的引领、创新体系的顶层设计、创新能力的重塑、创新动力的再造和创新文化的共识，中国一重的自主创新重焕了生机动力，取得了突出的创新成效，支撑了中国一重的涅槃重生和高质量发展。

围绕自主创新，中国一重形成了新产品、新工艺和新材料的自主开发能力以及成套设备系统的集成能力，集聚了一批高素质、高水平、高技能的创新人才和技术团队，取得了一系列突出的创新成果（见表4-1和表4-2）。"十三五"期间，中国一重累计承担国家重点科研任务28项，其中国家04和06科技重大专项、国防专项配套项目等15项顺利通过验收；获省部级以上科技类奖23项，其中获国家科技进步特等奖1项、一等奖1项、二等奖2项；获得授权专利227项，其中发明专利118项，2017年获中国专利优秀奖，2019年获国家知识产权优势企业；积极主持和参与国家及行业标准的制修订，制修订国家标准17项，行业标准25项，企业标准122项，巩固了中国一重的行业领先地位。围绕大型铸锻件、高端装备、核电、石化、新材料和专项领域共开发116项新技术和33项新产品，实现了创新能力向创新成果的顺畅转化。

表4-1　2016-2021年期间中国一重的代表性创新成果

一、高端装备领域

| 序号 | 项目名称 | 项目类别 | 完成时间 | 备注 |
| --- | --- | --- | --- | --- |
| 1 | 一种可以取代常规宽带钢热连轧的生产工艺 | 新技术 | 2016年 | 自主研发 |
| 2 | 液压缸驱动机械多连杆伺服压力机 | 新技术 | 2016年 | 自主研发 |
| 3 | 一种冷轧短流程工艺及其机组 | 新技术 | 2016年 | 自主研发 |
| 4 | 一种机械压力机冲压线 | 新技术 | 2016年 | 自主研发 |
| 5 | 1850毫米重卷检查机组 | 新产品 | 2016年 | 自主设计制造 |
| 6 | 1450毫米单机架廿辊可逆冷轧机组 | 新产品 | 2016年 | 自主设计制造 |
| 7 | 1450毫米十八辊冷连轧机组 | 新产品 | 2016年 | 自主设计制造 |
| 8 | 平整机在线换辊装置 | 新技术 | 2017年 | 自主研发 |
| 9 | 一种有中间坯过渡区设备的热轧生产线 | 新技术 | 2017年 | 自主研发 |
| 10 | 一种配置粗轧机的炉卷轧机生产线及其工作方法 | 新技术 | 2017年 | 自主研发 |
| 11 | 1780毫米不锈钢热连轧生产线 | 新产品 | 2017年 | 自主设计制造 |
| 12 | 变截面轧机无扰动弯辊结构开发 | 新技术 | 2018年 | 自主研发 |
| 13 | 模具扁钢连续可逆轧制机组及模具扁钢轧制方法 | 新技术 | 2018年 | 自主研发 |
| 14 | 一种精轧工作辊换辊装置 | 新技术 | 2018年 | 自主研发 |

（续）

| 序号 | 项目名称 | 项目类别 | 完成时间 | 备注 |
| --- | --- | --- | --- | --- |
| 15 | 一种液压缸外置式工作辊横移装置及其装配方法 | 新技术 | 2018年 | 自主研发 |
| 16 | 2550毫米不锈钢热连轧机 | 新产品 | 2018年 | 自主设计制造 |
| 17 | MCCR热轧带钢生产线 | 新产品 | 2018年 | 合作制造 |
| 18 | 重型H型钢开坯机 | 新产品 | 2018年 | 合作制造 |
| 19 | 一种设置在二辊平整机上的新型强力弯辊装置 | 新技术 | 2019年 | 自主研发 |
| 20 | 一种工作辊弯辊及横移装置 | 新技术 | 2019年 | 自主研发 |
| 21 | 液压站远程输送回油缓冲装置及使用方法 | 新技术 | 2019年 | 自主研发 |
| 22 | 印度尼西亚新亚洲国际有限公司1100毫米酸轧机组项目 | 新产品 | 2019年 | 自主设计制造 |
| 23 | 热轧1580弯窜辊改造项目 | 新产品 | 2019年 | 自主设计制造 |
| 24 | 2160热轧线小立辊改造项目 | 新产品 | 2019年 | 自主设计制造 |
| 25 | 7000吨高速冲压线 | 新产品 | 2019年 | 自主设计制造 |
| 26 | 2050毫米热平整机组 | 新产品 | 2020年 | 自主设计制造 |

二、石油化工领域

| 序号 | 项目名称 | 项目类别 | 完成时间 | 备注 |
| --- | --- | --- | --- | --- |
| 1 | 一种脱除水中含有的二氧化碳的方法 | 新技术 | 2016年 | 自主研发 |
| 2 | 一种海上风电机组基础的防腐系统的防腐方法 | 新技术 | 2016年 | 自主研发 |
| 3 | 一种制氢系统 | 新技术 | 2016年 | 自主研发 |
| 4 | 一种垃圾焚烧发电厂的综合污水回用处理方法 | 新技术 | 2016年 | 自主研发 |
| 5 | 双超反应器 | 新产品 | 2016年 | 自主设计制造 |
| 6 | 煤制油品/烯烃大型现代煤化工成套技术开发及应用 | 新技术 | 2017年 | 自主研发 |
| 7 | 2424吨加氢反应器 | 新产品 | 2018年 | 转化设计自主制造 |
| 8 | 一种核电厂放射性废液处理工艺方法 | 新技术 | 2019年 | 自主研发 |
| 9 | 钢渣干式处理及余热回收与发电方法 | 新技术 | 2019年 | 自主研发 |
| 10 | 一种核电站蒸发器排污水的零排放处理系统 | 新技术 | 2019年 | 自主研发 |
| 11 | 3025吨级浆态床 | 新产品 | 2019年 | 转化设计自主制造 |

### 三、新材料领域

| 序号 | 项目名称 | 项目类别 | 完成时间 | 备注 |
| --- | --- | --- | --- | --- |
| 1 | 一种核级强辐照区用埋弧自动焊接用焊丝 | 新技术 | 2016 年 | 自主研发 |
| 2 | 对称热轧制造不锈钢复合板的真空封装方法 | 新技术 | 2016 年 | 自主研发 |
| 3 | 一种稀土改性的 9%Cr 马氏体耐热铸钢及其制造方法 | 新技术 | 2017 年 | 自主研发 |
| 4 | 一种低合金钢窄间隙焊接用埋弧焊焊剂及其制备方法 | 新技术 | 2017 年 | 自主研发 |
| 5 | 超超临界马氏体耐热铸钢原始奥氏体晶粒度显示方法 | 新技术 | 2018 年 | 自主研发 |
| 6 | 一种复合钢板的感应加热热处理工艺方法 | 新技术 | 2018 年 | 自主研发 |
| 7 | 调相机转子锻件（25Cr2Ni4MoV） | 新产品 | 2018 年 | 自主研发 |
| 8 | 700℃超超临界发电机组铁镍基合金转子热处理方法 | 新技术 | 2019 年 | 自主研发 |
| 9 | 1000 兆瓦核电整锻低压转子 | 新产品 | 2019 年 | 自主研发 |
| 10 | 高温合金涡轮盘用细晶棒料研制 | 新技术 | 2020 年 | 自主研发 |
| 11 | AP1000 全奥氏体钢模锻泵 | 新产品 | 2021 年 | 自主研发 |

### 四、核电领域

| 序号 | 项目名称 | 项目类别 | 完成时间 | 备注 |
| --- | --- | --- | --- | --- |
| 1 | 先进压水堆核电站核岛关键设备材料技术研究与工程应用 | 新技术 | 2016 年 | 自主研发 |
| 2 | 民核主螺栓孔自动研磨专机 | 新技术 | 2017 年 | 自主研发 |
| 3 | 重型压力容器轻量化设计制造关键技术及工程应用 | 新技术 | 2017 年 | 自主研发 |
| 4 | 巴基斯坦 K2 反应堆压力容器（HPR1000） | 新产品 | 2017 年 | 转化设计自主制造 |
| 5 | 中国实验制造技术 | 新技术 | 2018 年 | 自主研发 |
| 6 | AP1000 反应堆压力容器制造技术 | 新技术 | 2018 年 | 自主研发 |
| 7 | 福清 5# 华龙一号反应堆压力容器 | 新产品 | 2018 年 | 转化设计自主制造 |
| 8 | CAP1400 反应堆压力容器 | 新产品 | 2018 年 | 转化设计自主制造 |
| 9 | 中国示范项目 | 新产品 | 2018 年 | 自主设计制造 |

### 五、大型铸锻件领域

| 序号 | 项目名称 | 项目类别 | 完成时间 | 备注 |
|---|---|---|---|---|
| 1 | 钢包翻转机 | 新技术 | 2016年 | 自主研发 |
| 2 | 核反应堆压力容器大型顶盖封头的整体仿形锻造方法 | 新技术 | 2016年 | 自主研发 |
| 3 | 核反应堆压力容器一体化底封头的近净成形锻造方法 | 新技术 | 2016年 | 自主研发 |
| 4 | 核反应堆一体化下封头整体仿形锻造方法 | 新技术 | 2016年 | 自主研发 |
| 5 | 巨型船内外侧后艉轴架（ZG10MnNiCu） | 新产品 | 2016年 | 自主研发 |
| 6 | 工程大船艉柱，内外侧前艉轴架挂舵、挂舵臂、舵叶 | 新产品 | 2016年 | 自主研发 |
| 7 | 新型船挂舵臂、舵叶（ZG10MnNiCu） | 新产品 | 2016年 | 自主研发 |
| 8 | 30兆牛多点数控成形油压机 | 新产品 | 2016年 | 自主研发 |
| 9 | 带接管和法兰的一体化接管段整体锻造方法 | 新技术 | 2017年 | 自主研发 |
| 10 | 一种带超长非对称管嘴的主管道空心钢锭仿形锻造方法 | 新技术 | 2017年 | 自主研发 |
| 11 | 一种圆棒料多向模锻成形汽轮机叶片的方法 | 新技术 | 2017年 | 自主研发 |
| 12 | 大锻件非对称压下量拔长工艺 | 新技术 | 2017年 | 自主研发 |
| 13 | 中空锻件的热处理工艺以及一种淬火设备 | 新技术 | 2017年 | 自主研发 |
| 14 | 大型复杂锻件淬火用旋转立式喷水淬火设备 | 新技术 | 2017年 | 自主研发 |
| 15 | 优质超大异形核电锻件近净成形技术及应用 | 新技术 | 2017年 | 自主研发 |
| 16 | 一种700℃超超临界汽轮机转子用镍基合金锻件的控制方法 | 新技术 | 2017年 | 自主研发 |
| 17 | 大型复杂锻件淬火用旋转立式喷水淬火设备 | 新技术 | 2017年 | 自主研发 |
| 18 | 新型船前、后艉轴架（ZG10MnNiCu） | 新产品 | 2017年 | 自主研发 |
| 19 | 426封头 | 新产品 | 2017年 | 自主研发 |
| 20 | CAP1400机组壳法兰锻件 | 新产品 | 2017年 | 自主研发 |
| 21 | 700℃超超临界机组617镍基合金转子锻件锻造晶粒控制方法 | 新技术 | 2018年 | 自主研发 |
| 22 | 蓝鲸号7500吨吊钩（全纤维仿形锻造）（30CrNiMo8） | 新产品 | 2018年 | 自主研发 |
| 23 | 1000兆瓦级核电常规岛汽轮机整锻低压转子锻件 | 新产品 | 2018年 | 自主研发 |

(续)

| 序号 | 项目名称 | 项目类别 | 完成时间 | 备注 |
|---|---|---|---|---|
| 24 | 3500毫米中厚板支承辊（YB-55） | 新产品 | 2018年 | 自主研发 |
| 25 | 华龙一号机组主管道锻件 | 新产品 | 2018年 | 自主研发 |
| 26 | 40兆牛旋转碳素电极挤压机 | 新产品 | 2018年 | 自主设计制造 |
| 27 | 一种620℃以上超超临界汽轮机铸件的热处理方法 | 新技术 | 2019年 | 自主研发 |
| 28 | 加氢过渡段自由锻造近净成型技术产业化研究 | 新技术 | 2019年 | 自主研发 |
| 29 | 合金锻件的力学性能的测试方法及应力松弛数值模拟方法 | 新技术 | 2019年 | 自主研发 |
| 30 | 一种含氮钢锭的控氮浇注方法及浇注系统开发 | 新技术 | 2019年 | 自主研发 |
| 31 | 铝板热轧工作辊 | 新产品 | 2019年 | 自主研发 |
| 32 | 丰宁项目上冠 | 新产品 | 2019年 | 自主研发 |
| 33 | 白鹤滩项目发电机8#推力头 | 新产品 | 2019年 | 自主研发 |
| 34 | 重型复杂锻件绿色制造关键技术及应用 | 新技术 | 2020年 | 自主研发 |
| 35 | 风电球墨铸铁轮毂 | 新产品 | 2021年 | 自主研发 |

### 六、其他领域

| 序号 | 项目名称 | 项目类别 | 完成时间 | 备注 |
|---|---|---|---|---|
| 1 | 生活垃圾的立式风选系统 | 新技术 | 2016年 | 自主研发 |
| 2 | 一种弧形电动轮自卸车车厢 | 新技术 | 2016年 | 自主研发 |
| 3 | 一种矿用自卸车车厢容量计算方法 | 新技术 | 2016年 | 自主研发 |
| 4 | 一种斜面堆焊装置及其堆焊工艺 | 新技术 | 2016年 | 自主研发 |
| 5 | 专项Ⅵ | 新产品 | 2016年 | 自主设计制造 |
| 6 | 一种高寒欠发达地区垃圾焚烧预处理工艺方法 | 新产品 | 2017年 | 自主研发 |
| 7 | 双钨极氩弧焊堆焊工艺 | 新产品 | 2019年 | 自主研发 |
| 8 | 一种用于锻造液压机的漏油报警系统 | 新产品 | 2019年 | 自主研发 |
| 9 | 天然气自发电冷藏车 | 新产品 | 2020年 | 自主研发 |
| 10 | 大马力电传动拖拉机 | 新产品 | 2020年 | 合作研发 |

表4－2　2016－2021年期间中国一重技术产品获奖情况一览表

| 序号 | 年度 | 获奖项目名称 | 等级 |
|---|---|---|---|
| 1 | 2016年度 | 25000千牛大型伺服闭式四点压力机研制 | 中国机械工业科技进步二等奖 |
| 2 | | 多元合金化锻钢支承辊研制 | 中国机械工业科技进步二等奖 |
| 3 | | 先进压水堆核电站核岛关键设备材料技术研究与工程应用（钢院牵头） | 北京市科学技术一等奖 |
| 4 | | 超大厚度钢锭火焰切割设备 | 中国机械工业科学技术二等奖 |
| 5 | 2017年度 | 煤制油品/烯烃大型现代煤化工成套技术开发及应用 | 国家科学技术进步一等奖 |
| 6 | | 压水堆核电站核岛主设备材料技术研究与应用 | 国家科学技术进步二等奖 |
| 7 | | 重型压力容器轻量化设计制造关键技术及工程应用 | 国家科学技术进步二等奖 |
| 8 | | 30兆牛多点数控成形油压机 | 中国机械工业科技进步一等奖 |
| 9 | | 中国实验项目 | 国防科学技术进步奖特等奖 |
| 10 | 2018年度 | 冷轧硅钢边降及同板差控制技术及工程应用 | 黑龙江省科技进步二等奖 |
| 11 | | 常规岛低压转子加工的产业化研究 | 中国机械工业科技进步二等奖 |
| 12 | | 中国实验项目 | 国家科学技术进步特等奖 |
| 13 | | 冷轧硅钢边降及同板差控制技术及工程应用 | 中国机械工业科技进步二等奖 |
| 14 | 2019年度 | AP1000反应堆压力容器制造技术 | 中国机械工业科技进步一等奖 |
| 15 | | 核电站辐照环境下智能装备与机器人关键技术研究及应用 | 中国机械工业科技进步二等奖 |
| 16 | | 加氢过渡段自由锻造近净成型技术产业化研究 | 中国机械工业科技进步二等奖 |
| 17 | | CAP1400核岛主设备锻件制造技术与应用 | 中国机械工业科技进步三等奖 |
| 18 | | 大型深孔钻机床加工水轮机主轴内孔优质高效加工技术研究及应用 | 中国机械工业科技进步三等奖 |
| 19 | | 大型壳牌环氧乙烷反应器国产化研制 | 大连市科技进步二等奖 |

(续)

| 序号 | 年度 | 获奖项目名称 | 等级 |
|---|---|---|---|
| 20 | 2020年度 | 重型复杂锻件绿色制造关键技术及应用 | 中国机械工业科技进步二等奖 |
| 21 | | 板带热轧生产线全流程智能化设计软件系统及工程应用 | 中国机械工业科技进步二等奖 |
| 22 | | 新型高紧凑小型化多功能反应堆压力容器研制 | 中国核工业集团二等奖 |
| 23 | | 汽车超高强钢板热冲压控形控性关键工艺装备研究 | 天津市科技进步二等奖 |
| 24 | 2020年度 | 华龙一号一体化主管道空心锻造、柔性支撑成形技术及产业化应用 | 黑龙江省技术发明三等奖 |
| 25 | | J型焊缝机器人自动TIG焊接技术 | 大连市科技进步一等奖 |
| 26 | | 薄规格高效不锈钢热连轧生产线技术及工程应用 | 大连市科技进步二等奖 |
| 27 | 2021年度 | 大型筒节轧制及热处理控形控性一体化理论技术 | 河北省科技进步一等奖 |

在核电领域，中国一重完成了全球首台国和一号 CAP1400 核反应堆压力容器、全球首台"华龙一号"福清 5 号核反应堆压力容器等国家核电重大专项研制任务，标志着一重已完全掌握第三代核电一回路主设备制造技术。同时又承担了国家重大工程项目——福建霞浦 CFR600 示范 1 号、2 号主设备制造及工程化设计任务，确保在战略必争领域和关键核心技术上不断取得新突破。

在高端装备领域，自主开发出的"大型热连轧机改进型弯辊及横移装置"已成功应用于多条轧机生产线，得到行业广泛认可；"7000 吨高速冲压线"项目突破了国内现有冲压线最高生产节拍极限，达到国际先进技术水平；成功开发出"同步技术和新型八连杆"创新机构，填补了国内技术空白，经济及社会效益显著；北海承德 4#固溶酸洗机组正式投产，各项指标达到了国际先进水平，标志着中国一重在冶金成套产品自主研制上又取得了一个阶段性的胜利；解决了重型 H 型钢精轧机组核心装备技术"卡脖子"问题，打破了国外技术垄断，实现了国产万能精轧机装备技术市场化应用。

在大型铸锻件领域，由世界上最大的 715 吨特大钢锭制造的 1000 兆瓦级核电机组常规岛整锻低压转子锻件，被行业专家鉴定认为，具有自主知识产权，突破了国产化的瓶颈，居于国际领先水平；实现了调相机转子锻件首台套产品国产化制造，填补了国内空白，打破了国外技术垄断，有力地支撑了我国新能源电力事业的发展，总体技术达到了国际先进水平；与设计单位共同完成海洋核 DL 紧凑式直连结构小堆接管段锻件设计制造，解决了带凸台非轴对称筒体成形技术难题，为中国一重向小型堆、特种堆拓展奠定了基础。

在石化领域，中国一重已成为最具影响力的供应商。在完成世界最大的镇海炼化 2400 吨沸腾床渣油锻焊加氢反应器基础上，承担了美孚在全球招标、技术水平有代表性的新加坡 CRISP 项目研制，这是中国的锻焊容器产品首次进入世界顶尖市场和世界顶尖炼化企业，中国制造在国际锻焊加氢反应器高端市场取得了零的突破。2020 年 6 月顺利完工发运世界单台重量最大的 3025 吨级浆态床锻焊加氢反应器，标志着我国超大吨位石化装备制造技术再次领跑国际。

在新材料领域，中国一重成功研制出"电渣型不锈钢带极堆焊焊剂"并实现产业化应用，打破国外对该材料应用市场的长期垄断，已实现销售收入近 2 亿元。

中国一重已经在自主创新的征程上重焕强劲的生机和活力，未来必将在国家战略支撑、行业前沿引领和企业高质量发展的进程中继续闪耀自主创新的光辉。

第五章

# 永恒主题:
## 在管理提升中成长进步

加强管理是企业发展的永恒主题，是企业实现基业长青的重要保障。中国一重在实践中不断探索，最终打破和摒弃长期以来形成的、以生产为中心的、具有计划经济体制机制色彩的管理模式，全面构建并实施包括两个机制、两个中心、五个体系的"225"管理创新体系，在企业创机制、激活力、强动力的管理提升中，持续优化经营绩效，为中国一重全面振兴和高质量发展探索出了一条新的路径。

## 5.1 强激励、硬约束:"225"管理创新体系的探索

### 5.1.1 "225"管理创新体系的由来

长期以来,中国一重一直沿用计划经济时期以生产为中心的垂直式、工厂制管理模式。在此管理模式下,企业不能快速应对市场变化,经济效益在起起伏伏中逐渐下滑。与此同时,人员思想观念陈旧,不少干部职工存在"混日子"的想法,工作积极性低下,甚至引发了很多听起来不可思议的事情,比如生产时不计成本,不少业务自己能干却要花钱找人干,导致大批设备、厂房闲置。

2016年5月9日,刘明忠同志就任中国一重董事长、党委书记,经过一段时间的调研发现,中国一重的问题归根结底是未建立市场化经营机制,"缺市场经济的魂,缺市场经济的根"。在调研基础上引入了"225"管理创新体系,从根本上解决了企业内部与外部市场的衔接问题,将外部市场压力传导至企业内部各层级,促使企业内部积极主动地提升管理水平,进而灵活应对外部市场变化。"225"管理创新体系的实质就是将市场化意识机制引入到企业各个环节,实现"以生产为中心"向"以市场为中心"的转变,并将这种转变深化到每一个员工的头脑和行动中。

"225"管理创新体系(见图5-1)直击中国一重在管理模式上的痛点、堵点,主要措施包括以下几个方面。其一,实行"内部模拟法人运行机制"。以市场为导向、以利润为中心、以质量为保障,在内部各模拟法人之间推行产品买断制、招标比价采购制、质量协商制,将市场的压力引入各个二级单位及制造厂。其二,建立"研产供销运用快速联动反应机制"。以快速响应客户需求为目标,根据各层面、各系统不同的分

工定位和业务性质,采取"日跟踪、周联动、旬平衡、月分析",形成研发、采购、生产、物流、销售、财务、用户等多环节之间的快速联动,协同应对市场需求及其变化。其三,层层建立利润中心、成本中心。将公司目标层层分解、责任层层落实,将能够独立核算出内部利润的主体确定为利润中心,并将各级利润中心下承担控制、考核责任的单元确定为成本中心,实现"权责利"落实到人。其四,制定"五个体系"运行规则。从指标体系、责任体系、跟踪体系、评价体系和考核体系五个方面对中国一重管理制度进行精细化设计,并保证五个体系在各级组织全覆盖。在此基础上,中国一重强化全面预算管理,将预算编制扎根市场、扎根基层、扎根项目,促使人人学预算、做预算、执行预算,并通过严格落实、刚性考核,在公司上下形成创先争优的良性竞争氛围。

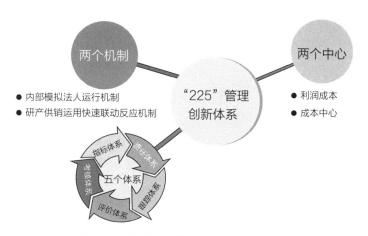

图 5-1　中国一重"225"管理创新体系的基本内容

中国一重"225"管理创新体系的总体框架和内在关系可以概括为:"两个机制"是核心,实现内部管理对接外部市场,压力及时有效传递;"两个中心"是载体,构建经营目标支撑点和管理措施落脚点;"五个体系"是保障,保证管理过程实现 PDCA 循环,促进管理水平不断台阶式提升(见图 5-2)。

## 5.1.2 "225"管理创新体系的逻辑基础

通过运行"225"管理创新体系,中国一重的管理由粗放式向精细化快速转变,形

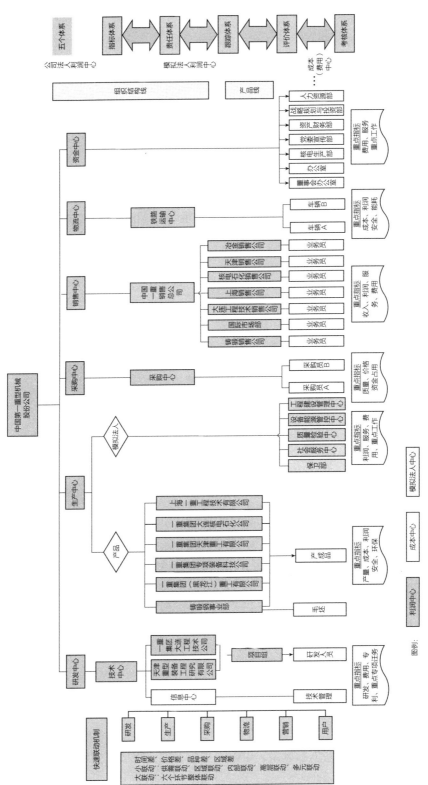

图5-2 中国一重"225"管理创新体系的总体框架和内在关系

成了前所未有的"千斤重担人人挑，人人肩上扛指标"的新气象。伴随着中国一重砥砺前行，"225"管理创新体系也持续经历着丰富、完善和创新。

"225"管理创新体系已经成为一种基本方法论，在中国一重浴火重生的过程中发挥着不可或缺的作用。"225"管理创新体系之所以能够成为中国一重强有力的管理机制，究其根本是因为它采用了兼顾外部市场和内部管理的逻辑基础（见图5-3）。

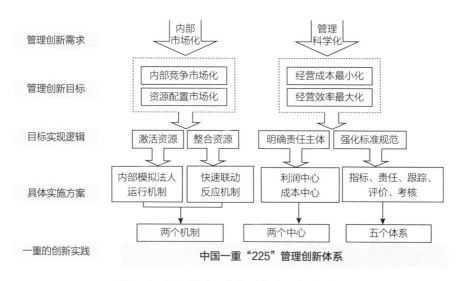

图5-3 中国一重"225"管理创新体系的逻辑基础

内部市场化是构建"225"管理创新体系的第一个重要逻辑。内部市场化意味着内部竞争的市场化和资源配置的市场化。只有内部市场打通了，才能使企业内部与外部市场紧密相连，从而快速应对市场变化。内部市场化要求企业打破几十年来以生产为中心的经营理念，全员强化市场意识、市场观念，确立以营销为龙头的经营管理机制。中国一重通过模拟法人运行机制有效激活各主体单元，实现内部竞争市场化；通过快速联动反应机制实现资源配置市场化，进而实现资源的快速有效整合。最终，在"两个机制"的推动下，中国一重上下尊重市场、敬畏市场，牢固树立用户至上的经营理念，一切工作围绕市场转。

管理科学化是构建"225"管理创新体系的第二个重要逻辑。管理科学化意味着通过科学的制度和程序形成对员工行为的规范化、标准化管理，其目标是实现经营成本最小化、经营效率最大化。中国一重通过确定利润中心和成本中心，对盈利单位和成本控制单位细化落实内部考核，明确责任主体；通过构建指标体系、责任体系、跟踪体系、评价体系和考核体系，强化标准规范，实现有指标、有定额的科学管理。最终，"两个中心"和"五个体系"的建设，有效地支撑了中国一重"降本增效"目标的实现。

### 5.1.3 "225"管理创新体系的重要意义

"225"管理创新体系是中国一重强化基础管理能力、提升现代科学管理水平的创新实践，在中国一重实现制度化治理、契约化运营中发挥了重要作用，是中国一重做强做优做大、实现高质量发展的重要保障。持续运行"225"管理创新体系的重要意义可以归纳为以下三点：

**1. 承接中国一重改革成果落地的"最后一公里"**

改革是管理的方向，管理是改革的载体。中国一重持续全面深化企业改革，从企业法人治理结构到三项制度改革，从供给侧结构性改革到混合所有制改革，辐射面、渗透面极广。而改革形成的新的体制机制必须要有与之相适应的管理模式作为支撑，才能将体制机制的转变真正转化为每一个员工行动的转变。换言之，没有市场化、现代化的科学管理模式做保障，一切企业改革都无济于事。中国一重通过实施"225"管理创新体系，转变管理模式，创新管理方法，企业市场化、精细化管理水平实现了由量变向质变的飞跃，为中国一重加快建立健全现代企业制度并保证制度落地奠定了强有力的管理支撑。

**2. 构筑中国一重高质量发展的动力与活力**

我国经济已由高速增长阶段转向高质量发展阶段，这是党中央对新时代我国经济发展特征的重大判断。当前，中国一重正处于推进全面振兴和高质量发展的攻坚阶段，必须埋头苦练内功，提高管理水平，为企业全面振兴和高质量发展激发内在动力与活力。早年的中国一重管理松弛，"有人干、有人看、还有人捣乱"，极大地打击了干部职工的工作动力与创造活力。通过实施"225"管理创新体系，中国一重实现了强激励与硬约束相统一、责任指标与刚性兑现相融合，实现了企业从"大锅饭"向"差异化"转变，干部职工从"要我干"向"我要干"转变，激发了干部职工凭本事、靠业绩的内生工作动力和活力。"225"管理创新体系让所有人既被激活又被赋能,成为构筑中国一重高质量发展动力与活力的重要源泉。

**3. 对标世界一流提升管理水平的重要途径**

自2016年下半年以来,中国一重不断夯实管理基础,强化管理创新,在推进管理体系、管理能力现代化方面取得了积极成效。但与世界一流企业相比,仍存在管理制度不完备、执行不到位等问题,一定程度上影响了企业的高质量发展。2020年,中国一重启动对标世界一流提升管理水平的行动,在充分考虑中国一重的经营实际和管理提升需求的基础上,明确把建立一套具有中国特色的现代国有企业管理体系、推动企业管理达到或接近世界一流水平作为主要目标。"225"管理创新体系是中国一重对标世界一流管理、打造世界一流产业集团的关键抓手和重要保障。通过运行"225"管理创新体系,中国一重聚焦自身存在的突出问题,不断补齐管理的短板,逐渐形成一整套现代企业经营管理制度,并持续对标国际国内一流企业制度,企业管理水平迈上新台阶,取得了"一年扭亏、两年翻番、三年跨越"的显著成效,呈现出"量"上持续增长、"质"上显著提升的良好态势,企业竞争力、创新力、控制力、影响力和抗风险能力均大幅提升。

## 5.2 重市场、促协同："两个机制"的创新实践

中国一重坚定不移地走市场化发展道路，坚持以市场为导向，致力于构建市场化经营机制，总结提炼出"内部模拟法人运行机制"和"研产供销运用快速联动反应机制"，简称"两个机制"。"两个机制"是对中国一重管理改革的制度创新与体系化建设。

### 5.2.1 内部模拟法人运行机制

**1. 建立"内部模拟法人运行机制"的背景与必要性**

"内部模拟法人运行机制"是中国一重从工厂制向公司制转变的需要，也是中国一重打造产业集团的重要途径。2017年11月，中国一重由全民所有制工业企业转变为国有独资公司，所属各级子公司注册为公司制企业，由"工厂制"迈向了"公司制"。在此背景下，"内部模拟法人运行机制"是体制改革深化的必然要求。中国一重将公司定义为实际法人，将事业部、子公司以及内部的部门、班组等定义为模拟法人，两种法人机制的运行使得各单位真正实现了"自我管理、自主经营、自负盈亏"。

"内部模拟法人运行机制"是激发基层工作动力的需要。"内部模拟法人运行机制"坚持以客户、市场为导向，以快速联动为要求，以向全员赋权配责为手段，实现了"人人都要负责，人人都要当家"的崭新局面，极大地激发了员工的主人翁意识，将企业的经营压力转化为了基层的工作动力。

"内部模拟法人运行机制"是开创多点盈利源泉的需要。"内部模拟法人运行机制"的实施从"市场导向、利润目标、成本主线"等市场关注点进行管理制度创新与完善,将市场竞争机制引入企业内部各个环节,同时模拟法人之间提供的产品和服务按照市场价格进行结算,这在一定程度上培养了企业的市场化思维和盈利意识,在降低成本的同时,通过多点盈利提高了企业利润。

**2. "内部模拟法人运行机制"的建立与运行**

建立"内部模拟法人运行机制"的起始点和关键点,是科学合理地划分内部模拟法人单元,将一个完整的"大企业"划分成若干个"微小企业",使其能够独立核算、自负盈亏。中国一重的具体做法如下:

其一,产品买断制。中国一重的产品买断制包括内部产品和内部服务模拟市场价格买断。内部产品模拟市场价格买断是指由供需双方单位就产品价格进行磋商,并签订买断合同(见表5-1);内部服务模拟市场价格买断是指在公司内部推行有偿服务,严格收支两条线(见表5-2)。

表5-1 内部产品模拟市场价格买断举例

| 供方 | 需方 | 产品种类 | 结算标准 |
| --- | --- | --- | --- |
| 铸锻钢事业部 | 一重重工 | 成套支承辊 | 14100元/吨 |
| 铸锻钢事业部 | 核电石化公司 | 锻焊加氢反应器毛坯 | 产品一事一议 |
| 设备能源管控中心 | 富区生产单位 | 外购电 | 0.63元/度 |
| … | … | … | … |

表5-2 内部服务模拟市场价格买断举例

| 序号 | 部门 | 服务内容 | 收费标准 |
| --- | --- | --- | --- |
| 1 | 信息中心 | 一重重工计算机、网络维护 | 70万元/年 |
| 2 | 质量检验中心 | 铸锻钢事业部质量检验服务 | 100元/吨 |
| 3 | 天津研发 | 抗压强度检验 | 130元/试样 |
| … | … | … | … |

买断合同包括框架合同和产品合同。其中,框架合同是指批量化产品、能源转供、设备维修等固定服务,一般以框架协议形式签订内部市场化合同,在合同期限内执行

统一的内部结算标准,合同期限一般为季度或年度。产品合同是指在产品的工艺参数、技术参数等关键指标要求不相同且无法形成批量化生产的情况下,一般以"一事一议"的形式签订的内部市场化合同,合同期限以公司下达的作业指导书产出计划为依据,供需双方参考外部市场价格以谈判的形式确定内部结算价格。

其二,产品质量"零容忍"制。内部产品在各模拟法人之间结转时,供需双方需在签订的产品合同中明确产品质量要求。质量标准以用户要求和公司质量内控标准为基准,主要指标低于合同约定质量标准时严格拒收(见图5-4)。

图5-4 标准化作业

其三,业主委托招标采购制。中国一重改变过去"一切采购权归采购中心"的传统做法,将采购主体转变为子公司、事业部、各中心等模拟法人,由其负责确定采购的质量规格和价格,并对采购的主要环节进行监督,采购中心不再拥有采购品种、采购数量和采购价格的决定权(见图5-5)。

图5-5 业主委托招标采购制

其四,业主委托考核制,即对模拟法人为业主提供的服务质量进行考核。中国一重对模拟法人实行业主委托考核,促进模拟法人为业主提供优质服务,并推动模拟法人降本增效工作的开展，创新内部模拟法人运行单元的绩效考核。采购、设备、质检等部门推行内部模拟法人运行机制，从创造的超额利润中提取20%～50%作为奖励收入，通过收益共享，充分调动积极性，激发创业激情。如设备能源管控中心在做好公司生产能源供应及设备维修维护等正常工作以外，还充分利用在手资源，对外拓展市场，创造外部利润。公司对其创造的外部利润按50%的比例予以计提奖励，提高了员工收入，充分调动了员工积极性。

为使上述机制得以顺利运行，中国一重制定了非常详细的规划与指标考核体系，将工作质量量化为可考核数值。例如：

◇ 被考核单元：质量检测中心。
- 考核内容1：检验工作内容（考核项目：标准化检验＋检验内容）。
- 考核内容2：检验目标（考核项目：检验质量＋质量信息统计＋检验结果仲裁）。
- 考核内容3：服务质量（考核项目：吃拿卡要现象＋检验期量标准）。

**3. "内部模拟法人运行机制"的成效**

成效一，强化了企业的资源配置能力。市场配置资源是企业坚持走市场化发展道路的关键，也是企业实行内部市场化机制的重要一环。中国一重通过构建"内部模拟法人运行机制"，将内部市场化理念引入企业管理实践，在管理实践中逐渐将组织重心向一线市场经营单位倾斜，实现了"指标层层分解、责任层层落实、压力层层传递"，最终实现"企业活力的层层激发"。经营单元的"模拟法人"设定，促使整个组织运作以市场需求为牵引力，形成市场呼唤一线、一线呼唤后方的联动效应。

成效二，增强了基层员工干事创业的激情。中国一重授予一线经营单元更大的经营权力，因为一线最贴近市场，也往往是最能够产生增长活力的地方。"内部模拟法人运行机制"通过经营机制的转换，充分调动了员工的积极性，建立了人的动力机制，使员工实现了"要我做"到"我要做"的转变。

成效三，改善了企业的成本和产品质量问题。"内部模拟法人运行机制"的建立有利于去除中间层级、压缩中间环节，缩短市场反馈链和执行链，提高组织执行力，防止决策信息在层层下达中衰减。这一做法既提高了企业的运营效率，也降低了运营成本。此外，产品质量"零容忍"制度的建立，有助于对产品质量进行科学分析与严格把控，正确处理质量与成本之间的关系，以节约资源、降低产品成本、满足下道工序的要求。

### 5.2.2 研产供销运用快速联动反应机制

**1. "研产供销运用快速联动反应机制"推出的背景**

随着企业规模的不断扩大，中国一重不可避免地出现了"大企业病"的种种迹象。这主要表现在企业内部各部门之间协调困难、管理效率不断下降。在完成客户交付的项目订单时，企业内部的研发、生产、采购、营销、物流等环节经常出现信息共享不及时、问题沟通难推进、客户需求响应不到位等问题，严重影响了项目进度和客户满意度因此加强企业内部各单位的快速联动迫在眉睫。为此，中国一重在探索与实践中实施了"研产供销运用快速联动反应机制"。

"研产供销运用快速联动反应机制"以市场为导向，以市场信息共享平台为手段，通过在全公司范围内的信息共享，实现研发、生产、采购、营销、物流、用户六个环节快速联动，提高企业对客户需求的快速响应能力。通过各层级之间的快速联动，中国一重增强了各个业务系统间的有效协同，实现了"小事不过班、大事不过天"的工作目标，为实现科学决策和提高市场应变能力奠定了基础。

**2. "研产供销运用快速联动反应机制"的建立与运行**

建立"研产供销运用快速联动反应机制"要解决的核心问题是如何将市场信息精准快速地传递到最小的管理单元，以更好地应对市场需求的快速变化，最终使整个生产经营活动达到系统最优、效率效益最佳。中国一重通过不断改进完善，最终形成了一套独特的"大联动"和"小联动"的协同模式。

"大联动"是指研发、生产、采购、营销、物流、用户六大环节的全面联动。主要以公司早间运营调度会的方式进行，由营销部牵头组织，公司领导、"研产供销运用"具体负责单位、二级单位负责人和相关人员参加会议，对当期发生的问题进行梳理，根据问题性质明确解决方案及分工，规定解决时间，并在下次会议上通报问题解决结果。

"小联动"是指各单位内部之间、各部门之间、各业务之间的联动,主要包括供需联动、工序联动、区域联动、内部联动、高层联动、多元联动等。以中国一重重工为例,其各内部单位会在技术质量、设备管理和生产调度之间形成联动,也会在党建和其他运营部门之间形成联动。在事业部生产调度会上,事业部生产、工艺、技术、市场等部门和各生产工厂之间会形成联动,每周对生产计划进行落实,对存在的问题进行梳理,制定解决方案,明确责任单位,并下达考核计划。

需要特别说明的是,"研产供销运用"层面的联动并不局限于某一个企业内部,还可以与企业外部的相关价值链环节发生联动关系。例如,基于市场交易活动与外部企业进行联动,由企业内部采购、销售等部门与企业外部合作者建立合作网络,以快速应对市场变化,既能够实现市场目标,又能够培养合作伙伴,有利于企业的长远发展。

### 3. "研产供销运用快速联动反应机制"的成效

成效一,提高了应对市场不确定性的快速反应能力。把握资源、产品、物流、资本四个市场的区域差、时间差、品种差及价格差,及时将市场信息通过信息共享平台发布,实现研发、生产、采购、营销、物流、用户六个环节快速联动,做到快速反应、及时处理,实现合同履约率逐年提升、质量损失逐年降低,从而赢得市场和用户的信赖。

成效二,提升了企业内部市场信息流动的效率。中国一重通过"大联动"和"小联动"的协同,使得市场信息的传递不再受企业内部层级的限制,实现了企业内部实际法人之间以及模拟法人之间的快速互动,激发了企业的内在活力,全面促进了企业高速有序发展。

成效三,提高了内部资源配置的效率。通过构建"研产供销运用快速联动反应机制",在对六个利润中心盈利潜力进行深度挖掘的基础上,实现内部资源在六个利润中心之间的优化配置,促进各利润中心之间合理竞争、有效协同,实现以快速联动创造效益的目标。

**4. "研产供销运用快速联动反应机制"的典型实践案例**

**案例一:"华龙一号"核反应堆压力容器制造中的联动机制。**中国一重承担了"华龙一号"核反应堆压力容器的制造任务,成功制造了世界最大的2400吨沸腾床渣油锻焊加氢反应器等一大批国家重大技术装备。在该项目中,中国一重推行项目经理负责制,开展专业化生产,实行作业指导书和沙盘推演,从商品产值考核转变为利润和合同履约率等考核。特别是引入"研产供销运用快速联动反应机制",建立生产、技术、质量"内联动",及时沟通,协调解决棘手问题;形成设计、驻厂、营销、项目"外联动",与中国广核集团设计人员、驻厂人员及时沟通,解决外部制约问题。在执行过程中,注重日常协调,出现问题有汇报人,解决问题有负责人,梳理不清有协调人,落实责任有担当人。"研产供销运用快速联动反应机制"给"华龙一号"项目带来的成效主要表现为提升了项目协调效率、保证了项目交付周期、强化了项目交付质量、促进了技术难点的攻克,确保了中国一重在规定时间内高质量地完成全部"华龙一号"反应堆压力容器制造任务(见图5-6)。

图5-6 联动机制成果举例之一

**案例二:青海中钛模具制造项目中的联动机制。**青海中钛模具制造项目交货期紧张,产品质量要求严格,给120吨铸锻钢事业部炼钢厂电渣炉设备生产组织带来较大挑战。面对时间紧、任务重等诸多困难,炼钢厂领导班子在设备投料前,同设备维修厂、动能厂、水压机锻造厂等协同单位开展"大联动",及时召开大型电渣锭投料专题会,完成电极坯料的退火任务。同时,技术部门通过采取措施使电极利用率提升7%,

吨钢电渣钢锭成本降低 500 元。此外，炼钢厂还强化岗位达标工作，制定了电渣炉设备管理制度，建立了内部"小联动"。"研产供销运用快速联动反应机制"不仅使该项目生产操作能力明显提升，交换电极和组合结晶器时间由原来的 15 分钟缩短到 12 分钟，而且有效地提升了电渣钢锭的表面质量，为项目合同成功履约提供了保障（见图 5-7）。

图 5-7　联动机制成果举例之二

### 5.2.3 "两个机制"的组织保障

中国一重在保障"两个机制"有效运行上采取了"上层推行、下层配合"的策略，从不同层面制定全方位、多层次的保障措施，确保"内部模拟法人运行机制"与"研产供销运用快速联动反应机制"的顺畅运行、协同实施。

**1. 集团层保障措施**

建立集团层面"两个机制"推行领导小组，由集团公司总经理为组长、副总经理为副组长、集团公司各部门负责人及二级公司总经理为成员，负责集团公司及所属企业"两个机制"运行的组织、指导、协调、监督以及经验推广工作，集团资产财务部、战略投资部、审计风险部、人力资源部为"两个机制"的具体落实部门。此外，中国一重在集团层面通过"快速联动信息测算系统"下达指令，并管控集团内部各层级的模拟法人。以模拟法人承载快速联动反应机制，深挖内外部利润源泉，从而实现"两个机制"之间的协同互动。

**2. 子公司层保障措施**

在二级公司层面，成立了以销售副总为组长，采购副总、生产副总以及各区域总经理为副组长的多级快速联动领导小组，并建立了研产供销运用快速联动会议制度。公司内部各制造厂也分别成立了联动领导小组，建立了快速联动会议制度，以保障"两个机制"的高效运作。各级联动领导小组坚持定期对模拟法人实体的运行效果（以效定产，以效促产）和研产供销运用联动反应效果（反应速度、预判能力）进行综合评价，不断纠偏调整，确保"两个机制"最大限度地发挥作用。

## 5.3 立主体、划边界:"两个中心"的责任落实

"两个中心"作为"225"管理创新体系的载体,是基于中国一重特有的产品工序流程和研发、生产、采购、营销、物流、用户等价值链特点而建立的。中国一重在持续的管理实践和创新中,逐渐形成了 65 个利润中心、1079 个成本中心,利润中心逐层分解到事业部、班组、业务员或单台设备,不能核算利润的单元设立成本中心,强化成本费用指标的控制。"两个中心"使"内部模拟法人运行机制"进一步落到实处,使"225"管理创新体系实现了班组以上各级组织全覆盖。

### 5.3.1 "两个中心"建立的背景

2016 年以前,中国一重的成本管理主要采用传统的静态管理方式。这导致部分二级单位过于关注产品的质量和工期,不关心成本和利润,企业运营中的浪费现象十分严重。2011 至 2016 年间,厂区堆积废钢达 33 万吨,因闲置、锈蚀造成的经济损失就高达 3 亿元。同期,人工费、材料费、施工机械使用费等刚性成本也在不断上升,导致中国一重吨钢的生产利润远低于竞争对手。如何强化内部管理,实现降本增效,是中国一重面临的核心难题。

中国一重领导班子反复研究浪费问题,组织参观先进企业并学习减少浪费的经验,最后提出:"一定要树立以利润创造为核心的理念,要严格把控项目成本,不能把实验室的做法搬进厂房。"为了强化"利润导向"的意识,中国一重决定实施利润中心机制,并总结出利润中心必须满足的三个条件:首先,该"经营单位"能够输出相对独立的产

品;其次,该产品的价值能够通过引入市场价格或内部转移价格的方式确定;最后,该"经营单位"能够独立核算出利润。对不能满足上述三个条件的单位,设立成本中心。通过对利润中心和成本中心的指标完成情况进行核算、分析、考核,中国一重可以及时发现管理环节存在的差距,采取措施并不断提高。

### 5.3.2 "两个中心"的建立与运行

**1. "利润中心"的建立与运行**

利润中心建立的总体思路是在二级及以下单位划分利润中心,将市场压力下移,将利润目标直接下达给各利润中心,明确其职责职能,实现目标层层分解、责任层层落实。在实际操作中,将原有产值指标转变成收入指标,将分配权授权给各利润中心,调动各利润中心管理层与员工的积极性,使各利润中心实现自主管理、自负盈亏。

中国一重的利润中心,主要分为两类:一类是公司法人利润中心;另一类是模拟法人利润中心。后者虽然不是真正意义上的独立法人,但同样是能够独立核算利润的"经营单位"。模拟法人利润中心有6个部分,分别为研发利润中心、生产利润中心、采购利润中心、物流利润中心、营销利润中心、资金利润中心。

为了支撑利润中心的有效运行和考核,中国一重详细规划了利润指标的分解规则:集团利润指标分为确保、力争和创优三个目标,二级单位把集团的力争目标作为本单位的确保目标,同时,提出本单位的力争、创优目标;二级单位所管辖单位也将上级单位的力争目标作为本单位的确保目标,同时,提出本单位的力争、创优目标,所谓"大保小、下保上、一级保一级"。利润指标的分解通过两个环节完成,即分解集团预算和利润指标以及确定各工序利润目标(见图5-8)。

第一个环节是分解集团预算和利润指标:首先,将集团年度预算目标和年度利润目标按照市场价格分解到集团内部各个利润中心,形成各个利润中心的年度预算目标和年度利润目标;其次,根据资源、产品、物流三个市场的实际情况和集团的利润要求,计算制定出各个利润中心的月度预算目标和利润目标;最后各个利润中心再根据集团下达的预算目标和利润目标制定出具体的落实方案。

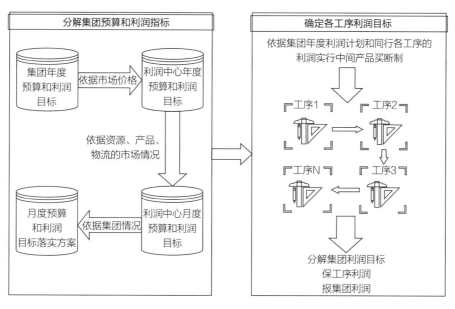

图 5-8 利润中心的建立与运行

第二个环节是确定各工序利润目标：首先，将每个工序视作"独立的法人实体"，结合集团年度利润目标确定各个工序的利润目标；其次，结合同行业各工序产品的单位利润额，确定各种产品在工序间"市场化买卖"的价格；最后，通过推行中间产品买断制，落实"自主经营、自负盈亏"的内部市场化机制，实现以工序利润保集团利润。

以加氢产品毛坯为例，其产品实际工序利润核算办法是：由核电石化公司（见图 5-9）作为订货主体向铸锻钢事业部采购加氢产品毛坯，双方以外部现行市场价格

图 5-9 核电石化公司装备厂区

为基础协商确定毛坯的结算价格，并签订内部市场化合同，结算价格与实际成本之间

的差值便是加氢产品毛坯的利润。

**2. "成本中心"的建立与运行**

成本中心的建立是在资产财务部、采购中心、各子公司事业部的共同牵头组织下，将各级组织分割成若干个独立核算的小型单元，每一个单元都是相对独立的成本中心。这些成本中心在某些经营活动中相对独立，能够承担一定的经济责任。成本中心的划分遵循便于管理、提高效率的原则，需要与中国一重的经营管理严密契合，在对成本中心的科学管理中提高公司成本控制效率。

成本中心的建立与运行主要包括以下几个环节。第一，对各级单位的成本和费用进行归集、分配，明确能够承担控制、考核责任的成本中心。中国一重的成本中心覆盖各个环节，生产单位分解到班组、机台，销售单位分解到业务员，其他单位分解到研发人员、采购员、运输队、各个职能部门。第二，持续强化成本管控，坚持市场倒逼，在满足质量和交货期的前提下，完善标准成本体系，不断降低各项成本费用，为提高利润水平提供保障。第三，严格成本管理，从降低工艺成本、采购成本、制造成本等方面入手，以市场价格倒推目标成本，持续推进各环节成本优化。第四，强化采购管理职能，完善集中采购运行机制，加强企业供应链管理，着重降低采购成本，实行供应商动态管理。

### 5.3.3 "两个中心"的成效

"两个中心"成立后，各个利润中心的收入通过内部结算形成，可以横向比较各阶段的利润和成本水平，在对比中发现自身的不足，从而激发各中心降本增效的动力。在新的管理模式下，中国一重的产品成本、三项费用等指标逐年下降，净资产利润率、成本费用占营业收入比重等指标逐年改善，进而实现利润总额持续上升（见图5-10）。2018年，利润总额为3.08亿元，同比增长185%；2019年，利润总额为8.01亿元，同比增长160%；2020年，利润总额为13.39亿元，同比增长67%。

除了可以直接用货币计量的利润增长外，"两个中心"的设立还给中国一重带来了很多无法用货币直接计量的积极影响。

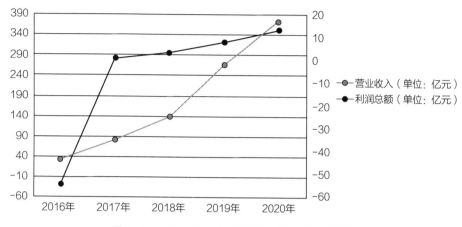

图 5-10 中国一重近 5 年的营业收入和利润总额统计图

成效一，有效地激发了各单位的工作潜能。"两个中心"的设立，促使中国一重能够客观地评价各个利润中心的利润水平，帮助企业更加明确地进行经营指导。对于利润水平高的单位，在生产管理方面给予更大的支持；对于利润水平不足的单位，帮助其找到问题、分析原因，提出详细的改进措施。在"两个中心"的基础上，中国一重能够实现生产经营安排和财物资源配置的优化匹配，并通过完善的激励约束机制激发各个岗位的工作潜能，从而增强各个单元的生产效能。

成效二，有效地提升了各单位的成本管控能力。"两个中心"设立之前，中国一重内部成本管控较为粗放，间接费用分摊方式简单，导致成本核算的精度和准度较差。"两个中心"设立之后，通过对各单元的成本流程把控，中国一重基本实现对整个生产经营过程进行事前预测、事中监控、事后分析的全过程成本管控。通过建立目标准确、管控有效、奖惩合理的责任成本管控体系，企业内部半成品或者劳务费用可以精确核算，从而促使各个利润中心主动采取措施提高生产管理水平，实现降本增效。

成效三，有效地强化了员工的成本责任意识。"两个中心"的设立，通过落实各个部门的成本管控责任，充分发挥了各个责任主体的主观能动性，有利于促进员工成本管理潜质的发挥，进而提高企业成本管理的整体水平。以"两个中心"为载体，中国一重形成了一整套规范有序的责任管控体系，将各单元的利润和成本指标与员工的工作开展建立起密切关联，从而有效地转变了员工的成本管理思想，强化了员工的成本责任意识。

以集团下属的轧电制造厂为例,"两个中心"建立与运行以来,该工厂的机加二班利用平台打破企业间的界限、技术封锁的界限,跨地域合作,为企业降本增效,仅常规岛低压开槽一个课题就由原来的120多天缩短到65天,机床成本节省146万元,刀具成本节省近10万元。2017年共立课题四项,完成四项,共计节省各项成本费用近900万元(见图5-11)。

图5-11 轧电制造厂的降本增效

### 5.3.4 "两个中心"与"1+10"全面预算保障体系

**1. "1+10"全面预算保障体系提出的背景**

"两个中心"建立与运行以来,权力逐步下放,各单位在其规定的范围内有责有权、积极工作,形成既对成本、收入、利润负责,又对投资效果负责的责任中心。以责任为核心的"两个中心"使中国一重对经济效益的过程控制与核算由准确转为精确,形成"人人会核算、事事要核算、时时快核算"的全员经营理念。为了保证这一理念的有效落地,保障"两个中心"发挥作为责任中心的作用,中国一重同步提出了"1+10"全面预算保障体系,通过建立规范透明、标准科学、约束有力的预算制度,落实对"两个中心"的管理与考核。

基于《关于进一步深化中央企业全面预算管理工作的通知》等国家现行政策,中国一重创新预算管理方式,注重结果导向、强调成本利润、硬化责任约束,坚定不移地落实全面预算管理在联系企业战略目标与日常经营中的重要纽带作用。通过构建全方位、全过程、全覆盖的"1+10"全面预算保障体系，中国一重可以实现预算和成本利润管理一体化，可以有效地防范企业投融资活动带来的风险，提高中国一重的资源配置效率和使用效益。

**2. "1+10" 全面预算保障体系的建立与运行**

中国一重的"1+10"全面预算保障体系以发展战略为导向，在对未来经济环境进行预测的基础上，确定年度经营管理目标，逐级分解、过程监控、严格落实、刚性考核，倒逼改革创新、提质增效、管理提升、转型升级，为实现集团年度目标和高质量发展提供保障。

其中，"1"是集团的全面预算方案，作为全年生产经营工作的目标和策划，是年度生产经营工作的总方案和总指南。年度预算的编制是衡量公司各级管理者生产经营水平、管控能力、资源利用效率和团队经营活动的重要标尺。预算编制要始终坚持"三个扎根"（即扎根市场、扎根基层、扎根项目），坚持"五个面向"（即面向营销人员、面向研发人员、面向管理人员、面向全体党员、面向全体职工），坚持"六个原则"（即创先争优原则、效益优先原则、问题导向原则、管理提升原则、求真务实原则、"双创"原则），以三上三下的组织方式保证全方位、全过程、全员参与编制和实施。

"10"是为确保预算指标的顺利完成，建立起10个保障体系。第一，建立市场营销体系，拓展企业持续发展空间，为全面预算目标提供市场信息保障。第二，建立自主创新、开放合作相融合的多元化、开放式科技创新体系，为计划预算目标提供技术保障。第三，建立采购管理体系，提高采购质量，为全面预算目标提供高质量、低成本的原材料保障，形成一套"监督、制约、激励"相结合的采购管理新机制。第四，建立生产管控体系，增加产品的市场竞争力，为全面预算提供成本适当、质量优良的产品保障。第五，建立质量保证体系，确保产品质量，为全面预算提供质量管控保障。第六，建立资本运营体系，为全面预算目标提供资金保障，通过经济活动分析，找出制约物流、资金流周转速度的环节并重点解决，不断挖掘资本效益。第七，建立设备能源体系，对标设备管理先进企业，初步建成具有中国一重特色的设备能源综合管控体系，筑牢夯实公司高质量发展的设备能源管理基础。第八，建立投资保障体系，研究国家相关产业政策，结合公司战略规划寻求新的投资项目。第九，建立人力资源体系，坚持党管人才、党管干部原则，以目标管理为基础，以关键业绩指标为核心，为全面预算目标提供人力保障。第十，建立党的建设体系，以坚持和加强党的全面领导为根本原则，切实发挥公司党委的领导作用和各级基层党组织的战斗堡垒作用，为全面预算目标提供政治保障。

**3. "1＋10" 全面预算保障体系的成效**

成效一，提升了企业风险防范能力。中国一重通过全面预算保障体系，促使全面风险管理在企业落地生根，建立起企业的风险预警机制和全面全员全过程全体系的风险防控机制，促进了企业资本结构平衡稳定，在风险可控的范围内，使资产结构趋向一个合理的水平，增强集团整体的公信力和执行力。

成效二，强化了企业考核评价的依据。通过完善 "1＋10" 全面预算保障体系，强化预算执行的刚性约束，中国一重基本实现 "预算管理到班组、价值核算到岗位、成本降低到个人" 的管理目标，做到 "人人心中有指标、人人岗位有增值"。全面预算保障体系通过有效的责任、制衡与监督机制，为企业考核评价提供了指标基础，在中国一重的绩效评价中发挥了重要作用。

成效三，推进了 "225" 管理创新体系的持续运行。通过推进全面预算管理与 "225" 管理创新体系深度融合，形成预算闭环管理，建立完善预算执行结果偏差控制机制、纠正机制和考核机制，进一步补齐责任体系、跟踪体系和评价体系的短板，有效地帮助中国一重应对市场挑战、化解经营风险，促进企业持续、快速、健康发展。

## 5.4 强规范、抓落实:"五个体系"的系统实施

为了保证"两个中心"的科学高效运行,中国一重系统实施了指标体系、责任体系、跟踪体系、评价体系和考核体系,简称"五个体系"。"五个体系"是中国一重"225"管理创新体系的核心内容,是中国一重充分激发内生活力、不断增强发展动力的重要推手,是中国一重扎根市场实际,加快推进高质量发展的重要支撑。

### 5.4.1 "对标一流,持续优化"的指标体系

中国一重坚持对标国内先进企业、世界一流企业,建设科学量化的指标体系,设立可量化的目标和评价标准,并在管理实践中保持动态更新、持续优化,为中国一重管理运营的持续高质量发展不断注入新动力。

具体来说,中国一重紧盯业界顶尖水平,对比标杆找差距,苦练内功谋发展,结合上级要求和实际运行情况确立各项指标,并将各项指标逐层细化分解到每一个工作岗位,确保指标层层保障。从集团到二级公司,到各个制造厂,再到各个班组、机台,不断细化和具体,最后分解到每一位一线员工,形成自上至下的完整指标体系,为集团的全面持续优化提供坚实保障。

以 2020 年一重集团(黑龙江)重工有限公司的指标体系为例:集团以行业领先水平和历史最好水平为参照,在子公司、各制造厂、各班组、各机台等不同层面确立相应的综合指标,涵盖主营收入、合同履约率、工时、单位变动成本等内容也包含部门费用、存货占用、作业指导书完成率、质量指标等否定性指标。此外,中国一重在子公

司层面和各制造厂层面确立了以利润总额为重点的否决指标,参照 2019 年相关部门的力争指标拟定 2020 年的确保指标,并以此将利润指标逐层分解,与其他生产经营指标共同构成完整的指标体系,为集团 2020 年利润总额 67% 的同比增长作出了重要贡献。

在指标体系构建的基本原则框架内,中国一重有针对性地在各级单位部门分解不同的重点指标(见表 5-3 至表 5-6)。比如,集团公司的指标以国资委考核的五项重点指标为主,研发单位的重点指标着重考察重点科研项目节点完成率、新产品开发、专利等,生产单位的重点指标涵盖利润、营业利润率、资产负债率、合同履约率、安全、环保、质量、风险等,模拟法人利润中心单位的重点指标包含服务单位利润总额、设备可作业率、产品出厂合格率、原材料占用、业主委托考核等,营销部门的重点指标主要侧重销售收入、核心业务订货、应收账款回收率、核心业务占收入比重等。

表 5-3　公司利润分档情况

| 分档 | 对应的分档薪酬 |
| --- | --- |
| 完成值 < 70% 确保值 | 免职,拿基本生活费 |
| 70% 确保值 ≤ 完成值 < 80% 确保值 | 日常考核绩效薪酬 |
| 80% 确保值 ≤ 完成值 < 确保值 | 年终兑现绩效薪酬 |
| 确保值完成率 > 100% | 力争指标增量薪酬 |
| 完成值 > 力争值 | 创优指标增量薪酬 |
| 完成值 > 创优值 | 按照上一档奖幅的一半计算 |

表 5-4　公司关键指标否决情况

| 指标种类 | 关键指标 | 考核对象 | 否决规则 |
| --- | --- | --- | --- |
| 分类指标<br>(奖一罚二) | 经济增加值(EVA) | 子公司 | 每高于目标值 1%,加绩效薪酬 1%;每低于目标值 1%,扣绩效薪酬 2% |
| | 存货占用 | 子公司、事业部 | |
| | 成本费用总额占营业收入比重 | 子公司、事业部 | |
| | 资产负债率 | 子公司 | |
| | 产品质量 | 子公司、重装事业部、军工事业部 | |
| | 峰时用电比例 | 铸锻钢事业部 | 每高于确保目标值 1%,扣绩效薪酬 2%;每低于确保目标值 1%,加绩效薪酬 1%,每低于力争目标值 1%,加绩效薪酬 1.5% |

表5-5 制造厂指标分解情况

| 指标<br>(制造厂确保) | 重装装备<br>制造厂 | 内部责任分解(按成本中心): | | | | | "事业部-制造厂"责任体系 | | | |
|---|---|---|---|---|---|---|---|---|---|---|
| | | 生产管控中心 | 机加一班组 | 机加二班组 | 机加三班组 | 装配班组 | 一级制造厂内分管部门 | 二级制造厂分管中层领导 | 二级制造厂分管厂领导 | 三级事业部分管部门 |
| 作业指导书完成率(%) | 97% | 98% | 98% | 98% | 98% | 98% | 项目组 | 生产厂长 | 厂长 | 安全生产部 |
| 质量指标(%) | 99.68% | 99.68% | 99.68% | 99.68% | 99.68% | 99.68% | 项目组 | 技术厂长 | 厂长 | 质量部 |
| 利润总额(万元) | 4,026.54 | 4,026.54 | | | | | 办公室 | | 厂长 | 财务部 |
| 总收入(万元) | 66,230.82 | 66,230.82 | | | | | 项目组 | 生产厂长 | 厂长 | 安全生产部 |
| 1.产量(吨) | 36,679.72 | 36,679.72 | | | | | 项目组 | 生产厂长 | 厂长 | 安全生产部 |
| 2.工时(万小时) | 114.12 | | 34.30 | 24.89 | 16.34 | 38.59 | 项目组 | 技术厂长 | 厂长 | 工艺部 |
| 总成本(万元) | 62,204.28 | 60,840.20 | 541.57 | 373.65 | 262.08 | 186.78 | 办公室 | | 厂长 | 财务部 |
| 变动成本 1.原材料 | 50,201.26 | 50,201.26 | | | | | 项目组 | 生产厂长 | 厂长 | 安全生产部 |
| 2.燃料、动力 | 463.67 | 463.67 | | | | | 项目组 | 技术厂长 | 厂长 | 工艺技术部 |
| 3.打磨、脚手架 | 272.00 | 272.00 | | | | | 项目组 | 生产厂长 | 厂长 | 工艺技术部 |
| 4.委托加工 | 306.00 | 306.00 | | | | | 项目组 | 生产厂长 | 厂长 | 安全生产部 |
| 5.运输费(场内倒运) | 269.94 | 269.94 | | | | | 项目组 | 生产厂长 | 厂长 | 安全生产部 |
| 6.工具 | 1,102.37 | | 450.01 | 317.24 | 214.38 | 120.75 | 工具办 | 生产厂长 | 厂长 | 工艺技术部 |
| 7.机物料 | 259.64 | | 90.97 | 55.95 | 47.14 | 65.58 | 物料办 | 生产厂长 | 厂长 | 工艺技术部 |
| 8.差旅费 | 3.60 | 3.60 | | | | | 办公室 | 生产厂长 | 厂长 | 财务部 |
| 9.办公费 | 6.12 | 4.06 | 0.60 | 0.46 | 0.56 | 0.44 | 财务部 | 技术厂长 | 厂长 | 财务部 |
| 10.维修费 | 1,512.83 | 1,512.83 | | | | | 工具办 | | 厂长 | 工艺技术部 |
| 小计 | 54,397.44 | 53,033.36 | 541.57 | 373.65 | 262.08 | 186.78 | 办公室 | | 厂长 | 财务部 |
| 固定成本 11.职工薪酬 | 4,592.09 | 4,592.09 | | | | | 办公室 | 厂长 | | 财务部 |
| 12.安全生产费 | 181.50 | 181.50 | | | | | 项目组 | 生产厂长 | 厂长 | 安全生产部 |
| 13.折旧费 | …… | …… | | | | | …… | …… | …… | …… |
| 小计 | 7,806.84 | 7,806.84 | 0.00 | 0.00 | 0.00 | 0.00 | | | | 156 |

表5-6 班组指标分解情况

| 确保指标 | | 机加一班组 | 内部责任分解（按成本单元）： | | | | … | "制造厂-班组"责任体系 | |
|---|---|---|---|---|---|---|---|---|---|
| | | | 6×18机台 | 5×24机台 | 5×20机台 | 双立柱 | | 一级本中心负责人 | 二级制造厂内分管部门 |
| 作业指导书完成率（％） | | 98% | 100% | 100% | 100% | 100% | …… | 万玉柱 | 项目组 |
| 质量指标（％） | | 99.68% | 100% | 100% | 100% | 100% | …… | 万玉柱 | 项目组 |
| 工时（万小时） | | 34.3 | 1.59 | 1.67 | 1.62 | 2.08 | …… | 万玉柱 | 项目组 |
| 可比口径单位变动成本 | | 15.79 | 23.01 | 17.91 | 15.70 | 16.55 | …… | 万玉柱 | 办公室 |
| 可比口径变动成本 | 1. 工具 | 450.01 | 21.47 | 22.55 | 21.87 | 28.08 | …… | 万玉柱 | 工具办 |
| | 2. 机物料 | 90.97 | 15.09 | 7.34 | 3.53 | 6.32 | …… | 万玉柱 | 物料办 |
| | 3. 办公费 | 0.60 | 0.03 | 0.03 | 0.03 | 0.03 | …… | 万玉柱 | 办公室 |
| | 合计 | 541.57 | 36.58 | 29.91 | 25.43 | 34.43 | | 万玉柱 | 办公室 |

## 5.4.2 "横向到边,纵向到底"的责任体系

中国一重构建了"横向到边,纵向到底"的责任体系,推动"全战线"行动。以两个责任书的形式将责任体系层层分解,贯彻落实到不同层级和不同个人,从而为各项业务的顺畅流转提供有力保障(见图5-12)。

图5-12 责任书示例

具体而言,集团公司按照年度和任期两个期限与二级单位负责人签订《经营业绩责任书》或《责任状》,与一般岗位员工签订《岗位责任书》,并结合岗位合同以及一人一卡的岗位安全卡等多种形式,按照两条主线进行"横向到边,纵向到底"的责任分解与落实。在横向层面,两个责任书从集团公司到机关职能部门,再到机关管理人员(包括销售部门),最后到一线业务员,把具体责任范畴进行分解落实;在纵向方面,从集团公司到子公司、事业部、中心,再到制造厂、班组、基层员工,把责任细

节层层分解落实。

基于此，中国一重既可以对公司管理工作以及各项业务工作进行检查指导和考核，从而真正实现公司业务职责清晰、运转有序、问责有效，同时又可以促进管理水平阶梯式稳步提升。以铸锻钢事业部为例，集团公司与铸锻钢事业部负责人签订《负责人经营业绩责任书》与《安全环保责任书》，并据此制定《炼钢厂技术厂长岗位工作标准》以及《铸锻钢事业部铁路运输中心"岗位安全卡"》等相关章程，确保铸锻钢事业部责任能够层层落实、管理水平能够稳步提升。

与此同时，相关章程的制定也进一步规范了一线员工的各项工作流程，从而推动中国一重管理水平的科学化和标准化。比如，《铸锻钢事业部铁路运输中心"岗位安全卡"》明确规定内燃机乘务员的七项安全操作规程，包括：一是机械间内禁止烟火，机车上配备灭火器具，定期检查，并掌握使用方法；二是机车行驶中禁止机务人员到司机室内外做检查和其他工作，乘务员有权拒绝非作业人员登车，严禁任何人跳车爬车，乘务员禁止飞降飞乘；三是机车作业结束时必须停留在警冲标内方，关闭机控小闸置于制动位；四是严格禁止让给无操纵权者操作机车，对经批准有操纵机车资格的副司机在操纵机车时应进行监督；五是严格执行"呼喊应答制"，不得臆测行车；六是机车待命时，未有调车员的信号不得擅自动车；七是机车作业中乘务组任何人员离开机车都不得继续作业。

### 5.4.3 "动态跟踪，过程控制"的跟踪体系

中国一重构建了"动态跟踪，过程控制"的跟踪体系，实现管理运营的全过程调控。"动态跟踪，过程控制"的跟踪体系既是保证预算完成的重要支撑，也是"五个体系"中承上启下的关键环节，对实现公司"指标层层分解、责任层层落实、压力层层传递、活力层层激发"的总体目标具有重要意义。

"动态跟踪，过程控制"的跟踪体系按照"一级抓一级、一级保一级、层层抓落实"的问责机制，结合不同任务特征对各项工作指标进行动态追踪和过程调控，根据对工作完成情况的全面考量和深入剖析，及时发现问题并予以有效解决。跟踪体系既涉及纵向跟踪，即事业部、子公司高层、职能部门对生产进度、重点项目的跟踪，也

涉及横向跟踪，即研发、生产、质量等单位对生产单位的产品工艺、时间进度、质量情况的跟踪。

中国一重根据各系统不同的业务性质，采用"日跟踪、周联动、旬平衡、月分析"，在不同层级中通过灵活多样、便于操作的方式，采取跟踪式督促、参与式考核、阶段性问效等措施，在集团公司各个层面实现科学有效的管理控制。在集团公司层面，每日举行早间运营调度会，协调解决公司整体生产运行过程中发现的问题；每月进行经济运行分析、月度预算执行情况通报，跟踪各项指标执行情况，及时发布预警。此外，中国一重在各季度定期召开商业计划书汇报会，对各单位预算执行情况进行分析，发现问题并进行相应整改，同时拟定或调整下季度工作目标。

商业计划书是中国一重跟踪体系贯彻落实的重要载体，是为定期跟踪各单位预算执行情况、及时发现问题并加以解决、确保年度目标完成而建立的一项定期汇报机制，原则上每季度定期召开。具体而言，在每季度的最后一个月，中国一重在公司层面以及二级单位和三级单位层面召开商业计划书汇报会。公司级商业计划书汇报会的参会人员为集团公司董事长、公司高级管理人员及部分职能部门负责人。各单位汇报的主要内容为当期预算指标完成情况、重点工作完成情况、目前存在的主要问题及解决措施、下一阶段工作目标及重点工作。自2016年6月15日第一次召开至今，公司级商业计划书汇报会按照每季度召开一次的频率，已召开20多次。

以中国第一重型机械股份公司2021年第2季度的商业计划书为例，该商业计划书总结了近期的主要工作，涵盖九大指标、营销工作、生产管控、质量管理、市场开拓、科技创新、战略规划、财务管理、深化改革、党建工作十个方面的工作表现，指出了当前存在的主要问题，如订货结构不尽合理、外协配套滞后、转子质量有待进一步改善以及产学研合作仍需加强等，同时提出公司针对上述问题而制定的解决措施。

通过召开商业计划书汇报会，中国一重能够全面及时地掌握各二级单位年度预算执行情况，对预算执行中存在的问题及时发现并加以解决，从而确保公司顺利完成各年度工作目标。基于公司级商业计划书的全局性跟踪及工作部署，二三级单位进一步落实细化具体工作细节。例如，二三级单位每日进行小范围联动，分析生产安排、质量控制等工作；每周进行生产调度联动、生产党建联动，及时跟踪项目生产进度，解决发现的短期问题；每月进行沙盘推演、召开经济运行分析会，针对生产中的瓶颈问题制定解决方案。铸锻钢事业部的跟踪体系运行如下（见表5-7）。

表5-7 锻钢事业部跟踪体系情况表

| 单位 | 日跟踪 | 周联动 | 旬平衡 | 月分析 |
|---|---|---|---|---|
| 事业部 | 跟踪公司早会项目 | 事业部生产调度会；产、供、销联动 | 质量监督检查 | 生产计划汇报会<br>质量分析会<br>经济运行会<br>设备联合检查 |
| 制造厂 | 炼钢厂日成本；铸铁轧辊厂日成本；各制造厂生产日检查 | 安全大检查 | 总结分析调整平衡 | 生产、质量、成本分析 |
| 班组 | 班前会 | 周生产计划联动会 | | |
| 职能部室 | | 周工作计划、总结 | 总结分析调整平衡 | 分管工作分析 |

此外，作业指导书也是中国一重跟踪体系的具体表现形式，主要依据合同交货期、股份公司生产的总体安排及营销计划编制，以提高项目履约率、确保项目按期交货为目的，分为不同层级的作业指导书。一级作业指导书包括项目内容、项目要求、风险等级、风险来源分析、承制单位及责任人等，二、三级作业指导书分别对一、二级作业指导书进一步细化，执行作业指导书日完成情况汇报制度、周完成情况报送制度，确保各项工作如期完成。轧电制造厂2021年6月产品四级作业指导书如下（见表5-8）。

表5-8 作业指导书示例

| 合同号 | 产品号 | 图号 | 用户 | 产品名称 | 卡号 |
|---|---|---|---|---|---|
| 21-F73003-ZC | 21F73003ZC03 | 0001 | 欧冶 | 支承辊 | 2100884 |
| 承制机床 | 工序名称 | 加工工序 | 本序工时 | 类别 | 产品交货期 |
| | 半精 | 13 | 79 | 2 | 2021.7.15 |
| 具体时间（日） | | | | | |
| 计划时间 | | | | | |
| 实际完成 | | | | | |
| 交货期风险 | 无 | 质量风险 | 必须使用千分尺留磨量 | 安全风险 | 合理摆放枕木 |
| 工段接收人 | | 编制 | 安宇 | 审批 | 卢军魁 |

### 5.4.4 "四步评价，九大指标"的评价体系

中国一重坚持对标优化，构建了"四步评价，九大指标"的评价体系，不断挖掘增长潜力，推动全方位超越。"四步评价，九大指标"指的是评价体系实施过程中立标、对标、达标、创标的四个具体步骤，以及构成评价体系的利润总额、净利润、营业收入利润率、资产负债率、研发经费投入强度、营业收入、经济增加值、现金流动负债比率、职工人均年收入增长率九大指标。

为不断激活中国一重的驱动力和竞争力，弥补发展短板与不足，中国一重通过积极对标历史最好水平以及国内外先进企业，参照其他单位的优秀指标评价各项主要工作，采取如下四个步骤进行评价：首先，选择标杆企业，该企业既要优于中国一重的现状，又需兼具可比性，通过多方收集资料，完成立标；其次，通过与标杆企业进行全方位指标比对，深入分析自身不足，对照标杆找差距，进行对标；再次，在考核评价中增加对标因素，促使各责任单位制定措施、完成整改，实现达标；最后，实现目标值，并进一步优选对标对象，从而实现月月有提高、季季能进步、年年上台阶，达到创标。

同时，中国一重以国务院国资委对中央企业经营业绩"两利三率"考核指标为基础，以科学编制"十四五"发展规划为契机，构建了"九大指标"的评价体系，以期全方位增强企业的竞争力、创新力、控制力、影响力、抗风险能力，通过持续强化企业向心力、激活力、驱动力、协同力、竞争力和凝聚力，从根本上推动企业的战略转型。九大指标一方面从经济效益、资产运行质量、现金流、发展成果共享等方面对企业运行效果进行全方位评价，另一方面为企业充分激发内生活力、不断迈向高质量发展新阶梯奠定坚实基础。

其中，"两利"指标是指利润总额和净利润，主要衡量各单位经济效益的增速情况。"三率"指标是指营业收入利润率、资产负债率和研发经费投入强度，营业收入利润率是衡量各单位发展质量的重要指标，资产负债率是衡量公司财务风险程度的重要指标，研发经费投入强度综合反映各单位在基础研究、应用研究和试验发展上的投入水平。此外，营业收入衡量各单位主要经营成果，保障公司实现利润目标；经济增加

值是全面考核企业经营者有效使用资本和为股东创造价值的重要工具，也是企业价值管理的重要抓手；现金流动负债比率反映出各单位偿还流动负债的实际能力；职工人均年收入增长率充分体现出企业发展成果与职工共享以及全心全意依靠职工办企业的发展理念。

"四步评价，九大指标"的评价体系为中国一重各层级部门的综合工作考评奠定了基础。例如，为表彰先进、进一步充分调动各单位争先创优的生产热情，中国一重制定了《红旗单位和先进单位评比办法》。该办法以加快推进中国一重高质量发展为指引，以坚定不移地完成各阶段性目标和年度总体目标为纲领，进一步细化九大指标在各单位评比中所占比重，系统全面地评审营销部、铸锻钢事业部、核电石化公司、新能源公司等11家单位在完成本单位阶段性目标和年度总体目标工作中的表现，进一步推动了中国一重的高质量快速发展。

### 5.4.5 "刚性原则，严格兑现"的考核体系

中国一重构建了"刚性原则，严格兑现"的考核体系，通过推动全员全身心投入，层层激发内生活力，持续培育增长动力。集团不断完善经营业绩考核办法，使得考核指标既符合国资委的考核工作要求，又能满足中国一重总体发展需要，同时兼顾具体业务短板。

中国一重的考核激励体系以评价体系的评价结果为依据，按照市场化原则，坚持正向激励、负向约束、定向容错。中国一重充分发挥考核的指挥棒作用，施行竞争性、战略性、差异化薪酬政策，建立与市场接轨的分类分级考核体系，对应确保、力争、创优三个工作目标实施相应梯次的考核方案，使得考核结果不仅能够真实反映各单位生产经营的实际情况，也能够保证考核激励机制的科学性与有效性（见图5-13）。

中国一重秉持"刚性原则，严格兑现"的理念，制定了《中国一重集团有限公司经营业绩考核暂行办法》。该办法详细规定了各单位考核对象与考核指标，明晰了各指标比重、薪酬计算方法等相关信息，做到了公正公开、透明翔实。总体而言，中国一重执行全员年度考核和任期考核相结合的分档考核评价办法，依据各项基本指标综合

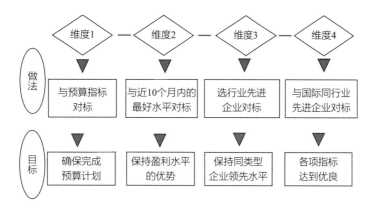

图 5-13 中国一重考核激励体系执行方案

完成率计算年度应得薪酬,通过综合任期三年的年度经营业绩考核结果明确年度薪酬激励系数(见图 5-14)。

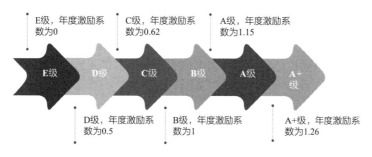

图 5-14 中国一重考核激励体系执行办法

在此基础上,中国一重充分授权二级单位制定符合本单位实际情况的差异化薪酬方案,遵循"以岗定薪、岗变薪变"的分配原则,依据"收入凭贡献"的总要求分级分类确定薪酬,强化按业绩考核的分配导向,拉开了同级别人员的收入差距,有效地激发了二级单位自主经营发展的积极性。在"刚性原则,严格兑现"的考核体系下,中国一重深化了全员绩效考核机制,真正建立起全员"业绩升、薪酬升、岗级升;业绩降、薪酬降、岗级降"的"能上能下、能高能低、能进能出"的"强激励、硬约束"动态化机制,实现了既有激励又有约束、既讲效率又讲公平的分配机制。

需要着重指出的是,中国一重在实施分类考核与薪酬分档的基础上,设置了否决指标并真正落实。各单位负责人年度薪酬和各单位年度工资基数按完成确保值、力争值、创优值分档,各单位工资总额分档按比例增幅设置。负责人薪酬以利润指标作为否决指标,根据利润完成值所在区间确定分档薪酬基数,利润指标完成率低于70%或收入完成率低于60%的只发放基本生活费。比如,2019年专项装备部(原军工事业部)主要负责人因业绩不佳只发放基本生活费,并被调整岗位;2017年中国一重二级子公司天津重工主要负责人因业绩不佳,被退岗还员。

为进一步提升激励的有效性,中国一重构建了"五个通道"的晋升机制和"五个倾斜"的激励机制。"五个通道"的晋升机制,即在行政职务序列之外,增加技术研发人员、营销人员、管理人员、党务人员、技能人员五个晋升通道,为更多员工的职业发展提供通道。"五个倾斜"的激励机制是指中国一重以多劳多得、公平公正为原则,坚持薪酬分配向营销、高科技研发、苦险脏累差、高级管理、高技能五类人员倾斜,鼓励所有员工各尽所长,共同为中国一重的发展尽心尽力(见图5-15)。基于此,高科技研发人员施行"基本薪酬+项目研发计提+成果转让计提"的薪酬体系;高技能及苦险脏累差岗位人员的分配系数一般也能够达到普通管理或者辅助岗位人员的1.3~1.6倍。

图5-15 奖励劳动模范

此外,红旗单位、先进单位评比也是中国一重考核体系的重要组成部分。自2017年6月开始,中国一重以每年元月及各季度为周期,对公司主要二级单位及重要三级单位实施红旗单位、先进单位评比,迄今已完成 20 次评比表彰工作。红旗单位以完成各阶段力争目标为标准进行评比,先进单位以完成各阶段确保目标为标准进行评比。通过红旗单位和先进单位的评比表彰,中国一重各单位干事创业、争先创优的生产热情得到了充分激发,持续增长动力和内生活力得到了进一步巩固提升。

中国一重的考核体系融合了指标、责任、跟踪、评价和考核,对所有单位和所有人员实现了全面覆盖,坚持公开、透明、公正的原则,取得了良好效果,为中国一重的持续健康发展提供了坚实保障。得益于此,中国一重在短短几年内迅速扭转了经营活力不强、发展动力不足的困境,在建设具有国际竞争力的世界一流产业集团的征程上实现了历史性跨越。

第六章

# 创业奋进：
建设世界一流产业集团

面对错综复杂的国内外形势，全体一重人牢记习近平总书记的嘱托，坚持党的领导、加强党的建设、持续解放思想、不断改革创新，攻坚克难、艰苦创业，付出了巨大努力，圆满完成了"十三五"任务目标，闯出了一条浴火重生、涅槃奋起之路，开创了跨越式高质量发展的新局面。今天，中国一重再一次扬帆起航，创建世界一流产业集团，踏上了超越式高质量发展新征程。中国一重创业奋进的四个阶段，见图6-1。

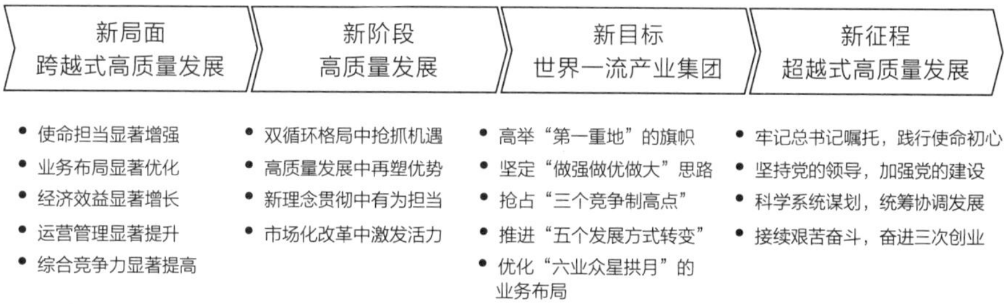

| 新局面<br>跨越式高质量发展 | 新阶段<br>高质量发展 | 新目标<br>世界一流产业集团 | 新征程<br>超越式高质量发展 |
|---|---|---|---|
| • 使命担当显著增强<br>• 业务布局显著优化<br>• 经济效益显著增长<br>• 运营管理显著提升<br>• 综合竞争力显著提高 | • 双循环格局中抢抓机遇<br>• 高质量发展中再塑优势<br>• 新理念贯彻中有为担当<br>• 市场化改革中激发活力 | • 高举"第一重地"的旗帜<br>• 坚定"做强做优做大"思路<br>• 抢占"三个竞争制高点"<br>• 推进"五个发展方式转变"<br>• 优化"六业众星拱月"的业务布局 | • 牢记总书记嘱托，践行使命初心<br>• 坚持党的领导，加强党的建设<br>• 科学系统谋划，统筹协调发展<br>• 接续艰苦奋斗，奋进三次创业 |

图6-1 中国一重创业奋进的四个阶段

## 6.1 开创跨越式高质量发展新局面

天下之势,以渐而成;天下之事,以积而固。中国一重认真学习贯彻习近平新时代中国特色社会主义思想,深刻领会落实习近平总书记两次视察中国一重的重要指示精神,着力推动改革创新,大力调整产业结构,筑就了高质量发展新优势,奠定了建设具有全球竞争力世界一流产业集团的坚实基础。2016年5月以来,中国一重在市场竞争的海洋中,乘风破浪、勇立潮头,奏响了生存自信、发展自觉、再创辉煌的最强音,用汗水和智慧向习近平总书记和党中央交上了一份高质量发展的合格答卷,开创了跨越式高质量发展的新局面!

### 6.1.1 使命担当显著增强

装备制造是中国一重的传统核心业务。中国一重始终坚持聚焦主责主业,坚决扛起"大国重器"的国家使命,形成了高质量发展的硬核支撑,使命担当显著增强。

#### 1. 履行使命的能力更加突出

信仰、信念、信心,任何时候都至关重要。离开物质力量我们会陷入贫弱,离开精神力量我们则会意志委靡,物质力量也无从发挥。星光不问赶路人,时光不负有心人,当此时势交汇之际,中国一重具备坚实基础,拥有无比信心,履行使命的能力更加突出。

信仰是精神的支柱,中国一重对马克思主义的信仰更加坚定。中国一重之所以能够涅槃奋起,在市场竞争中扭亏脱困,取得一个又一个的胜利,就在于中国一重从未动摇过对马克思主义的信仰。从"坚持发展是硬道理"的勇气，到"将改革进行到底"的决心，中国一重在"赶考"的路上，始终在学深悟透习近平新时代中国特色社会主义思想中坚定对马克思主义的信仰，毫不动摇地坚持以习近平新时代中国特色社会主义思想武装头脑、凝心铸魂。在坚定的信仰下，始终坚持把习近平新时代中国特色社会主义思想、习近平总书记关于新时期国有企业改革发展的系列论述作为自己的行动指南，以一为重、永争第一。

信念是奋斗的航标，中国一重对"做强做优做大"的信念更加坚定。中国一重的绝境重生、实现高质量发展表明，国有企业是可以做好的。做民族装备工业的工业母机、做大国重器、做维护国家经济安全的工业长子、做代表国家参与全球竞争的重要力量，始终是中国一重的信念。中国一重相信，只要风雨无阻，砥砺前行，只要坚定中国特色社会主义的必胜信念，人间一切美好的东西都能创造出来。

信心是力量的源泉，中国一重对"建设世界一流产业集团"的信心更加坚定。没有坚定的自信，中国一重不可能在起起伏伏中走到今天；没有坚定的自信，中国一重也不可能在激烈的市场竞争中存活下来。在新时代前进的道路上，中国一重有力地保障了国防安全和装备安全，全面提升了我国重型装备制造业的发展水平，并在军工、能源、冶金、环保等重大工程建设中，彻底摆脱了大型铸锻件、核心设备受制于人的被动局面，彰显了大国、强国的实力和地位。

**2. 自主创新的成效更加显著**

中国一重始终聚焦于满足国家重大技术装备国产化，积极开展自主创新。中国一重先后攻克 1000 兆瓦核电机组常规岛整锻低压转子国产化等 26 项关键核心技术，掌握了核岛一回路全部制造技术，取得世界首创加氢反应器过渡段与筒节一体化锻造等 37 项重大科技成果，成功制造了世界最大的 3025 吨锻焊加氢反应器，建设投入使用洁净钢平台项目，实现了冶炼工艺及过程控制智能化升级，核心竞争力大幅增强。中国一重全力推进 "3+7+5+43" 重大攻关计划，福建霞浦示范项目克服重重困难捷报频传，重型 H 型钢万能精轧机组设计技术等 3 项"卡脖子"技术难题终得破解，先后获省部级以上科技进步奖 23 项，其中国家级特等奖 1 项、一等奖 1 项、二等奖 2 项，申报专利 337 项，被国务院确定为第三批双创示范基地。不断涌现的科技创新成果，有力地彰显了中国一重维护国家国防安全、经济安全、科技安全和产业安全的"硬核"担当。

**3. 市场份额的优势更加明显**

中国一重已实现冶金全流程成套设备全面国产化，是冶金全流程设备供应商，技术水平和产品质量均处于国内领先地位，具备工程总承包能力，高端冶金成套装备等核心产品的市场占有率始终保持在60%以上。中国一重是国内最大的核电锻件供应商，是国内唯一具备核岛一回路全套设备供货能力的制造企业，是中国核岛装备的领导者、国际先进的核岛设备供应商，拥有国产核电站反应堆压力容器80%的市场份额、国产核电锻件90%的市场份额。中国一重是当今世界炼油用加氢反应器的最大供货商，大型锻焊加氢反应器的市场占有率约为80%，制造出的世界上最大的单台容器重量达到3025吨。中国一重的大型铸锻件基础材料制造能力达到了行业领先水平，拥有世界一流的大型铸锻件制造能力，同时中国一重大型铸锻件加速向高端化发展，针对航空航天、超高温火电、国防军工等领域开展高温难变形合金材料研制，以满足国家高端装备制造的需求。

### 6.1.2 业务布局显著优化

在做大做强主责主业的同时，中国一重也不断围绕核心能力拓展业务领域，经过多年发展，中国一重已形成了高端装备、"一带一路"、地企融合三大业务板块，构建了高端装备制造与服务、新材料、军民融合、"一带一路"、地企融合和产融结合六大业务组合，新兴业务对主责主业的支撑赋能作用更强。在"十三五"期间，中国一重的三大业务板块无论是收入额还是所占比重都有提升，并且高端业务发展迅猛，产业产品转型升级成效显著。

**1. 高端装备板块加快发展**

在高端装备制造与服务的核心业务上，中国一重立足成套装备和大型铸锻件制造全产业链，积极实施风电设备集成制造与运营、秸秆综合利用装备制造与运营等项目，加快转型升级步伐，推动制造向制造服务、运维运营转变。2018—2020年的三年间，中国一重装备制造业务的中高端装备占比从 2018 年的 26.68% 上升到 2020 年的 46.37%，对中国一重整体收入的拉动作用显著。

**2. 地企融合板块持续发展**

中国一重认真履行东北振兴职责，在积极服务和支持地方建设发展中抢抓机遇。中国一重结合业务特点，积极推动绿色冷链装备及物流、非管网天然气等地企融合项目快速落地。从 2018—2020 年的发展状况可以看出，中国一重的地企融合产业持续增长，特别是地企合作的新能源业务的收入稳步上升，高度契合了国家新能源、东北老工业基地振兴的发展要求。

**3. "一带一路"板块稳步发展**

中国一重积极参与"一带一路"建设，在印度尼西亚、新加坡、德国、俄罗斯等国家和地区多点布局。中国一重的国际市场开拓成效明显，2020 年国际市场的营业收入与 2017 年相比提高了 160 倍；中国一重印度尼西亚公司年产镍铁产品 85 万吨，成为世界上最大的镍铁产品生产销售商。国际市场的业务日趋成熟，国际贸易和融资租赁等稳步上升，有效地完善了中国一重的产业布局结构。

不断优化的业务布局为中国一重建设具有全球竞争力的世界一流产业集团提供了重要支撑，也通过以点带链的方式带动了产业链上下游的发展，展现了大国重器的责任担当。中国一重过去"一小两慢""起起伏伏"的主要短板和发展顽疾初步得到解决。

### 6.1.3 经济效益显著增长

**1. 企业绩效绝地反弹**

中国一重牢牢把握"稳中求进"的工作总基调，坚持质量与速度并重、效益与规模并举，积极应对复杂严峻的形势，勇于战胜各种风险挑战，取得了"一年扭亏、两年翻番、三年跨越"的显著成效，呈现出"量"上持续增长、"质"上显著提升的良好态势，企业的竞争力、创新力、控制力、影响力和抗风险能力大幅提升。特别是 2020 年，即使受到了新冠肺炎疫情的影响，中国一重的经营业绩依然实现了大幅增长。

中国一重广大党员干部职工坚持疫情防控和改革发展党建"两手抓、两不误",团结一致、众志成城,取得了疫情防控与生产经营双胜利。

**2. 经济指标全面向好**

"十三五"期间,中国一重的营业收入年均增长为50.74%,净利润、利润总额在扭亏为盈后年均增长分别为123.66%、127.75%。2020年,克服新冠肺炎疫情的影响,中国一重全年实现营业收入372.9亿元,同比增长39%;利润总额13.39亿元,同比增长67%,净利润同比增长94%;全员劳动生产率从2015年的0.35万元增加到32万元。截至2020年12月31日,中国一重的资产总额达到483亿元,比"十二五"末增长20%。中国一重的利润增速在中央企业中名列前茅,营业收入在重机行业中由倒数一二名挺进行业前三,实现了历史性跨越。

### 6.1.4 运营管理显著提升

中国一重坚持顶层设计与基层实践有机结合,全面推进与重点突破有序衔接,深入开展符合市场经济、国企特色、企业发展的改革实践,治理效能、改革效能、管理效能显著提升。

**1. 治理效能显著**

在治理效能提升上,中国一重坚决贯彻"两个一以贯之",推进党的领导和公司治理深度融合,成立了中国一重的集团公司董事会,建立法人实体28个,由"工厂"到"公司",变全民所有制工业企业为国有独资有限公司。中国一重党委把方向、管大局、促落实,董事会定战略、做决策、防风险,经理层谋发展、抓落实、强管理,形成权责法定、公开透明、协调运转、有效制衡的公司治理机制。由"集权"到"分权",建立了《集分权手册》,实行逐步分层、分级管理机制,在强化董事会治理结构功能、完善集团管控体制的同时,将董事会运行机制与集团管控机制融为一体,全面提升了集团管控能力,实现了"隐蔽的权力公开化、集中的权力分散化""集权有道、分权有序、授权有章、用权有度",让权力在阳光下运行。

**2. 改革效能明显**

在改革效能提升上，中国一重持续推进"三项制度"改革，压缩定员编制2355个，中层管理干部由320人减至106人，撤销管理机构187个；创新构建"两个合同"的退出机制、"五个通道"的晋升机制、"五个倾斜"的激励机制，打破了岗位设置的"铁饭碗"，取消了薪酬分配的"大锅饭"；大力推进市场化改革，坚持自主经营、自负盈亏，贯通内外部市场；认真实施《深化改革三年行动方案》，"综合改革试点""双百行动""科改示范行动"任务落地；有效推进混合所有制改革，混改、股权多元化企业近50%；系统地解决好历史遗留问题，12408名集体职工完成安置，9645名退休人员实现社会化移交，100万平方米物业顺利改造。通过改革，中国一重破解了一些长期制约企业发展的体制机制障碍。

**3. 管理效能突出**

在管理效能提升上，中国一重引入"225"管理创新体系，大力实行"内部模拟法人运行机制"和"研产供销运用快速联动反应机制"，层层建立"利润中心、成本中心"，着力压实"指标、责任、跟踪、评价、考核"五大体系，充分激发干事创业的活力；持续加强生产管理，探索实施生产作业指导书、沙盘推演模式、"双达标"生产作业体系等，补齐管理短板；严格全面预算管理，三级签订《经营业绩目标责任书》，构建"1+10"全面预算保障体系，全面风险管理落地生根，企业管理水平迈上新台阶。

## 6.1.5 综合竞争力显著提高

中国一重全面开展质量提升行动，持续提高产品和服务的质量，全力提升质量、成本、交货期控制，客户满意度达到98分以上。中国一重多措并举深挖潜力，强化成本费用管控，落实落细"两金"压控措施，大力压降应收账款陈欠，加大低效无效资产处置力度，确保资产负债率逐步降至55%以下，应收账款余额占总资产的比重控制在15%以内。各项财务指标表明，中国一重的综合竞争力有了显著提高（见表6-1）。

表 6-1 2016-2020 年中国一重的主要财务指标

| 财务指标 | 2016 年 | 2017 年 | 2018 年 | 2019 年 | 2020 年 |
| --- | --- | --- | --- | --- | --- |
| 营业收入（万元） | 320 451.11 | 801 424.32 | 1 393 243.50 | 2 674 807.19 | 3 729 002.57 |
| 利润总额（万元） | -547 362.58 | 10 849.27 | 30 823.21 | 80 102.39 | 133 924.34 |
| 净利润（万元） | -573 001.70 | 7 155.55 | 19 144.40 | 42 885.82 | 83 333.06 |
| 资产总额（万元） | 3 437 548.46 | 3 574 112.93 | 4 465 141.74 | 4 736 444.98 | 4 830 880.61 |
| 国有资产总量（万元） | 947 642.85 | 953 865.00 | 974 860.61 | 986 775.01 | 1 128 454.17 |
| 负债总额（万元） | 2 104 734.48 | 2 232 843.86 | 2 619 005.51 | 2 781 619.8 | 2 844 933.02 |
| 净资产（万元） | 1 332 813.98 | 1 341 269.06 | 1 846 136.23 | 1 954 825.18 | 1 985 947.59 |
| 所有者权益（万元） | 1 332 813.98 | 1 341 269.06 | 1 846 136.23 | 1 954 825.18 | 1 985 947.59 |
| 成本费用总额（万元） | 876 290.54 | 795 486.16 | 1 404 786.58 | 2 607 093.79 | 3 599 661.22 |
| 净资产收益率（%） | -36.8 | 0.54 | 1.2 | 2.26 | 4.23 |
| 总资产报酬率（%） | -12.92 | 2.17 | 2.1 | 3.08 | 4.16 |
| 国有资产保值增值率（%） | 70.24 | 100.66 | 101.37 | 101.2 | 104.13 |
| 年度科技支出总额（万元） | 28 327 | 34 768 | 39 533 | 46 882 | 78 952 |
| 技术投入比率（%） | 8.84 | 4.34 | 2.84 | 3.36 | 3.97 |

## 6.2 迈入高质量发展新阶段

党的十九届五中全会对"十四五"时期我国所处历史方位作出了新的重大判断，即 2021 年起我国进入新发展阶段。这是在我国全面建成小康社会、实现第一个百年奋斗目标之后，开启全面建设社会主义现代化国家、向第二个百年奋斗目标进军的发展阶段。进入新发展阶段后，我国面临着国内国外双循环的新发展环境、高质量发展的新发展主题、五大理念的新发展理念和深化市场化改革的新发展阶段。

中国一重着眼长远、把握大势，以辩证思维认识把握新发展阶段。"十四五"时期，是中国一重全面完成"三步走"战略，加快建设具有全球竞争力世界一流产业集团的决定性五年。面对新发展阶段，中国一重于双循环格局中抢抓机遇、于高质量发展中再塑优势、于新理念贯彻中有为担当、于市场化改革中激发活力，阔步迈入新发展阶段，扛起"中国制造业第一重地"的历史责任。

### 6.2.1 双循环格局中抢抓机遇

中国一重在新发展阶段面临着双循环发展格局。从国际来看，国际形势不稳定性、不确定性明显增加，新冠肺炎疫情全球大流行的影响和后果广泛且深远，经济全球化遭遇逆流，民粹主义、排外主义抬头，单边主义、保护主义、霸权主义对世界和平与发展构成威胁，特别是中美之间的战略竞争、摩擦甚至对抗可能成为常态，尽管和平与发展仍然是时代主题，但今后一个时期我国将面对更多逆风逆水的外部环境。从国内来看，尽管面临着周期性因素和结构性因素叠加、短期问题和长期问题交织、外部冲击和新冠肺炎疫情冲击等多重影响，但我国作为全球重要经济体，制度优势显著、治理效能突出、经济韧性强、发展潜力大，经济长期向好。"统筹发展和安全，加快建设现代化经济体系，加快构建以国内大循环为主体、国内国际双循环相互促进的新发展格局"是党中央在全面建成小康社会、开启全面建设社会主义现代化国家新征程的历史节点，面对世界"百年未有之大变局"，面对国家发展优势和现实约束提出发展新战略。中国一重在双循环格局中面临着前所未有的发展机遇，全球治理体系变革有利于更好地统筹内外资源，新一轮科技革命和产业变革带来赶超机遇，新格局建设有利于发挥基础优势实现新跃升，国内市场力量稳步释放带来巨大发展空间，重大技术装备加快发展带来战略机遇。

中国一重将在双循环格局中抢抓机遇，谋求更大的发展。产业安全事关国家核心利益，中国一重作为制造工厂的工厂，是稳定国家经济命脉、服务国家经济安全的"压舱石"，将充分认识自身在经济发展和社会生活中的重要地位以及在维护国家经济安全中的重要作用，主动贯彻总体国家安全观，积极服务国家发展战略，支撑和保障经济社会协调稳定发展。

一方面，中国一重将更好地利用国内超大规模市场优势，把满足国内需求作为发展的出发点和落脚点，依托国内市场形成良性循环，转变发展方式，不断优化升级产业链、供应链、价值链，提升基础工艺、产业基础技术，逐步提升产业基础高级化、产业链现代化水平，加速制造服务化和数字化转型；

另一方面，中国一重将继续深度融入全球价值链分工，充分利用国内国际两个市场，整合国内国际两种资源，积极参与国际经济分工与合作，向上突破欧美发达国家在价值链高端制造领域的垄断优势，向下有效应对东南亚、印度等地区和国家在中低端制造领域的低成本竞争，在巩固和保持优势主导产品国内市场占有率的基础上，不断扩大出口产品份额，加快"走出去"的步伐，推动产业布局由国内向"国内+国际"转变。

### 6.2.2 高质量发展中再塑优势

进入新发展阶段，经济社会发展的重心将逐步从重视经济规模的"高增速"转到提高效率和质量上来，实现"高质量"发展成为新的发展主题。推动高质量发展，既是保持经济持续健康发展的必然要求，也是适应我国社会主要矛盾变化和全面建设社会主义现代化国家的必然要求，更是遵循经济发展规律的必然要求。

高质量发展是一种全新的发展理念，它是一种立足根本、掌控全局、着眼未来的发展方向和发展目标，是能够满足人民日益增长的美好生活需要的发展，是创新成为第一动力、协调成为内生特点、绿色成为普遍形态、开放成为必由之路、共享成为根本目的，充分体现新发展理念的发展。从供给来看，高质量发展要求实现产业体系比较完整，生产组织方式网络化智能化，科技创新力、需求捕捉力、品牌影响力、核心竞争力强，产品和服务质量高；从需求来看，高质量发展要求不断满足人民群众个性化、多样化、不断升级的需求；从投入产出来看，高质量发展要求不断提高劳动效率、资本效率、土地效率、资源效率、环境效率，不断提升科技进步贡献率，不断提高全要素生产率；从分配来看，高质量发展要求实现投资有回报、企业有利润、员工有收入、政府有税收、人民有实惠。

对照党中央提出的高质量发展的要求，中国一重与世界一流产业集团相比，仍然存在着企业规模小、效率低，高端人才缺乏，产业布局有待完善，发展质量亟须提高，企业市场竞争力、国际影响力和盈利能力亟待提升等问题。中国一重部分传统优势产品（如锻焊结构加氢反应器、核电锻件等）和稀缺能力（如特大型特种合金钢铸锻件）的市场竞争者日益增多，原有的头部垄断优势正在逐渐被蚕食。此外，中国一重的原始创新能力和成果转化能力仍然有待加强，关键性的系统解决方案、总承包能力不足，仍主要局限于设备总包和装备中一些硬件产品的制造加工，处于被工程承包商或业主单位"点菜"的被动位置，获利有限。由于发展规模小、产业链不健全、能力建设有短板，中国一重在高质量发展方面仍然面临诸多挑战，发展不确定性仍然存在，战略回旋空间有限，抵御市场风险能力有待提高。

发展是解决中国一重一切问题的基础，持续推动高质量发展仍然是中国一重当前和今后一个时期成长进步的关键。中国一重在推动经济发展质量变革、效率变革、动力变革的形势下，着力加快建设协同发展的产业体系，增强企业的创新力和竞争力。中国一重要不断推动制造业结构优化升级，打造创新型现代制造业，发展核心技术，促进企业转型升级，把握优势，乘势而为，做强做优做大。中国一重作为大国重器，要努力成为装备制造业产业链供应链价值链的"链主"，加快补齐核心基础零部件、关键基础材料、先进基础工艺、产业基础技术等短板，着力打造一批新业务集群，提升产业基础高级化、产业链现代化的水平。

### 6.2.3 新理念贯彻中有为担当

新发展阶段的任务已经由实现第一个百年奋斗目标"全面建成小康社会"，转向实现第二个百年奋斗目标"全面建成社会主义现代化强国"。在新发展阶段，现代化建设的要求更高、现代化程度更高、现代化标准更高，是经济、政治、文化、社会、生态文明"五位一体"全面发展的现代化，是物质文明、政治文明、精神文明、社会文明、生态文明全面提升的现代化，是富强民主文明和谐美丽全面实现的现代化，是以人的全面发展为本质的高标准现代化。

中国一重在发展上要准确把握新发展阶段的新发展理念，坚定不移地贯彻好五大发展理念，把企业做强做优做大。迈入新发展阶段，中国一重要转变发展方式、优化业务结构、转换增长动能，加快破解装备制造业低端产出过剩、高端供给不足，以及长期处于供应链下游、远离产业链核心等不平衡不充分问题，加快推进企业高质量发展。

### 6.2.4 市场化改革中激发活力

新发展阶段是通过全面深化改革，建成高水平的社会主义市场经济体制，形成系统完备、科学规范、运行有效的制度体系，实现国家治理体系和治理能力现代化的发展阶段。在新发展阶段，中国一重将坚定不移地持续推进解放思想，持续深化市场化改革，持续增强企业高质量发展活力。

中国一重将从市场化意识、市场化体系、市场化制度等方面，不断强化、固化、优化前期市场化改革的诸多成果。首先，市场化意识是现代企业经营的基本前提，是国有企业在激烈的市场竞争中取胜的必要前提。中国一重将市场化意识融入自身血液中，贯穿到企业生产经营全过程中，始终坚持把市场化意识转化为企业的经营习惯和企业文化。其次，市场化体系是在企业内外部确立的一系列市场化管理办法，中国一重将继续按照市场交易方式组织企业内外部的生产经营活动，充分挖掘企业资源潜力，不断增强企业内在活力，持续提升企业服务能力，在提高企业市场运作效率的同时，提高企业的经济效益和社会效益。最后，市场化制度是按照市场规律制定的一系列规范，是企业在市场化改革中需要持续强化的制度前提。中国一重将深刻认识市场规律、尊重市场规律、利用市场规律，推动市场在资源配置中起决定性作用。

唯改革者进，唯创新者强，唯改革创新者胜。市场化改革是一剂解决发展"顽疾"、消除发展"病痛"的"灵丹妙药"，也是激发活力、提高效率与效益的"催化剂"。中国一重将继续巩固近年来的市场化改革成果，并不断巩固市场化意识、优化市场化制度、完善市场化体系，更快、更稳、更准地走好市场化改革之路。明确目标、汇聚力量、激发斗志，坚定不移地将市场化改革往心里走、深里走、实里走，中国一重在深化市场化改革中必将开创装备制造业的一片新天地。

在新发展阶段，中国一重将认真贯彻新发展理念，以推动高质量发展为主题，以深化供给侧结构性改革为主线，以改革创新为根本动力，致力于产业链供应链现代化建设，积极融入以国内大循环为主体、国内国际双循环相互促进的新发展格局，推进中国一重管理体系和管理能力现代化，不断增强竞争力、创新力、控制力、影响力和抗风险能力，把中国一重建设成为产业结构合理、质量效益领先、创新动能强劲、安全保障有力、高端装备制造核心突出、军民深度融合、地企协同发展、"一带一路"共享的具有全球竞争力的世界一流产业集团，为全面建设社会主义现代化国家不懈奋斗。

## 6.3 创建世界一流产业集团新目标

中国一重肩负着国家战略发展的新使命,在持续深入学习领会习近平总书记重要讲话及重要指示批示的精神中明方向、谋战略,在对国情行情企情的精准研判中找定位、展作为,在企业高质量发展中抓重点、求突破。中国一重科学把握新发展阶段,深入贯彻新发展理念,积极融入新发展格局,抓住用好新机遇,战胜困难挑战,奋力实现"质量超越""规模追赶"的并道超车,始终坚持引领行业发展、提高发展质量、转变发展方式,坚定地把中国一重建设成为具有全球竞争力的世界一流产业集团,打造"红色一重、创新一重、质量一重、效益一重、安全一重、幸福一重、品牌一重"。

### 6.3.1 高举"中国制造业第一重地"的旗帜

装备制造业是国之重器,是实体经济的重要组成部分,要把握优势,乘势而为,做强做优做大。当前,国家正在加快推进装备制造,加快推进东北老工业基地建设,发展"一带一路",这正是装备制造业大有可为之机,中国一重一定要坚持练好"内功",继续深化改革创新,确保永远立于不败之地、永远掌握主动权。

中国一重始终牢记"中国一重是中国制造业第一重地"的使命,把"发展壮大民族装备工业,维护国家国防安全、经济安全和科技安全,代表国家参与全球竞争"作为企业使命,强化政治担当,致力产业报国。五年来,中国一重聚焦核心业务、强化核心优势,自觉服务于国家战略需要,围绕市场需求,有所为有所不为,为国家战略提供科技支撑和产业支撑。在建设社会主义现代化国家的新征程上,中国一重将坚定不移地高举"中国制造业第一重地"的旗帜,为实现中华民族伟大复兴的中国梦贡献一重力量。

### 6.3.2 坚定"做强做优做大"的思路

中国一重确立了坚定不移地"做强做优做大"的战略规划思路。"做强"就是竞争力、创新力、控制力、影响力、抗风险能力等持续提高;"做优"就是创造优秀业绩,业务结构优、资产运营优、效益效率优;"做大"就是做大体量,经营效益好、资源规模大、市场规模大。"做强""做优""做大"三者统一于建设具有国际竞争力的世界一流产业集团之中。国际国内企业成长的实践表明,没有一定的规模体量,在经济发展中的支撑作用就难以有效发挥,抗风险能力就会大打折扣。由于中国一重肩负国家特殊使命,做强做优做大就是其必然选择。

中国一重确立了"217567"新的五年发展目标,即到"十四五"末,实现净利润、利润总额增长20%以上,营业收入增长10%以上,净资产收益率达到7%以上,全员劳动生产率年均增长5%以上,营业收入利润率达到6%以上,职工收入每年增长7%以上。到2025年,中国一重实现人均利润超过30万元,净利润与利润总额同步增长,千名员工拥有专利数超过50项,员工收入与公司经济发展同步,达到同类央企前列和所在地区领先水平,形成主业世界一流、多元有机协同、国内外联动的产业生态圈,建成激励有成效、约束有保障的市场化机制,创新体系进一步完善,创新成效大幅提升,风险防范能力持续强化,跨过500亿元收入门槛,登上千亿级平台,初步建成具有全球竞争力的世界一流产业集团(中国一重未来三年滚动规划的主要经济指标见表6-2)。

表6-2 中国一重未来三年滚动规划的主要经济指标

| 年　度 | 2021年 | 2022年 | 2023年 |
| --- | --- | --- | --- |
| 营业收入(亿元) | >430 | >500 | >600 |
| 利润总额(亿元) | >13.5 | >20 | >30 |
| 营业收入利润率(%) | >3.4 | >4 | >5 |
| 国有资产保值增值率(%) | ≥103 | ≥105 | ≥107 |
| 世界品牌价值排行 |  | 前500名 | 前450名 |

到2035年，中国一重将建成具有全球竞争力的世界一流产业集团，净利润、利润总额、营业收入在2025年的基础上再翻一番以上。党的十九大和十九届五中全会提出，到2035年我国基本实现社会主义现代化的远景目标。中国一重必将以高质量发展的成绩单，奋力谱写新篇章。

### 6.3.3 抢占"三个竞争制高点"

刘明忠同志在2016年"解放思想深化改革，落实规划助推发展"的讲话中提出，企业存在三条线：第一条是"死亡线"，即国内平均线，一次大的调整，一个恶浪扑来，首先拍死的就是国内平均线以下的企业；第二条是"生存线"，即国际平均线，由于国内与国际的差距，只要上了这个线，即为国内先进水平和国际平均水平；最后一条是"生命线"，当中国一重跨过生存线、达到国际先进水平的时候，就意味着中国一重可以把握自己的命运，站在了一个新的高度，引领行业的发展方向。中央企业未来的发展，将是一个由低端走向高端、由国内走向国际的过程，在这个过程中，落后就会被淘汰，发展才是硬道理。基于这个规律性判断，中国一重必须坚定不移地抢占技术制高点、市场制高点和服务制高点。

**1. 抢占技术制高点**

抢占技术制高点主要包括以满足国家需要、市场需求、技术领先等多种需求为目标的产品技术制高点。例如，以新材料和高端装备制造技术为代表的制造技术制高点，重点是科技创新取得新突破，实现科技水平从跟跑、并跑向并跑、领跑的转变，形成全产业链、全价值链、全供应链创新的新格局。

**2. 抢占市场制高点**

抢占市场制高点是指进一步完善以营销为"龙头"的快速联动反应机制，为满足市场需求，全体员工参与经济技术开发，领导人员参与并引领销售，生产经营各环节适应市场，形成大营销理念，及时有效掌握市场技术、产品需求，创一重品牌，以一为重，永争第一，并积极打造发现新需求、培育新需求的能力，加快形成引领行业发展的能力。

### 3. 抢占服务制高点

抢占服务制高点是指积极发展装备制造与服务相融合的现代服务业，加速向工艺开发和个性化设计、中期管理、融资和后期物流、销售、售后服务、信息反馈等方向延伸产业链，全面为用户提供产品全生命周期服务，逐渐从以制造为中心向以制造服务为中心转变，从而打造出完整的装备制造产业协作和服务机制，并探索建立金融、物流等高效服务体系。

## 6.3.4 推进"五个发展方式转变"

为实现规划目标，中国一重要坚定不移地推进"五个转变"，从而为加快推进高质量发展、建设成为具有全球竞争力的世界一流产业集团打下坚实基础。

### 1. 商业模式由制造向"制造+服务"转变

中国一重将充分发挥自身大型铸锻件及高端装备制造能力的战略支点作用，深入研究用户工艺，提高技术服务水平，打造专业化的装备制造综合服务平台，顺应先进制造业与现代服务业融合发展的大趋势，推进制造服务化、服务产业化、产业智慧化。同时，中国一重将优化资源组合、延伸产业链条，提供工业设计、生产制造、施工建设、系统集成、运营管理和运维管理等，加快形成高水平的系统总集成和工程总承包能力，提升产品全生命周期服务能力，提供远程运维、状态预警、故障诊断等在线服务，发展设备修复、产品再制造再利用等业务。

### 2. 发展方式由自我积累向"自我积累+合作并购"转变

中国一重将改变单一依靠"单件、小批量"模式内生增产提高营业收入的发展方式，在保持大型铸锻件"单件、小批量"产品优势的基础上，积极发展"多件、大批量"产品。同时，中国一重通过兼并重组快速获取业务能力和市场，如依托央企平台重组行业前列、国际工程经验丰富的冶金和化工设计院所以及工程公司；通过重组提高细分市场领域的优势、引领行业发展，如重组国内前三的轧制工作辊企业、行业前列的化工装备企业；通过投资整合优势资源，进入前景广阔的新兴领域，提高资源配置效率，合作开拓项目总包和运营，打造新的增长点。

**3. 区域布局由国内向"国内＋国际"转变**

随着国内重化工规模扩张时代接近尾声和国际产业分工第四次转移的开启，中国一重按照"一带一路"的国家战略要求，加大高端冶金、石化、核电成套装备"走出去"开拓国际市场的力度，开拓国际工程总承包，在具有发展条件和区域优势的国家和地区探索实施冶金、化工产业工程总包，完善镍基金属产业链布局，建设新加坡海外管理中心，联动国际国内两个市场、协同国际国内两种资源，打造海外产业发展新格局。

**4. 技术创新由自主研发向"自主＋协同"转变**

中国一重承担落实国家战略和引领行业发展的重要使命，要确保重点科研项目顺利实施，抢占相关领域的技术制高点。中国一重需要着力实施新工艺、新技术装备，组建一批国家级创新平台，聚焦国家重大战略需要，放眼世界科技发展前沿，以替代进口为目标，确定科技创新的发展方向。要与用户行业构建协同创新机制，寻找外部的技术特许、技术合伙、战略联盟或风险投资等合适的商业化创新模式，开展前沿技术探索、共性技术攻关和跨行业耦合技术研发。创新激励机制，激发科技研发人员的创新活力和创造潜能，探索员工或团队以科研成果入股成立项目公司的方式，强化科技成果向国家竞争优势、企业市场竞争力的转化。

**5. 企业经营由产品向"产业生态圈＋资本"转变**

中国一重从传统装备制造企业向世界一流产业集团转型，将产品思维扩展到产业生态圈思维和资本思维，站在产业生态圈建设和资本运营的高度谋篇布局，以适应建设世界一流产业集团的发展需要。

一方面，中国一重要开展产业生态圈建设。一是与上游原料行业共同参与原料产业投资，减少相互之间的博弈；二是与装备制造同行形成合理的分工，避免无序竞争、重复建设和过度投资；三是与金融、物流、贸易等行业签订战略合作协议，形成稳定的伙伴关系；四是与下游行业形成长期稳定的服务模式和合作模式，共享产业链价值增长的成果。

另一方面，中国一重要加大资本运营和并购重组力度。一是加强整体谋划，统筹集团资本布局方向，优化资本配置，占据产业链关键环节或技术制高点，形成掌控力，战略性重组产业中同质化或互补性强的头部企业、优势企业，提高市场竞争力，强化对产业发展的引领作用，推进专业化整合和前瞻性布局。二是强化资本运作，通过股权运作、基金投资、培育孵化、价值管理、有序进退等方式，进一步提高国有资本运营效率，建立健全各产业间的有机联系，建立符合集团战略的产业进入、退出管控机制，培育核心竞争力和创新能力。三是维护国有资本安全，筑牢防止国有资产流失的底线，加强对关键业务、改革重点领域、资本运营重要环节和境外国有资产的监督，加大违规经营投资责任追究力度，建立有效的监督协同机制，切实防止国有资产流失。

### 6.3.5 优化"六业众星拱月"的业务布局

中国一重将大力发展高端装备制造及服务、新材料、军民融合、"一带一路"、地企融合、产融结合等六大业务，形成以高端装备制造及服务为核心，相关产业多元赋能的"众星拱月"的业务布局。

**1. 高端装备制造及服务业务**

装备制造及服务业务主要包括冶金装备、石化装备、煤化工装备、核电装备、风电装备、工程装备、锻压装备及服务装备等相关装备的制造与服务。"强基提质量、转型求发展、创新上高端"是中国一重高端装备制造及服务业务未来发展的主基调。

"强基提质量"就是提高热加工装备制造能力、工艺技术和产品设计水平，构建新型数字化、智能化制造体系，打造世界一流的重型装备智能制造工厂，不断提高铸锻件质量，加强成本控制能力，夯实中国一重高端装备制造及服务取得市场优势的质量基础和成本竞争力。

"转型求发展"就是突破"单件、小批量"的传统制造模式，打通制造、运营、服务的链条，大力拓展国内外工程总承包、修复再制造、设备远程运维、核心部件备品备件服务等业务,为用户提供系统解决方案和产品全生命周期服务。

"创新上高端"就是技术创新和发展模式创新,加强用户工艺研发和技术创新协同,支撑制造业务的转型升级,通过兼并重组、投资合作等模式创新,获取相关业务能力,提升细分市场的竞争优势,布局高端制造新业务领域,培育战略性新兴产业。

**2. 新材料业务**

新材料业务主要包括传统材料、新兴新材料等相关业务。在新材料业务领域,中国一重将依托世界一流的铸锻钢基础能力,优化提升工艺流程、技术装备,提高效率、降低成本,以先进钢铁新材料、特种关键新材料和先进无机非金属材料为重点,打造集研发、制造、加工、服务于一体的综合性新材料供应商和解决方案服务商,使新材料业务成为中国一重产业基础高级化、产业链现代化的重要支撑。

在传统材料领域,中国一重将着力加大技术研究和产业研究,加快工艺升级步伐,进一步提升科技创新体系化能力,打通产学研创新链、产业链、价值链,开展从设计、工程试验到最终为国家提供重大技术装备所需大型铸锻件等的全流程研究,加快提升基础材料研发制造能力。同时,中国一重将侧重于可支撑制造工艺的基础性研究,着力解决工艺执行过程中不顺畅、不稳定等问题,集中精力、下大力气解决制约核心产品的"卡脖子"工艺技术问题(见图6-2)。

图6-2 中国一重3000吨超级浆态床浙江石化锻焊加氢反应器

在新材料领域,积极探索先进钢铁新材料、特种关键新材料、先进无机非金属材料等新兴材料的应用。中国一重将生产耐热钢、工模具钢、高温合金等钢铁新材料，开发高性能碳纤维材料及其制品碳纤维特种关键新材料，进入石墨产业链，合作开展新材料新工艺开发和新产品研制，打入石墨这一新材料领域，以突破主反应容器大型化技术难题为切入点，进入生物降解聚酯项目领域。

### 3. 军民融合业务

在军民融合业务上，中国一重将瞄准国家需求，重点提升相关装备的研发设计、制造服务及市场开拓能力，围绕核心产品拓展多领域、多模式的服务业务，加快产品系列化研发，大力推进轻量化、标准化、集成化设计，拓展专项装备业务市场。按照国家军民融合的政策导向，做强产品配套、延长产业链条，瞄准基础设施建设、国防科技工业、武器装备采购、人才培养等军民融合重点领域，推进军民产品融合、产业融合、服务融合、技术融合。

### 4. "一带一路"业务

中国一重在"一带一路"沿线国家开展镍基金属材料等业务，坚持共商共建共享以及国际化、专业化、产业化、信息化、数字化，加快形成海外重要制造及服务基地，完善产业体系，实现产业协同，把中国一重"一带一路"产业建设成为具有全球竞争力的国际一流企业集群，积极融入新发展格局，扩大海外镍铁生产能力，为国内大循环发展格局提供优质的镍铁资源支撑，保障国家经济资源安全，代表国家参与全球竞争，形成"一中心、多基地"的"一带一路"产业格局。

在新加坡建设海外管理服务中心。中国一重坚持国际国内两个市场联动、国际国内两种资源协同，建设中国一重"一带一路"国际化经营的投资服务中心、实体服务中心、运营服务中心、供应链服务中心、金融服务中心。

通过中国一重印度尼西亚公司打造镍铁生产第一基地，并购重组整合镍铁行业，实现镍铁制造、红土镍矿原料保障的多基地布局，培育全球最强最优最大的镍基金属材料研发制造服务产业集群（见图6-3）。

图6-3 中国一重印尼镍铁业务

**5. 地企融合业务**

中国一重积极参与并融入地方经济发展所形成的业务，紧紧围绕东北地区的自然资源禀赋，积极参与东北地区深化改革创新、老工业基地振兴，大力拓展风电全产业链建设、秸秆综合利用等新业务，加速实施绿色冷链装备及物流、大马力电传动农机装备等新项目，着力培育壮大公司经济增长新引擎，实现地企融合业务的高质量发展（见图6-4）。

图6-4 中国一重风电业务制造现场

在绿色冷链装备业务中，中国一重依托装备制造的强大优势和雄厚基础，进入绿色冷链装备、绿色物流装备和高端农机装备研发制造领域，建设研发中心和制造基地，形成绿色冷链装备、绿色物流装备和高端农机装备的量产能力。

在绿色智慧物流业务中，中国一重以现代信息技术和大数据应用为统领，搭建绿色智慧物流平台和现代智慧农业服务平台，实现绿色智慧物流及现代智慧农业服务业务的高速增长。

在天然气业务中，中国一重将以天然气支线和城燃建设为主线，构建能源服务网络，形成稳定增长的天然气业务。

在农机装备服务业务中，发挥高端农机装备的优势，开展规模化农机作业服务及秸秆综合利用，依托现代智慧农业服务平台为农业生产核心业务提供高品质服务（见图6-5）。

图6-5 中国一重高端农机设备业务

### 6. 产融结合业务

中国一重将大力发展产融结合业务，以集团所属的融资租赁公司和财务公司为主体，推进实业运营与资本运营的有效结合，发挥金融资本对实体经济的催化剂和助推剂作用，以融助产、以融促产、产融结合，实现金融资本与产业经济的有效协同。

在融资租赁领域，中国一重将充分利用"厂商系"背景以及在重大装备等细分领域的专业优势，积极创新商业模式、全力拓展获客渠道，重点围绕集团公司上下游供应链客户和内部单位开展融资租赁业务，全面服务集团公司产业结构调整和战略转型升级。同时，积极稳健地拓展现金流较好的央企市场化项目，不断探索公司做强做优的路径。

在财务公司领域，中国一重将秉承立足集团、服务集团的功能定位，发挥财务公司作为集团资金归集平台、集团资金结算平台、集团资金监控平台以及集团金融服务平台的"四大平台"作用，以"依托集团、服务集团、规范高效、开拓创新"为经营宗旨，通过构建以财务公司为中心的内部结算网络，发挥财务公司资金集中控制管理的核心职能，建立统一的集团资金管理体系，充分利用财务公司成熟的金融技术和手段，开展委托贷款、资产管理、财务融资顾问、信用鉴证等一系列业务，为公司提供多样化金融服务，满足多样化金融需求。

## 6.4 奋进超越式高质量发展新征程

历史在继往开来中谱写，事业在接续奋斗中成就。"十四五"期间我国将开启全面建设社会主义现代化国家的新发展阶段，中国一重也将踏上打造"世界一流产业集团"的新征程。全体一重人在奋进超越式高质量发展的新征程上，牢记总书记嘱托、践行使命初心，坚持党的领导、加强党的建设，科学系统谋划、统筹协调发展，接续艰苦奋斗、奋进三次创业。

### 6.4.1 牢记总书记嘱托，践行使命初心

**1. 牢记总书记嘱托**

中国一重始终牢记习近平总书记的嘱托，始终以习近平新时代中国特色社会主义思想为指导，增强"四个意识"、坚定"四个自信"、做到"两个维护"，全面贯彻落实习近平总书记重要指示批示精神和党中央决策部署，坚持把习近平总书记对国企改革发展和党的建设的一系列重要论述作为行动的科学指南，以不折不扣落实到位的坚决行动生动展现忠党报国的政治本色，以落地生根的实际发展成效有力践行"两个维护"。

**2. 践行使命初心**

中国一重始终坚持担当国家使命、践行初心。做强做优做大是党中央对国企改革发展的一贯要求，保障国家工业体系安全是中国一重的光荣使命，打造世界一流产业集团是中国一重不变的追求，中国一重将矢志不渝地沿着做强做优做大的道路阔步前进。从中国走向世界，到自主创新突破"卡脖子"技术，不断提升主责主业的控制力

和话语权;从回归经营本质,到关键指标牵引,不断提高经营发展的质量和效益;从制造和服务双轮驱动,到工业体系保障主力军和国家队,塑造形成重大装备全产业链一体化的独特竞争优势……中国一重在激烈竞争的全球重型装备市场"横刀立马"、独树一帜,以"国之重器"的有力担当筑牢大国基石、挺起国家脊梁。

### 6.4.2 坚持党的领导,加强党的建设

**1. 坚持党的领导**

中国一重要认真贯彻习近平新时代中国特色社会主义思想,深入落实习近平总书记视察东北三省重要讲话及视察中国一重重要指示精神,对重点任务持续进行"挂表督战",并形成长效机制,在实践中锤炼党员干部忠诚干净担当的政治品格;认真贯彻"两个一以贯之"的要求,把好政治、改革、创新、发展、风控"五个方向",管好经济、政治、社会责任"三个大局",保证党中央决策部署、上级工作要求以及中国一重党委具体工作"三个落实";进一步加强领导班子建设和人才队伍建设,强化党支部的战斗堡垒作用,强化党员理想信念教育,更新迭代先进管理理念,为中国一重的高质量发展提供坚强支撑。

**2. 加强党的建设**

中国一重要认真落实"23551"党建工作总体思路,完善"双五"党建和生产经营融合体系,强化党建重点任务跟踪督导,抓严抓实党建工作考核。按照从严治党、从严管干、从严治企的要求,严格落实中国一重的党委主体责任、纪委监督责任及领导班子成员"一岗双责"。充分发挥巡视利剑作用,强化党委常委巡视主体责任,认真贯彻《中央巡视工作规划(2018-2022年)》部署要求,推进中国一重党委五年巡视工作规划落实落地,坚持举一反三,强化建章立制,不断巩固和扩大中央巡视整改工作成果。从严监督执纪问责,正确运用监督执纪"四种形态",加大执纪审查力度,重点关注闲置资产处置、工程建设、物资采购和产品外协等领域。建立重要案件督导制度,对不收敛、不收手等典型问题进行严肃查处。驰而不息地纠正"四风",认真查摆不想干事、不愿干事、不敢干事、不会干事"四不"作风问题。

### 6.4.3 科学系统谋划，统筹协调发展

中国一重始终坚持学习运用习近平新时代中国特色社会主义思想中蕴含的唯物辩证法，统筹好质量与速度、内涵与外延、主业专精与多元赋能、国内与国外、发展与风险的关系。

**1. 统筹质量与速度的关系**

工业上主要是正确处理速度和效益的关系，两者一手抓，不可偏废。中国一重要的是有质量、有速度的发展，高质量发展就要看使命有没有践行、收入有没有增长、效益有没有提高、资产有没有增加、职工群众是不是满意。中国一重在实践中立足加快解决企业规模小、速度慢、高质量发展慢"一小两慢"问题，兼顾质量与速度的关系，不断提升企业运营管理能力。中国一重在保持较高增速的同时，实现了增长速度与质量效益的同步向好，展现出了质量更高、效益更好、结构更优的发展趋势。

**2. 统筹内涵与外延的关系**

内涵发展与外延增长是企业发展中面临的重要问题。内涵发展与外延增长不是对立的，只依靠外延增长而忽略内涵发展，是不可持续的；只注重内涵发展而不关注外延增长，也难有大的发展。企业类型不同、发展时期不同、发展环境不同，对两种方式的侧重选择也会不同。中国一重积极统筹内涵发展与外延增长的关系，以转型升级为牵引，通过改革创新，在实践中积极探索了"内在固本强基、外在协同发展"的新路子，保持企业内涵发展占主导地位，外延增长则立足轻资产、大平台，使内涵与外延协调发展。

**3. 统筹主业专精与多元赋能的关系**

中国一重注重统筹主业与多元的关系，保持以核心主业为主导、适度多元的产业发展体系。凡是成功的企业，要攀登到事业顶峰，都要靠心无旁骛攻主业。交叉混业也是为了相得益彰发展主业，而不能是投机趋利。中国一重深刻地认识到，主业专精与多元赋能具有共同的发展目标，不是此消彼长、顾此失彼的关系，过多业态不适合、

过少业态不现实，始终坚持主业主导、适度多元，有机统一、相得益彰。装备制造及服务是中国一重承接国家战略的主责主业，必须持续倾斜资源配置，毫不动摇地做强做优做实主业。而"一带一路"、地企融合等多元业务是中国一重在发展过程中探索形成的，为有效应对社会产业分工体系不完善的问题发挥了相关配套作用，部分产业正在发展成为主业，为有效平抑主业强周期、重资产、大波动的压力作出了重要贡献，加大了对主责主业的支持协同力度。

**4. 统筹国内与国外的关系**

中国一重注重统筹国内与国外的关系，构建立足国内、面向海外、内外联动的双循环发展格局。当前，全球产业链供应链加速调整重构，国家提出加快构建以国内大循环为主体、国内国际双循环相互促进的新发展格局。中国一重作为中央企业，既要以国内供需为主，在国内大循环中发挥产业链供应链的龙头作用，也不能停止国际化步伐，要在国内国际双循环中发挥关键的链接作用，参与更高水平的国际竞争。为更好地应对境外风险的挑战，中国一重聚焦"一带一路"沿线和东盟、非洲等地区，在优势区域扩大优势，"以点带面"，推动"多点开花"。

**5. 统筹发展与风险的关系**

中国一重积极统筹发展与风险的关系，坚决守住不出现重大风险的发展底线。中国一重始终牢记"不发展是最大的风险"，不能束手束脚、因噎废食，同时也牢固树立底线思维，强化风险管控，始终做到风险可测可控可承受，绝不能出现重大风险。面对今后一个时期更多逆风逆水的外部环境，中国一重要建立健全全员全流程全系统的风险防控体系，并贯穿到业务经营的每一个"毛细血管"，切实增强研判能力和化解能力，打好危中寻机的主动战。

### 6.4.4 接续艰苦奋斗，奋进三次创业

中国一重立志接续艰苦奋斗、勠力奋进，共创共建共享，携手推进第三次创业。做强做优做大是几代一重人的梦想，实现中国梦、一重梦，必须勇立潮头、奋勇向前。

**1. 接续艰苦奋斗，坚定必胜信念**

对于全体一重人来说，站在跨越式高质量发展新局面和超越式高质量发展新征程的交汇点，必须坚定信念，接续艰苦奋斗。

中国一重作为共和国"工业长子"，从"一五"时期的156个重点项目发展而来、从2016年的低谷中奋起而来，一重人艰苦创业、自强不息，一次次变不可能为可能、变可能为现实。无论顺境的高歌猛进还是逆境的浴火重生，历经周期洗礼的一重人永远以引领者的从容定力应对波动，在一次次重大考验中化危为机，"最后一个伏下去，第一个站起来"。接续奋斗就是不忘本来，不忘来时的路，不忘可歌可泣的历史。过去，全体一重人在党中央的坚强领导下，筚路蓝缕、从零起步、不畏万难、艰苦奋斗，一步一步成长为大国重器。今天的发展成就来之不易、幸福生活来之不易。展望未来，全体一重人将接续奋斗，不负历史、不负时代、不负习近平总书记的嘱托。

**2. 共创共建共享，凝聚发展合力**

中国一重坚持依靠职工办企业和办好企业为职工的理念，与职工共创共建共享中国一重高质量发展的成果。中国一重唱响"劳动光荣、创造伟大"的时代主旋律，持续推进"百万一重杯"劳动竞赛，实施"美丽一重"五年规划，建设花园式工厂；持续提高职工收入，坚持每年为职工办1~2件好事实事，完善配套设施和服务，为职工创造良好的生产工作环境，积极关爱职工工作、学习、生活，提供以人为本的身心健康和人文关怀等服务；继续开展扶贫工作，助力美丽乡村建设。

**3. 勠力奋进，携手三次创业**

忆往昔，峥嵘岁月稠。中国一重从2021年开始全面启动了创建世界一流产业集团的新战略，在第三次创业的道路上奋勇前进。中国一重走过了跨越式高质量发展，未来将深入贯彻新发展理念，深度融入新发展格局，瞄准"世界一流"的新征程，接续第三次创业。中国一重正处于加快推进企业改革创新、高质量发展的关键当口，是一个船到中流浪更急、人到半山路更陡的时候，是一个愈进愈难、愈进愈险而又不进则退、非进不可的时候。在这样一个特殊的背景下，奋进三次创业，关乎企业发展的兴衰，关乎高质量发展的成败，意义重大，影响深远。

企业的发展始终是一场接力跑，必须一棒接着一棒跑，每一棒都要跑出优异成绩。一切伟大成就都是接续奋斗的结果，一切伟大事业都是在继往开来中推进的。新征程的号角已经吹响，中国一重将以习近平新时代中国特色社会主义思想为指导，胸怀梦想、脚踏实地，砥砺奋进、再创辉煌，努力建设具有全球竞争力的世界一流产业集团，为夺取全面建设社会主义现代化国家新胜利作出新的更大贡献！

第七章

# 探索思考:
中国一重 "涅槃奋起" 的启示

以史为鉴,可以知兴替。一部中国一重的发展史,特别是"十三五"期间的奋斗历程,一个管理框架逐渐清晰地展现出来,姑且形象地称为"国有企业钻石模型"(见图7-1)。这就是坚持新思想

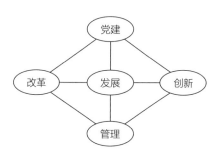

图7-1 中国一重的管理框架

引领,加强党的建设;坚持全面深化改革,向改革要动力要红利;坚持科技创新,以创新守初心担使命;坚持管理提升,追求卓越;坚持把发展作为第一要务,贯穿战略牵引。坚定人民立场,发挥职工群众首创精神,实现企业与员工共创共建共享。中国一重艰辛探索所走过的极不平凡的历程,诠释了老国企能够搞好的规律性认识;中国一重"涅槃奋起"的经验做法,对国有企业改革发展具有重要借鉴意义。

## 7.1 党建是方向引领

坚持党的领导、加强党的建设,是我国国有企业的光荣传统,是国有企业的"根"和"魂",是我国国有企业的独特优势。中国一重始终坚持以高质量党建引领企业改革和高质量发展,按照"两个一以贯之"的要求扎实推进党的领导和公司治理深度融合,把增强企业活力动力、提高经济效益、增强竞争实力、实现国有资产保值增值作为企业党建的出发点和落脚点。

### 7.1.1 强化新思想引领

党的"十八大"以来,习近平总书记关于国有企业改革发展和党的建设发表了一系列重要讲话,特别是,习近平总书记在视察中国一重时作出重要指示。中国一重深刻领悟并贯彻落实习近平总书记的重要讲话指示精神,准确把握新时代国企改革发展的实践内涵,建立完善了"第一议题"制度,始终做到432个班组及其以上各级组织的全覆盖学习、全体系担责、全过程落实,并形成了长效机制。

中国一重坚持走社会主义市场经济道路,坚定新发展理念不动摇,闯出了一条市场化改革发展的新路子,全面建立了市场化体制机制,实施了中国一重历史上规模最大的转型升级和结构调整,实现了战略目标引领、市场问题导向、强激励硬约束的机制变革,极大地激发了企业领导干部和广大职工干事创业的活力动力,彰显了艰苦奋斗的"一重精神",创造了可为能为的"一重速度",实现了企业跨越式高质量发展,撑起了共和国装备制造业的脊梁,贡献了东北老国企涅槃奋起的"一重经验"。

中国一重充分运用习近平新时代中国特色社会主义思想中所蕴含的唯物辩证法解决实际问题，总结并运用12个工作方法论，助推改革发展进程并实现企业的转型升级。中国一重始终坚持抓好各级"一把手"和班子成员的关键作用，增强"四个意识"，坚定"四个自信"，做到"两个维护"，以身作则、当好表率，旗帜鲜明地讲政治；始终坚持问题导向，把问题作为研究制定企业政策的起点，着力聚焦解决影响公司高质量发展的"一小两慢"主要短板，树立危机感、紧迫感；始终坚持真抓实干，咬定目标不放松，一张蓝图绘到底，久久为功、善作善成，扑下身子抓落实；始终坚持奖罚分明，立下军令状，明确责权利，变压力为动力；始终坚持底线思维，增强忧患意识，着力防范化解重大风险，使公司在加快改革发展中稳定前行。

### 7.1.2 强化党的领导

中国一重党委坚决贯彻落实习近平总书记的指示要求，在《公司章程》中明确了公司党委的领导地位，保证了党的路线方针政策和党中央决策部署的贯彻落实；规定了公司党委要牢牢把准公司政治、改革、发展、创新、风控"五个方向"，管好经济、政治、社会责任"三个大局"，保证党中央决策部署、上级党组织要求以及公司党委具体工作"三个落实"。

为了有效发挥领导核心作用，中国一重制定并完善了公司党委和各级党组织"三重一大"管理办法和讨论决定事项的"前置程序"清单，落实了公司党委35项前置讨论事项和15项决定事项。中国一重党委实行经济运营难点和关键任务的集中攻关，推动建立党建与生产经营深度融合的"双五体系"，积极完善党组织强能量、董事会谋增量、经营层盘存量、监事会监总量，职代会聚力量的权责格局。

### 7.1.3 强化体系建设

中国一重党委按照党的建设总要求，根据企业实际情况创建了"发挥两个作用、坚持三个保证、开展五创工程、建立五大体系、实现一个目标"的"23551"党建工作总体思路，制定了涵盖政治建设、思想建设、组织建设、作风建设、纪律建设、深入推进反腐败斗争和制度建设七大方面的党建工作五年规划,将党建工作覆盖了246个党组织、4018名党员、8600名职工。同时,在各级党组织中全面推行了创新、创业、创造、创优、创效"五创工程",建立了指标、责任、跟踪、评价、考核"五大体系",充分调动广大党员干部职工争先创优的积极性、主动性和创造性。

### 7.1.4 强化党建与经营融合

中国一重党委大力解决党建与生产经营"两张皮"问题,从加强基层党组织"三基建设"抓起,在制造厂以上三个层级签订党建责任书,细化党建与经营责任清单,党组织书记现场述职接受考核,通过强基固本提升党建质量。中国一重党委扎实开展主题实践活动,全面落实"1+6"基层党支部达标建设品牌工程,大力推进"互联网+党建",有效推行"四帮扶、五清楚、六必谈"思想政治工作法,建设党员活动室和党员突击队,要求党员自觉佩戴党徽,不忘身份,发挥示范带头作用和先锋模范作用,凝聚人心、汇聚力量,以高质量党建引领企业高质量发展。

### 7.1.5 强化从严治党

中国一重坚持提高政治站位、坚定政治立场,严守政治纪律和政治规矩,坚持从严治党、从严管干、从严治企。中国一重党委重点查处"四风""四不"作风问题,严肃处理履职不力、工作失职以及侵害职工群众利益等违规违纪违法行为。中国一重党委围绕"政治家+企业家"目标,构建起全面从严管理体系,通过完善公司党委、直属党组织、基层党组织三级从严治党工作责任体系,进一步认清和强化主体责任、第一责任、监督责任、"一岗双责"职责内容,把明责、担责、尽责压实到位。2016年5月以来,中国一重党委对工作中失职渎职、不认真、不负责、不担当的问题立案55件,给予纪律处分103人,进行诫勉谈话51人,给予调整岗位、降职使用等组织处理155人,精准运用"四种形态"处理357人次。全面从严治党,为构建风清气正的政治生态和激发干事创业的拼搏精神提供了坚强保证。

### 7.1.6 强化共建共享

中国一重坚持企业发展与满足职工群众美好生活需要同谋划、同部署、同落实，充分调动了广大职工干事创业的积极性主动性创造性。职工收入逐年增长，人均薪酬比 2015 年增长了 61%；改扩建职工食堂，为职工提供餐饮补助；修建职工浴池，新建停车场，建设服务职工综合体"惠民之家"；修缮了文化宫、电影院、体育场、乒乓球馆，建设"展览馆"红色教育基地，实施亮化工厂、"花园式"工厂；开展全员体检、补充医疗保险、购买大病保险；实施"年金倍增计划"等，每年为职工办一两件好事实事。

中国一重积极推进市场化改革，破除"铁饭碗"，取消"大锅饭"，构建了以价值创造为导向的人才培养、使用、评价和激励体系；建立了上下贯通的岗位竞聘机制，110 余名大学本科毕业生经过一线技能操作岗位锻炼，有 60% 竞聘成为基层管理人员；实施"百名人才工程"，公司级大国工匠、首席技能大师，每年以享受 6 万元、4.2 万元公司特贴，差旅等按照公司二级单位正、副职标准执行，并优先安排外出培训、学习交流、出国考察、休疗养等，优秀的技能骨干已经达到企业中层管理人员的薪酬水平；开展"百万一重杯"劳动竞赛，累计在生产现场发放奖金 1000 多万元，500 多名选手晋升技术技能等级。中国一重建立了"劳动最光荣、创造最伟大"的创新创造的文化氛围，形成了"企业有发展、职工有保障，岗位靠竞争、成长靠创优"的共建共享机制，有效地提升了职工群众的获得感、紧迫感、成就感和使命感。

## 7.2 深化改革是活力之源

解放思想是思维革命，深化改革是利益革命。只有解放思想、深化改革，才能使国有企业始终保持旺盛的生命力。

### 7.2.1 全面启动解放思想大讨论，增强企业生命力

中国一重在解放思想的道路上突出了一个"变"字，持续转变观念、改变作风，不变思想就换人。中国一重自 2016 年 5 月以来，每年突出一个主题，以问题为导向，持续开展解放思想大讨论，思想观念、思维方式、工作作风发生了深刻变化。

思想观念发生了"嬗变"。针对"等靠要"思想顽疾、"懒躲绕"作风顽疾等问题，在解放思想大讨论中，较真碰硬，实施全体"起立"、竞聘上岗，强激励硬约束，想干者、能干者上，惰政者、低效者下，使优胜劣汰法则充分发挥作用，变"要我干"为"我得干"、变"我得干"为"我要干"。

思维方式发生了"转变"。中国一重地处边陲小镇，此前外出学习培训机会少，思维方式单一、固化、僵化。为此，公司党委下血本组织学习培训，通过"走出去请进来，送出去读起来"等方式，提高干部队伍的辩证思维、系统思维、开放思维、战略思维和创新思维。仅 2020 年一年，公司就举办了各类培训班 685 期，培训员工 27500 余人次。中国一重还特别注重"干中学"，先后在企业中引入了市场分析、质量分析、成本分析、商业分析、项目计划书等管理方法，要求干部做事要有方案，方案要经论证，方案要有备案，通过在实际工作反复磨炼，逐渐养成现代企业所需要的思维方式，

"变不可能为可能、变可能为现实"。

工作作风发生了"快变"。中国一重在解放思想大讨论过程中,思想与作风一起抓、一起变,以思想之变引领作风之变、以作风之变倒逼思想之变,以思想与作风共变撬动改革发展之变。中国一重坚定地推进市场化改革,在体制上打破沿用几十年的"工厂制"管理模式,划小经营单元,设立"两个中心"与"模拟法人",在运行机制上确立以营销为龙头,以提质增效降本为导向,把改革发展创新的压力直接传导到最基本的班组和岗位,有效地促进了市场意识、质量意识、成本意识、交付意识的改变和提升,企业从过去"坐等用户上门来"转变为"解放思想拓市场"、完成订单追回款,逐步树立起"只有想不到没有办不到"的信念,企业精神面貌也为之一新。

## 7.2.2 全面推进现代企业制度,增强企业治理能力

完善中国特色现代企业制度,是提升企业治理体系和治理能力的内在要求,也是企业发展的迫切需要。

完善企业领导管理体制。中国一重逐步建立和完善了党委与董事会、经理层三者之间的治理关系。党委把方向、管大局、促落实;董事会定战略、作决策、防风险;经理层谋经营、抓落实、强管理。中国一重根据公司治理体系要求,建立了外部董事、监事人才库,制定了《股东代表及派出董事监事管理办法》,明确了股东代表及派出董事、监事的职责,规范了履职程序,保证了有效合规履职。中国一重完善了董事会向经理层授权的管理制度,保障经理层日常经营自主权,对日常经营管理负全责,确保经营目标任务完成,同时按照规定向公司党委、董事会报告工作。

强化企业集分权体系。中国一重将董事会运行机制与集团管控机制融为一体,在实践中明确了党委常委会、董事会、经理层的权责边界,出台了《集分权手册》,对25项职能进行了划分,经理层及职能部门、二级公司等管理层级权限范围和责权利统一对等,实现了分层、分级管理,保证了公司整体有序规范运作。全部二级子公司和三级子公司都建立了外部董事占多数的规范董事会。同时,确定了董事会51项决策权和经营层83项管理权限,授予二级子公司董事会经理层成员选聘权、业绩考核权、薪酬管理权等,实现责权利统一对等。

### 7.2.3 全面建立市场化机制,增强企业竞争力

中国一重通过综合改革试点、三年改革行动和"双百""科改"等,大力推进市场化改革、供给侧结构性改革、混合所有制改革、历史遗留问题解决,实现了从"工厂制"向"公司制"的转变,将市场化机制系统地引入企业内部,提高市场意识,发挥市场主体作用。

运营市场化。中国一重全面建立了集团内部市场体系,各子公司之间、制造厂之间、工序之间,各结算单位都按照市场价格进行结算,实时对接市场,推动市场信息第一时间传递至生产经营全链条,实现研发、生产、采购、营销、物流、用户等各环节快速联动,深挖利润源泉,实现班组以上各级组织全覆盖。

指标责任化。中国一重建立了指标责任体系,将各项生产经营、预算责任指标按"纵向到底、横向到边"的原则逐层细化分解,落实到每一个工作岗位。建立评价体系、考核体系,将市场压力传导至每一位职工,实现"人人关注市场、人人挖潜算账""千斤重担人人挑、人人肩上扛指标"。市场、生产、质量、交货、安全无缝对接,客户意见直达研发、生产、管理部门,做到"小事不过班,大事不过天"。

效率效益化。中国一重完善考核期量标准和跟踪评价体系,明确市场价格、标准成本、质量协商、产品买断等细则办法,实现了国际国内市场贯通、外部内部市场贯通,订货额连续三年平均增长率达 23% 以上。同时,注重动态跟踪和过程控制,推动生产经营达到系统最优、效率效益最佳的状态。

对标一流化。中国一重实施全面预算管理,对标国际国内一流企业,落实"创先争优"上台阶计划,在对未来经济进行预测的基础上,确定年度经营管理预算目标,三级签订《经营业绩目标责任书》,并作为生产经营工作的行动指南。同时,构建"1+10"全面预算保障体系,确保预算目标顺利实现。

### 7.2.4 全面落实三项制度改革,增强企业活力

中国一重首创了以签订"两个合同"为基础的员工管理制度,全面推行"市场化

选聘、契约化管理、差异化薪酬、市场化退出",做到"干部能上能下、员工能进能出、收入能增能减"。

签订两个合同。中国一重坚持按照市场规律对人员进行管理,建立"两个合同"的管理机制,打造职业经理人和职业技能人队伍,以劳动合同解决员工身份问题,以岗位合同解决进出问题。在二、三级单位建立职业经理人"三年任期制",基层员工岗位不达标且经培训未通过的解除劳动合同。

推行全员聘任。中国一重在第一轮市场化选聘中,撤销各级管理机构187个,压缩定员编制2355个,中层以上干部由320人减至106人。竞聘上岗在业务岗位和技能岗位全面铺开,"上岗就要竞聘"成为全体员工的共识。在2021年实施的第二轮市场化选聘中,总部职能部门进一步压减至10个,编制减至87人,压缩21%。

实施分类晋升。中国一重坚持党管人才的原则,建设高素质的人才队伍,打通了业务管理人员、营销人员、技术研发人员、党务人员、技能人员五个晋升通道,纵向晋升、横向互动,实施职务与职级并行、相互转化制度,实现职业有规划、发展有平台、晋升有通道;建立了"优秀工程师库",给予晋升"绿色通道",33名高级技师被评聘为高级工程师,3名技能人才被选聘成为制造厂副厂长;推进专职副书记、党群部门负责人与经营管理岗位双向交流制度,培养造就复合型人才。

强激励硬约束。中国一重打破了"大锅饭"、平均主义以及论资排辈的长期束缚。按照"确保、力争、创优"三个目标指标,确立了7%、9%、11%的薪酬增长机制,纳入公司高质量发展九大关键考核指标之一,"十三五"期间职工收入年复合增长率达10.7%。建立"五个倾斜"的激励机制,落实"重奖"机制和中长期激励机制,对"十三五"期间作出突出贡献的8名特级劳模进行专项奖励。同时,实行效益否决硬约束,完不成任务就走人。

## 7.3 自主创新是第一动力

创新是引领发展的第一动力。中国一重坚持把创新深度融入企业科研生产各环节全过程,构建开放式创新体系,激发创新驱动力,迸发涌现创新成果,实现了对国家重大战略的坚强支撑和企业的高质量发展。

### 7.3.1 坚持初心使命,引领重大技术装备发展方向

中国一重肩负着装备中国的特殊使命。中国一重通过持续创新填补国内工业产品技术空白和开发研制新产品896项,设计制造数百项我国首台(套)重型机器设备,获得300多项发明专利,中国一重的历史就是一部科技创新的画卷。在新一轮世界科技革命和产业变革与我国转变发展方式历史性交汇的背景下,中国一重深感科技创新的影响,甚至决定着国家和民族的前途和命运。在国家重大技术领域,中国一重加快推动实施了创新驱动发展战略,秉承国家使命,在核电、石油石化、冶金等高端装备制造和大型铸锻件方面引领着行业的发展方向,重焕了自主创新的生机,从根本上了实现转型升级,为高质量发展和创建世界一流产业集团提供了不竭动力。

### 7.3.2 坚持创新战略,破解关键核心技术瓶颈

中国一重攻坚克难,始终聚焦自主创新战略,按照"十三五"期间"两个阶段""三步走"的战略安排,结合"十四五"发展需要,确立了"两个三年"目标,实现关键核心技术国内领跑,进入全球产业链、价值链中高端,具备行业国际标准话语权,

成为全球行业技术领导者。中国一重实施"7+5+43"工程，突破多项国家重大技术装备关键核心技术难题，先后攻克1000兆瓦核电机组常规岛整锻低压转子国产化等26项关键核心技术，破解重型H型钢万能精轧机组设计技术等3项"卡脖子"技术，成功制造出世界上最大的3025吨锻焊加氢反应器，开发了2200毫米镁合金热轧机、12米铝碾环机、高质量铜线坯生产线等新产品。中国一重持续加强研发力度，研发投入年均同比增长32.9%，2020年同比增长76.5%。中国一重打破国外技术垄断与技术封锁，通过替代进口为国家能源、石化、冶金等行业节省资金超过1000亿元。中国一重切实提高了关键核心技术创新能力，把科技发展主动权牢牢地掌握在自己手里，为国家发展提供有力的科技保障。

### 7.3.3 坚持开放协同，建立高效联动的科研创新体系

中国一重创建了"4432"的创新体系，形成了产学研相结合的开放式科技创新机制。中国一重与政府机构、科研院所、高等院校、行业协会、产业链上下游企业、集团内部生产单位定期学习交流。与清华大学、哈尔滨工业大学等合作开发"超大型压机"颠覆性技术，推动建立国家重大技术装备实验室，与哈尔滨工业大学联合组建高端智能制造重点实验室等。与中核集团、中国广核集团、哈电集团等央企集团加强合作，组建跨企业间劳模创新工作室联盟，通过协同创新自主攻克了国内首件百万千瓦核电常规岛整锻低压转子精加工等技术难题，填补了国内加工技术空白。中国一重积极运用信息技术，探索建设数字化创新中心、智能调度中心、大数据中心等新型数字化平台，加快降低生产制造成本，持续提升运营效率和内部协同。

### 7.3.4 坚持市场导向，加强自主创新能力建设

中国一重紧盯市场需求，以市场为创新导向，强化在核岛设备、重型容器、大型铸锻件等具有主导优势的技术领域布局，打造形成一批单项冠军产品、批量化产品、新兴新材料产品，促使产业链价值链向中高端攀升，塑造发展新优势。改革科研管理体系，由行政分派转变为自主科研，研发单位全部设立市场调研部，完善政策研究与

科技信息调研体系，为研判技术发展方向和科技立项决策等提供基础依据，根据市场需求，创新实施科研合同管理，实现精准立项，早出成果。加强科技人才队伍建设，培养了一大批学术型创新人才、应用型创新人才和技能型创新人才，企业自主创新能力显著增强。

### 7.3.5 坚持责权利对等，完善科技创新激励机制

中国一重创新了"4451"的基层创新动力机制。以激励先进、鼓励竞争、快出成果为目标，打破看职位、重职称和硬性指派的传统做法，将主持研发的经历与职级晋升、人才申报、重点项目申报等挂钩，推行课题负责人竞聘制和项目负责人承包制，签订责任状，明确责权利，在成员选择、工作分工、项目路线、对外合作、绩效考核等方面为课题负责人赋权。同时，建立重点科研项目奖金作为本金参与风险抵押，实行研发人员项目分红制，加快建立中长期激励机制，加强相关人员的联动，加速科技成果转化，夯实企业核心竞争力的科技基础。

## 7.4 企业管理是永恒主题

加强管理是企业基业长青的基本保证，是企业发展的基石，是深化改革创新的主要目的之一。在信息化、市场化日益深化的背景下，企业要取得持续发展，必须要在理念、体系、组织及制度上不断完善创新，在变化中求生存，在创新中求发展。

### 7.4.1 加强管理体系建设

中国一重在深化改革发展中加强了现代企业制度建设和系统管理，创新了"225"的管理创新体系、"4432"的创新体系、党建与生产经营融合的"双五"机制、"1+10"的全面预算保障体系、"双达标"的生产作业体系等有效管理方式，形成了"新思想引领"的长效机制、"4451"的基层创新机制、"两个合同"的管理机制、"五个通道"的晋升机制、"五个倾斜"的激励机制、"三个需求"的共享机制、"三不一加强"的从严机制七个有效管理方法。同时，通过"挂表督战"保证了管理体系的运行顺畅有效，提高了管理效率和劳动生产率。

### 7.4.2 加强市场化管理

市场化管理已成为中国一重运营管理的基本方式。中国一重以市场化为原则，把市场机制引入企业内部，打通了国际国内市场，深入对接了，企业内外部市场，确定了确保、力争、创优三个目标指标，有效地提升了企业应对市场变化的能力。同时，通过建立完善"两个机制、两个中心、五个体系"的管理创新系统，把优胜劣汰的市场竞争机制贯穿到企业生产经营的各个环节，做到纵向到底、横向到边、市场化全覆盖，实现了市场化治理、契约化运营，创先争优，加快推进企业的高质量发展。

### 7.4.3 加强制度管理

中国一重按照基本制度、重要制度、操作制度三个层级，加强中长期制度建设规划，完善制度流程，执行检查、考核、评价体系，着力提高制度执行力。同时，通过制定权力清单、负面清单和授权管理办法，真正实现用制度管权管事管人、一切用制度说话，不断增强按制度办事的能力，保证制度的刚性。中国一重已经走上了自我运行、自我调整、自我优化的发展轨道，使价值创造更加制度化、标准化、市场化。

### 7.4.4 加强风险管控

底线思维是管理能力的基础。中国一重坚持研判在先、发现隐患，积极关注国际国内经济形势变化，主动研究和跟踪行业相关政策走向，持续健全风险防控机制；坚持狠抓落实、解决问题，一级抓一级、层层抓落地，完善各类风险监测预警机制，做好"压力测试"，有效防止各类风险叠加碰头，筑牢严防重大风险的"防火墙"，持续提升企业防控风险的能力。同时，坚持组织保证、督办到位，健全风险防控体系，加强纪检、审计、财务、法律"四位一体"的风险管控模式建设，保证不发生重大风险，提升管理能力。

## 7.5 高质量发展是强企要务

慢发展是最大的危险,不发展更是死路一条。中国一重始终坚守使命初心,以高质量发展为导向,以实施有效战略为举措,提前一年完成了"十三五"战略目标任务,踏上了"十四五"现代化建设新征程,闯出了发展高质量和加速度的新路子。

### 7.5.1 突出国家战略,明确企业高质量发展的方向和目标

国家战略是国有企业改革发展的基本遵循,尤其是关系国民经济命脉的国有重要骨干企业必须把实现国家战略放在第一位。中国一重全面认真贯彻落实国家重大战略决策部署,践行国家"重大技术装备""一带一路""振兴东北""央地融合"等发展战略,制定实施企业高质量发展的路线图。中国一重在发展方向上始终以使命担当为先,坚定做强做优做大的目标不动摇,到"十三五"末,九大经济指标全线飘红,实现了跨越式高质量发展。按照国家"十四五"规划要求,中国一重在"十四五"将加快推进建设具有全球竞争力的世界一流产业集团。

### 7.5.2 突出转型升级,调整产业产品结构

装备制造业是为国民经济各行业提供技术装备的战略性产业,产业关联度高、吸纳就业能力强、技术资金密集,是各行业产业升级、技术进步的重要保障,是国家综合实力的集中体现。中国一重坚持"小核心、大平台、轻资产、精协作、聚人才"的原则,积极推进产业结构由传统装备制造业向高端装备制造业、制造服务业和现代服

务业转型升级，探索发展新能源、节能环保、新材料、现代金融等新产业。经过"十三五"的产业结构调整，中国一重已形成三大产业板块、六大业务。中国一重融入新发展格局，贯彻新发展理念，产业产品结构不断延伸，推进产业基础高级化和产业链现代化，实现"制造+服务""装备+新产业"的不断拓展。

### 7.5.3 突出国际先进，建设一流产业集团

中国一重是装备制造行业的领军者，肩负着引领行业发展的使命。中国一重转变发展方式、提高发展质量，落脚点就是打造"七个"新一重。中国一重在重要产品和关键核心技术领域的攻关能力持续提高，满足了建设安全可靠的产业链供应链的需要，发挥了维护国家国防安全、经济安全、科技安全和产业安全的战略支撑作用。中国一重产品质量国际一流行业领先，服务体系、服务能力和品牌效应更加突出，世界品牌价值排行进入第一方阵。

中国一重将继续发扬艰苦奋斗的优良作风，牢记"中国制造业第一重地"的使命担当，顺应全球产业链、价值链重构和我国开启全面建设社会主义现代化国家新征程的大趋势，发展壮大民族装备制造工业，提高中国一重的竞争力、创新力、控制力、影响力和抗风险能力。通过转型升级、重组整合，中国一重聚焦核心业务优势，促进多元发展赋能，履行初心使命，自觉服务于国家战略需要。中国一重广泛形成绿色低碳的生产方式，关键核心技术实现重大突破，进入创新型企业前列，实现公司管理体系和管理能力的现代化，在第三次创业中加快建设具有全球竞争力的世界一流产业集团。

历史车轮滚滚向前，时代潮流浩浩荡荡。近70年来，几代一重人坚定理想信念，筑牢初心使命，一次次挫折、一次次奋起，艰苦创业、砥砺奋进。以史为鉴，未来可期。中国一重将继续坚持以习近平新时代中国特色社会主义思想为指导，坚持党的领导、加强党的建设，坚守使命谋发展，继续坚持解放思想，大力推进全面深化改革创新，在实现中华民族伟大复兴的新征程上释放出更加耀眼的光芒！

# 后 记

2020年12月，中国一重集团有限公司董事长、党委书记刘明忠同志受邀来中国大连高级经理学院讲课。面临困境，中国一重大刀阔斧地搞改革抓创新、强党建谋发展的做法和经验深深打动了我。中国一重用卓有成效的探索，践行了习近平总书记的重要讲话精神。我突然产生一个强烈的想法，要把中国一重的探索实践写成一个综合案例，提供给更多的国有企业特别是那些仍然处在困境之中的国有企业学习借鉴。

2006年，组织安排我到中国大连高级经理学院任副院长，后任常务副院长、副书记。中国大连高级经理学院是主要面向国有企业特别是中央企业中高级领导人员教育培训的专门机构。在长达15年的工作中，我对国有企业的性质特点、地位作用、主要任务、方向目标以及存在的实践与理论问题有了较为全面的了解，也对国有企业产生了深厚的情感。我认为，如果从学术上说，"还要不要国有企业"更多的是经济学的问题，"怎么把国有企业办好"则主要是管理学的问题。经过三十多年的争论和实践，前者已有定论，这就是国有企业不仅要，而且一定要办好。但是对于后者，总结凝练其改革发展历程、探寻其内在管理规律，学术空间还非常广阔，必定能够结出中国特色、中国风格、中国气派的丰硕的学术理论成果。

真的非常高兴，中国一重同意为我们提供这样一个扎根实践、开展研究的大好机会！于是，我们立即组织成立了一个36人的调研写作团队，包括11位教师、3位博士后、6位博士研究生和16位硕士研究生。中国一重方面也成立了以刘长韧同志牵头、相关部门人员参加的对口对接团队。经过半年时间的共同努力，《中国一重涅槃奋起》终于杀青。

本书由中国国有企业研究院、大连理工大学和中国一重共同完成，是集体劳动成果。中国一重董事长、党委书记刘明忠同志要求，要坚持实事求是，真实客观反映实际情况，要给课题组开展企业调研提供开放、便利的条件；党委副书记张振戎同志高度重视，给予了很多具体指导；孙敏、白晓光、隋炳利、陆文俊等公司领导也给予了大力支持和工作指导。本书由董大海、刘长韧、朱方伟、宋晓兵撰写，负责写作团队组织、调研组织、全书策划和最终统稿。各章执笔人分工如下：第一章，王雪冬；第二章，宋晓兵、孙谋轩；第三章，朱方伟、王琳卓；第四章，于淼、崔淼、杨琳；第五章，孙秀霞、霍达；第六章，周英男、叶娇；第七章，董大海、刘长韧；王雪冬在完成第一章的撰写任务后，又承担了第三章、第六章的大量修改和统稿任务。中国一重的江仲、王广涛、吕铁军、刘远、李劲、刘兆阳、朱永国、乔石、张宁、王嘉等同志参加讨论、提供资料、做了部分文字修改。博士生鲁艺、国佳宁、姜孟彤、关月、盖克、贾茹，硕士生赵思琪、张超、孙璐、李怡特、李前、赵东元、李英达、丁蒙悦、蒋丽君、黄宝龙、刘佳昕、荣娜、王莹、张钰曼、周卿、李冉也参加了调研资料整理和部分写作工作。

中国一重浴火重生、涅槃奋起的事迹是非常感人的，其思想内涵、逻辑体系、经验探索是丰富多彩的。限于作者的能力和水平，尚不能全面准确地展现中国一重艰苦创业、砥砺奋进的全部风采，挂一漏万甚至谬误在所难免，诚望中国一重的领导干部、全体员工和广大读者批评指正。

最后，诚挚感谢中国一重为我们企业管理学者提供了这样一次宝贵的调研、学习和研究机会！

中国国有企业研究院院长
大连理工大学经济管理学院二级教授
董大海
2021 年 7 月 25 日